관광매너

서비스실무

최기종 지음

Tourism Manner SERVICE

백산출판사

최기종 교수의 전국 초청특강 이모저모

▲ 문화관광해설사 전국대회 특강

▲ 정부합동평가 대비 특강(강원도청)

▲ 스토리텔링 특강(춘천시청)

▲ 6.25전쟁 유엔참전용사 감사만찬

▲ 정부합동평가 대비 특강(대구광역시)

▲ 정부합동평가 대비 특강(경남도청)

▲ 제22회 포천 명성산 억새꽃축제 개막선언

▲ 정부합동평가 대비 특강(대전광역시)

▲ 규제개혁 마인드 함양 교육(강원 고성군청)

▲ “여행 그리고 시” 특강(보건복지인력개발원)

▲ 의료관광서비스 특강(인덕대학교)

▲ 정부합동평가 대비 특강(대구광역시 달성군청)

▲ 정부합동평가 대비 특강(대구광역시 서구청)

약속

錦堂 최기종

장렬한 태양이
걸어들어 간다

음양이
맞물리는 시간

저무는 석양이
아쉬워서가 아니라

가슴에 새긴 선약을
지키지 못해서이다

초심으로 돌아가
돌이켜 보아야겠다

굳은 약속
헛되지 않게.

머리말

일반적으로 서비스맨(serviceman) 하면, 호텔 · 레스토랑 · 항공사 · 여행사 등에서 근무하는 사람을 연상하지만, 오늘날에는 서비스 영역이 전 분야에 걸쳐 있어 모든 직업인이 '서비스맨'이라고 해도 과언이 아닐 것이다. 따라서 본 교재는 관광종사자뿐만 아니라 모든 직업인을 대상으로 집필하였다.

본 교재의 구성은 크게 PART 4로 나누어, ① PART 1에서는 고객과 서비스의 이해, ② PART 2에서는 서비스맨의 매너테크닉, ③ PART 3에서는 고객서비스 테크닉, ④ PART 4에서는 관광서비스 테크닉으로 세분하여, 총 14장으로 구성하였다.

PART 1, 제01장에서는 서비스맨이 숙지해야 할 ① 고객의 기본개념, ② 고객의 심리분석, ③ 고객의 니즈와 기대에 대한 이론적 배경을 중심으로 서술하였다.

제02장에서는 서비스의 기초지식인 ① 서비스의 가치와 정의, ② 서비스의 특성과 본질, ③ 제품과 서비스의 차이점, ④ 서비스의 품질과 접점에 대한 이론적 배경을 중심으로 서술하였다.

제03장에서는 ① 관광객의 기본개념, ② 관광욕구와 관광동기, ③ 관광서비스의 개념, ④ 관광서비스의 구성요소에 대한 이론적 배경을 중심으로 서술하였다.

PART 2, 제04장에서는 서비스맨이 갖추어야 할 기본매너인 ① 얼굴표정 연출법, ② 올바른 인사법, ③ 올바른 명함 사용법, ④ 올바른 악수법, ⑤ 키싱 핸드와 소개에 대한 이론과 실무를 중심으로 서술하였다.

제05장에서는 ① 복장과 몸가짐, ② 근무매너, ③ 인간관계, ④ 회의진행과 접견매너에 대한 이론과 실무를 중심으로 서술하였다.

제06장에서는 ① 전화매너, ② 대화매너, ③ 타사 방문매너, ④ 문서의 규칙, ⑤ 국제비즈니스매너에 대한 이론과 실무를 중심으로 서술하였다.

제07장에서는 ① 선물 · 명절인사매너, ② 출산 · 병문안 · 문상매너, ③ 스포츠매너에 대한 이론과 실무를 중심으로 서술하였다.

제08장에서는 ① 레스토랑매너, ② 서양요리매너, ③ 동양요리매너, ④ 파티매너에 대한 이론과 실무를 중심으로 서술하였다.

PART 3, 제09장에서는 서비스맨이 반드시 몸에 익혀야 할 ① 서비스맨의 기본정신, ② 서비스맨의 기본자세, ③ 서비스맨의 기본용어, ④ 방문객 응대 서비스, ⑤ 컴플레인 응대서비스에 대한 이론과 실무를 중심으로 서술하였다.

제10장에서는 ① 고객만족의 이해, ② 고객만족경영, ③ 고객감동서비스에 대한 이론과 실무를 중심으로 서술하였다.

제11장에서는 ① 스토리텔링의 이해, ② 스토리텔링의 파워, ③ 스토리의 전달방법에 대한 이론과 실무를 중심으로 서술하였다.

PART 4, 제12장에서는 관광분야에서 중추적 역할을 담당하는 여행업 · 호텔업 · 항공업에서 서비스업무를 수행하는 데 필요한 실무업무인 ① 여행업무서비스, ② 통역안내서비스, ③ 국외인솔서비스, ④ 관광해설서비스에 대한 이론과 실무를 중심으로 서술하였다.

제13장에서는 ① 호텔의 개념, ② 호텔의 특성, ③ 호텔서비스, ④ 식음료서비스에 대한 이론과 실무를 중심으로 서술하였다.

제14장에서는 ① 항공운송사업의 개념, ② 항공운항 승무원, ③ 항공예약서비스업무, ④ 항공예약 · 탑승서비스, ⑤ 기내서비스에 대한 이론과 실무를 중심으로 서술하였다.

모쪼록 본 교재가 관광서비스 분야에서 종사하는 분들, 일반 직장에서 서비스업무를 수행하는 분들께 다소나마 도움이 되었으면 하는 마음 간절하다.

끝으로 본 교재를 연구하는 데 많은 도움을 준 최재우 · 최재원 군을 비롯한 모든 분께 감사드리며, 또한 원고를 집필하는 데 조언을 아끼지 않으신 백산출판사 진욱상 대표님과 진성원 상무님, 그리고 편집부 직원분들에게 감사드린다.

錦堂 최기종

서비스맨의 학습흐름도

1단계

고객 · 서비스 기초지식 습득

- 제01장 고객의 이해
- 제02장 서비스의 이해
- 제03장 관광서비스의 이해

2단계

매너의 생활화

- 제04장 인사매너
- 제05장 근무매너
- 제06장 비즈니스매너
- 제07장 사교매너
- 제08장 테이블매너

3단계

고객감동 서비스 제공

- 제09장 고객응대서비스
- 제10장 고객만족 · 감동서비스
- 제11장 스토리텔링서비스
- 제12장 관광서비스
- 제13장 호텔서비스
- 제14장 항공서비스

차 례

PART 1 고객 · 서비스의 이해

PART 4 관광서비스 테크닉

Tourism Manner
SERVICE

PART 1

고객 · 서비스의 이해

제 01 장
고객의 이해

제1절 고객의 기본개념

1. 고객의 의미와 중요성

1) 고객의 의미

세상이 하루가 다르게 변하고, 변화한 만큼 서비스도 바뀌고 있다. 고객중심 서비스의 실행이 더욱 강화되고 있으며, 이제는 고객도 찾아 나서지 않으면 안 되는 시대가 되었다. 고객(관광객 포함)은 모든 사업의 기반이기 때문에 항상 최선을 다해 응대하고 모셔야 한다.

요즘 고객이라는 개념 또한 많이 확대되고 있고, 고객과의 우호적인 관계 구축 및 유지는 모든 기업의 목표가 될 정도로 중요시하고 있다. 고객 중에서도 특히 로열고객(royal customer)에게 초점을 맞추어야 한다. 왜냐하면, 로열고객 20%가 기업수익의 80%를 보장하는 충성스러운 고객이기 때문이다.

그럼, 고객(顧客)은 누구일까?(Who is customer?) 한자에서 고(顧)는 '돌아보다',

'방문하다', '보살핌'을 의미하고, 객(客)은 '손', '여행', '사람'을 의미한다.

고객을 사전적 의미로 보면, '상점 · 식당 · 은행 따위에서 물건을 사거나 서비스를 받는 사람', '물건을 사러 오는 손님', '거래관계를 맺고 있는 사람', '단골로 오는 손님' 등을 일컫는다.

즉 고객은 '단순히 돈을 주고 물건을 사는 가계의 손님뿐만 아니라 제품과 서비스의 효용을 취득하는 모든 사람'을 뜻한다.

브라이언트(Bryant, 1992)는 "우리가 전적으로 의존하는 사람은 고객이다. 만약 고객이 없다면 우리는 직업도 없고, 지식과 기술도 아무 소용이 없게 된다. 그러므로 고객은 성공적인 판매 이상을 의미한다는 것을 깨달을 필요가 있다"라고 주장하였다.

칼 알브레히트(Karl Albrecht, 1984) 등은 서비스 삼각도(service triangle)라는 모델을 제시하면서 고객은 ① 서비스 전략, ② 서비스 시스템, ③ 서비스 제공자의 한 중심부에 위치한 핵심이라는 것을 강조하였다.

〈그림 1-1〉의 서비스 삼각도에서 보여주듯이 모든 길은 고객(customer)에게 통하고 있고, 고객이 중심역할을 하고 있다. 즉 고객이 누구이며, 얼마나 중요한지를 깨달을 수 있다.

그림 1-1 서비스 삼각도

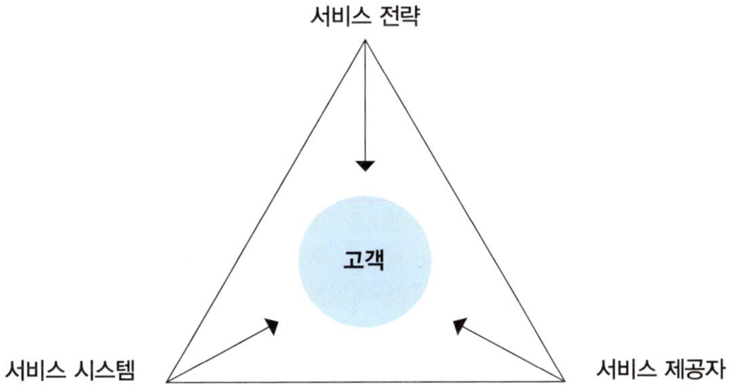

로열고객(royal customer)의 특징

① 부지런하고 호기심이 많다. 아침에 일찍 일어나 남들보다 몇 시간씩 앞서서 일을 시작하는 부지런함이 몸에 밴 사람이 많다. 그리고 전반적으로 호기심이 많다. 특히 돈 버는 일과 관련해서 호기심이 매우 많다.

② 강한 자부심을 가지고 있다. 대부분의 신흥부자들은 자신의 분야에서 성공한 사람이다. 이러한 성공의 경험이 부자들로 하여금 강한 자부심을 갖게 만든다. 이들의 자부심을 충족시키기 위해 기업은 고가(高價)와 고품격을 표방하는 프리미엄 제품과 서비스를 경쟁적으로 선보이고 있다.

③ 과시욕이 강한 편이다. 신흥부자들은 돈으로 사회적 지위를 얻으려는 경향이 강한 편이다. 이 같은 성향은 과시적 소비성향으로 연결된다. 수백만 원짜리 명품이나 수천만 원을 호가하는 모피코트 등을 사는 데, 주저하지 않고 지갑을 연다.

④ 언행이 까다롭고 자기중심적이다. 전 세계적인 현상이지만, 보통 사람들은 부자를 질시한다. 많은 사람이 부자를 싫어하고 비판하는 이유는, 자신만의 성공 경험으로 인해 자신의 방법이 최고라 생각하고, 말하고, 행동하기 때문이다.

⑤ 끊임없이 연구하고 노력한다. 재산을 모을 수 있었던 첫 번째 덕목은 끊임없이 공부하고 연구하는 것이다. 과거의 학창시절이건, 현재의 사회생활에서건 관계없이 말이다. 그래야만 생존경쟁에서 밀려나지 않기 때문이다.

⑥ 선택과 집중을 잘한다. 부자들은 대부분 판단력이 뛰어나다. 그렇기 때문에 남이 가지 않는 길을 간다. 남이 모두 가는 길은, 돈 벌 확률이 낮기 때문이다. 미래에 어떤 분야가 돈을 많이 벌 수 있을지를 판단하기 위해서 다양한 정보를 수집하고 분석한다. 그리고 결정은 과감하고 신속하게 한다.

2) 고객의 중요성

최근 인터넷의 발달로 인해 많은 고객이 제품이나 기업에 대한 다양한 정보를 쉽게 접할 수 있다. 제품은 오프라인 매장에서 직접 눈으로 확인하고, 실제 구매는 온라인을 통해 저렴하게 주문하는 고객도 있다. 이러한 환경으로 고객의 기대(expectation)도 점차 가속화되고 있는 것이 현실이다.

요즘 고객은 제품(product)이나 서비스(service)가 자신의 마음에 들지 않으면, 곧바로 고개를 돌리거나 가차 없이 현장을 떠나버린다. 왜냐하면, 양질의 제품과 서비스를 생산하고 제공하는 기업이 넘쳐나기 때문이다.

고객은 서비스 현장에서 자신이 차별받는다고 느낄 때 기분이 상하고 불만을 갖게 된다. 고객은 오히려 작고 사소한 문제에 더 민감하게 반응하는데, 가령 앞사람과의 순서가 바뀌면 화를 내기도 한다.

특히 관공서 · 은행 등의 민원창구나 음식점에서는 반드시 고객이 기다리는 순서에 맞게 서비스를 해야 한다. 만약, 부득이한 사정으로 순서가 바뀌게 되면, 고객이 충분히 납득할 수 있도록 설명해 주어야 한다. 고객이 우리에게 어느 정도 중요한지를 다음과 같이 정리해 볼 수 있다.

고객의 중요성

고객	고객은 우리 사업의 손님이 아니라 사업의 일부분이다.
	우리의 운명이 고객의 손에 달려 있다.
	20%의 단골고객이 80%의 매출을 올려준다.
	모든 고객은 누구나 특별한 사람이다.
	우리와 고객 모두를 위해 이익이 되도록 해야 한다.
	우리에게 급여를 주는 사람은 바로 고객이다.
	사실 돌아오지 않는 고객이 가장 무섭다.
	고객은 생산라인에서 가장 중요한 요소이다.
	고객에게 서비스를 제공할 기회를 베풀어주는 사람은 바로 고객이다.

<table>
<tr><td rowspan="3">고객</td><td>고객은 라이벌이 아니라 영원한 고객이다.</td></tr>
<tr><td>고객은 우리에게 호의와 선의를 베풀어주는 사람이다.</td></tr>
<tr><td>고객이 우리에게 의존하는 것이 아니라 도리어 우리가 의존하는 것이다.</td></tr>
</table>

3) 여성고객의 중요성

고객은 모두 중요하다. 그러나 여성고객은 더욱 중요하다. 남성고객에 비해 여성고객이 구매경험이 더 풍부하고, 정보력과 구전(口傳)의 효과와 속도는 무시할 수 없을 정도로 빠르다. 따라서 앞으로 여성고객의 마음을 사로잡지 않으면, 영업을 하는 데 매우 힘들어질 수도 있다. 여성고객이 어느 정도 중요한지를 다음과 같이 정리해 볼 수 있다.

▶ 여성고객의 중요성

<table>
<tr><td rowspan="6">여성
고객</td><td>여성고객의 정보력과 구전의 효과는 무시할 수 없다.</td></tr>
<tr><td>사업이 번창하는 비결은 여성고객에게 달려 있다.</td></tr>
<tr><td>여성고객의 마음을 사로잡아야 영업하기 쉬워진다.</td></tr>
<tr><td>여성고객의 입소문은 상상을 초월할 정도로 빠르다.</td></tr>
<tr><td>여성고객을 잡아라. 지갑은 여성이 쥐고 있다.</td></tr>
<tr><td>남성고객에 비해 여성고객의 구매경험이 더 풍부하다.</td></tr>
</table>

2. 고객의 분류와 욕구변화

1) 고객의 분류

통상 고객을 좁은 의미로 ① 협의의 고객, 넓은 의미로 ② 광의의 고객으로 분류할 수 있다.

첫째, 협의(狹義)의 고객은 '제품과 서비스를 제공받는 최종 소비자'를 말한다.

둘째, 광의(廣義)의 고객은 '대리점 · 거래처 · 소비자 등을 포함한 외부고객과 회사의 내부업무를 처리하는 내부고객'을 말한다.

고객은 〈그림 1-2〉와 같이 크게 ① 외부고객(external customer), ② 내부고객(internal customer) 등으로 구분한다. 첫째, 외부고객은 기업의 외부에 존재하는 고객 즉 지원고객 · 판매점 · 최종고객(사용고객 · 잠재고객)을 말하고, 둘째, 내부고객은 기업의 내부에 존재하는 고객으로 전후공정과 상사 · 부하 등을 말한다. 따라서 기업은 먼저 내부고객부터 만족시켜야 결국에는 외부고객이 만족할 수 있게 된다.

그림 1-2 고객의 분류

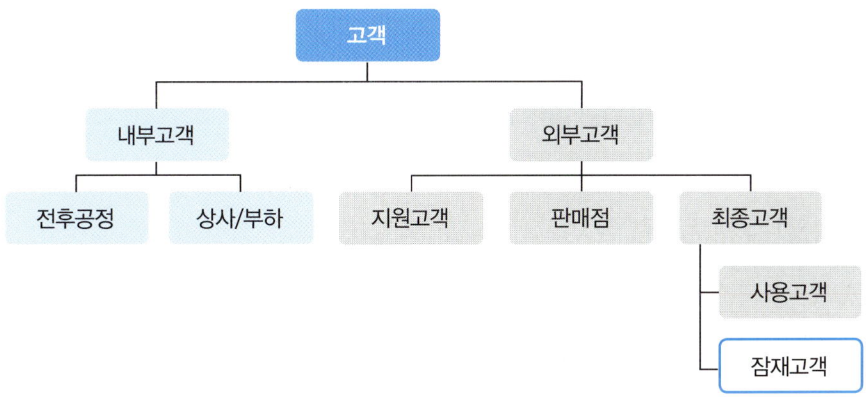

*자료 : 이지은(2018), 『서비스경영론』, 백산출판사, p. 26.

그 밖에 고객을 좀 더 세분화해서 분류하면, ① 기업의 이익과 관계 진화적 관점에 따른 분류, ② 현대 마케팅적 관점에 따른 분류, ③ 프로세스적 관점에 따른 분류, ④ 그레고리 스톤(Gregory Stone)의 관점에 따른 분류, ⑤ 고객행동 결과에 따른 분류, ⑥ 참여 관점에 따른 분류 등(〈표 1-1〉, 〈표 1-2〉, 〈표 1-3〉, 〈표 1-4〉, 〈표 1-5〉, 〈표 1-6〉 참조)과 같이 크게 6가지로 분류된다.

표 1-1 기업의 이익과 관계 진화적 관점에 따른 분류

분류	내용
잠재고객	- 현재 제품구매 경험은 없지만, 향후 고객이 될 잠재력을 가진 고객
가망고객	- 제품에 대해 관심을 보이며, 향후 신규고객이 될 가망성이 있는 고객
신규고객	- 처음으로 자사의 제품이나 서비스를 구매하기 시작한 고객
기존고객	- 2회 이상 반복해서 구매한 고객으로 재구매 가능성이 있는 고객
충성고객	- 제품이나 서비스를 반복해서 구매할 정도로 충성도가 높은 고객 - 이탈하지 않고 지속적으로 이용하는 고객 - 자사와 강한 유대관계를 형성하고 있으며, 늘 입소문을 내주는 고객

충성고객의 특징

- 매출액과 매출기여도를 증가시킨다.
- 비용절감 효과가 크다.
- 가격이나 이벤트 행사에 민감하지 않다.
- 자발적으로 자신의 경험을 공유한다.
- 매출이나 기업의 성장에 큰 도움을 준다.
- 자신이 좋아하는 제품을 주변 사람에게 적극 추천한다.

표 1-2 현대 마케팅적 관점에 따른 분류

분류	내용
소비자	생산자가 제공하는 상품이나 서비스를 구입해서 사용하는 주체
구매자	물건 따위를 사는 사람이나 기관, 물건을 구입하는 고객
구매 승인자	구매를 허락하고 승인하는 고객
구매 영향자	구매 의사결정 과정에 직간접적으로 영향을 미치는 고객

표 1-3 프로세스적 관점에 따른 분류

분류	내용
외부고객	기업이 생산한 제품이나 서비스를 최종적으로 소비하고 구매하는 고객
중간고객	소매상 · 도매상 · 중간상의 고객으로서, 기업과 최종 소비를 하는 고객 사이에서 그 가치를 전달하는 고객
내부고객	기업의 내부 직원으로 본인이 하는 일의 결과를 사용하고, 가치 생산에 직접 참여하는 고객

표 1-4 그레고리 스톤의 관점에 따른 분류

분류	내용
경제적 고객	– 일명 '절약형 고객'이라고도 하며, 고객의 가치를 극대화하려는 고객 – 자신이 투자한 시간 · 비용 · 노력에 대하여 최대한의 효용을 얻으려는 고객 – 여러 기업의 경제적 강점과 가치를 면밀히 검증하고, 조사하는 고객
윤리적 고객	– 일명 '도덕적 고객'이라고도 하며, 기업의 윤리성을 가장 중요하게 여기는 고객 – 기업의 사회적 이미지가 깨끗하고, 윤리적이어야 많은 고객을 유치할 수 있음

분류	내용
개인적 고객	- 일명 '개별화 추구 고객'이라고도 하며, 개인 간의 교류를 선호하는 고객 - 형식에 치우친 서비스보다는 진심으로 대해주는 것을 선호하는 고객
편의적 고객	- 일명 '편의성 추구 고객'이라고도 하며, 자신이 서비스를 받는 데 있어서 우선 편의성을 중요시여기는 고객

표 1-5 고객행동 결과에 따른 분류

분류	내용
구매 용의자	자사의 제품이나 서비스를 구매할 능력이 있는 모든 고객
구매 가능자	자사의 제품이나 서비스를 구매할 능력이 있고, 제품에 대한 정보를 가지고 있는 고객
비자격 잠재자	경쟁사 임직원 등으로 자사의 제품에 대한 필요성을 느끼지 않는 고객
최초 구매자	한 번 구매한 고객으로 자사나 경쟁사의 고객이 될 수도 있음
반복 구매자	두 번 이상 구매한 고객
단골고객	반복 이용과 만족도가 높은 고객으로 재구매 확률이 높고, 경쟁사의 전략에 쉽게 동요되지 않는 고객
옹호고객	단골고객으로 자신의 제품을 다른 고객에게 추천할 정도로 충성도를 가진 고객
비활동 고객	자사의 고객 중에 일정기간 동안 이용실적이 없는 고객
탈락고객	일정기간 동안 거래실적이 전무한 고객

표 1-6 참여 관점에 따른 분류

분류	내용
직접고객	1차 고객으로 제품과 서비스를 직접 구매하는 일반고객
간접고객	최종 소비자 또는 2차 소비자로 종사원이나 가게 주인
공급자 집단	제품과 서비스를 제공하고, 반대급부로 돈을 지급받는 고객

내부고객	기업 내부의 직원 · 임직원 · 판매사원 · 주주 · 가족고객 등
의사결정 고객	직접고객(1차 고객)의 선택에 영향을 미치는 고객
의견선도 고객	제품의 심사 · 평판 등에 참여하여 의사결정에 영향을 미치는 고객 (예 : 소비자보호단체 · 기자 · 평론가 · 전문가 등)
경쟁자	고객관리나 전략 등에 중요한 인식을 심어주는 고객
법률규제자	법률을 만드는 정부나 의회
한계고객	기업의 이익이나 마케팅 활동 등에 방해가 되는 고객
체리피커 고객	반품 등의 행동으로 기업에 피해를 주는 고객

2) 고객의 욕구변화

"손님을 후대하는 사람은 신(神)을 잘 섬기는 사람이다"라는 속담이 있다. 고객은 항상 변함없이 돌보고, 잘 섬겨야 할 고귀한 손님이다. 그러나 고객의 마음은 쉽게 변한다. 자주 찾아오던 단골고객도 마음이 변하면, 갑자기 등을 돌리고 말없이 떠나버린다.

최근 고객의 소비형태가 ① 물적 충족(material sufficiency)에서 ② 심적 충족(mental sufficiency)으로 변해가고 있으며, 사회구조가 다양화 · 세분화되면서 고객계층 또한 다양화되어 감에 따라 기업 간의 경쟁이 더욱 심화되고 있다. 따라서 신규고객 확보에 드는 비용은 기존고객을 유지하는 것보다 5배 정도 더 든다는 연구도 있다(Barsky, 1994; Reichheld and Sasser, 1990).

고객의 욕구변화를 〈표 1-7〉에서 살펴보면, ① 제품 선택기준이 양(良)에서 질(質)로, ② 물건의 풍부함에 대한 욕구에서 마음의 풍부함에 대한 욕구로, ③ 하드 지향에서 소프트 지향으로, ④ 물체재화 중심에서 정보재화 중심으로, ⑤ 대량생산 · 소비에서 다품종 소량생산 · 차별화 소비로, ⑥ 획일화 · 표준화에서 개성화 · 다양화로, ⑦ 타인지향에서 자기지향으로, ⑧ 대중지향에서 개인지향으로, ⑨ 외형중심에서 본질중심으로, ⑩ 소극적 자세에서 적극적 건강지향으로, ⑪ 수동적 소비에서 창조적 소비로, ⑫ 필수적 이동에서 레저형 이동으로, ⑬ 합리적(이성적) 지향에서 문화적(감성적) 지향으로 변하고 있어, 결국 고객의 의식이 서비스부문의 필요도를 높이고 있다.

표 1-7 고객의 욕구변화

과거	현재
– 제품 선택기준이 '양'에서	– 제품 선택기준이 '질'로
– 물건의 풍부함에 대한 욕구에서	– 마음의 풍부함에 대한 욕구로
– 하드지향에서	– 소프트지향으로
– 물체재화 중심에서	– 정보재화 중심으로
– 대량생산 · 소비에서	– 다품종 소량생산 · 차별화 소비로
– 획일화 · 표준화에서	– 개성화 · 다양화로
– 타인지향에서	– 자기지향으로
– 대중지향에서	– 개인지향으로
– 외형중심에서	– 본질중심으로
– 소극적 자세에서	– 적극적 건강지향으로
– 수동적 소비에서	– 창조적 소비로
– 필수적 이동에서	– 레저형 이동으로
– 합리적(이성적) 지향에서	– 문화적(감성적) 지향으로

제2절 고객의 심리분석

1. 고객의 기본심리

이 세상 어디에도 고객 위에 군림할 수 있는 직업은 존재하지 않는다. 왜냐하면 모든 제품과 서비스의 주인공은 모두 고객이기 때문이다. 고객은 대가를 지불하기 때문에 선택의 권한도 함께 갖는다.

이제는 어떤 직업을 선택하든 우리는 모두 '서비스맨(service man : 서비스를 실행하는 사람)'이라고 할 수 있다. 요즘은 감성마케팅의 시대이다. 즉 평소의 좋은 경험은 사람을 감동시킬 수 있는데, 우리는 고객을 만나기 전부터 고객의 보이지 않는 속마음까지 읽어내는 고도의 감성 테크닉을 키워나가야 한다.

요즘 고객은 자신이 원하는 것을 적절하게 제공해 주는가를 눈여겨본다. 고객이 원하는 것은 항상 '더욱더'이다. 고객은 자신이 기대하는 것보다 체험 정도가 더 높을 때 ① 만족하고, ② 제품을 구매하고, ③ 재방문을 한다.

이러한 변화무쌍한 경영환경 속에서 선견지명(先見之明)을 가지고 능동적으로 대처해 나가야 한다. 즉 제품과 서비스에 대한 현실감각을 겸비하고 있어야 기업이 탄탄하게 성장할 수 있다.

고객이 바라는 기본심리는 〈표 1-8〉과 같이 ① 환영기대심리, ② 존중기대심리, ③ 우월심리, ④ 독점심리, ⑤ 배려심리, ⑥ 모방심리, ⑦ 보상심리, ⑧ 차별화심리, ⑨ 자기본위적 심리 등을 들 수 있다.

이렇듯 고객이 바라는 심리도 다종다양하며 천차만별이다. 모든 고객을 골고루 다 만족시켜 주는 것은 불가능하지만, 항상 고객의 입장에서 생각하는 마음을 가지고, 밝은 미소로 정중하게 맞이해야 한다.

표 1-8 고객의 기본심리

분류	내용
환영기대심리	먼저 말 걸어주기를 바라고, 늘 환영받고 싶어 한다.
존중기대심리	자신을 기억해 주고, 중요한 사람으로 인식되기를 바란다.
우월심리	고객 자신이 서비스맨보다 우월하다고 여긴다.
독점심리	모든 서비스에 대하여 독점하고 싶어 한다.
배려심리	충분한 시간을 가지고, 서비스를 제공해 주기 바란다.
모방심리	다른 고객을 닮고 싶은 심리를 가지고 있다.
보상심리	자신이 지불한 비용만큼 적절한 보상을 바란다.
차별화심리	일반제품보다는 차별화된 제품과 서비스를 원한다.
자기본위적 심리	자신의 가치기준을 가지고, 늘 생각하고 상황을 판단한다.

2. 고객의 유형과 소비심리

고객의 유형과 성격도 사람에 따라 확연히 다르다. 예를 들면 ① 성격이 급하거나 느린 고객, ② 말수가 적은 고객, ③ 많이 알고 있는 고객, ④ 의심이 많은 고객, ⑤ 흥분하는 고객, ⑥ 존경받고 싶어 하는 고객 등 유형별로 천차만별이다.

고객의 제품선택 폭이 확산됨에 따라 소비심리도 복잡하고, 고객의 요구 또한 복잡 · 다양해지고 있다. 따라서 고객의 유형과 소비심리에 대해 충분히 이해하고, 세세하게 파악한 후에 고객을 응대해야 매출을 신장시킬 수 있게 된다.

독일의 Hans-Georg Hausel과 펜부르크 연구팀 Limbic은 고객 개개인이 가지고 있는 중심적인 감정의 장을 규명해 냈는데, 고객이 지닌 감정의 무게중심에 의거하여 〈표 1-9〉와 같이 ① 전통주의자, ② 조화론자, ③ 향유자, ④ 향락주의자, ⑤ 모험가, ⑥ 실행가. ⑦ 규율숭배자, ⑧ 방관자 등으로 분류하였다.

표 1-9 고객의 유형과 소비심리

유형	성향과 소비심리
전통주의자	염세적인 성향과 오른쪽 뇌가 활성화됨. 꼼꼼하게 점검하고 오랫동안 세부적인 것에 매달림. 균형 시스템이 주도권을 쥐고 있고 다소 초조하고 조심스러워함. 새로운 것에 개방적인 태도를 취하지 않음. 구매할 때는 안정성과 신뢰감을 중요시함. 품질에 대한 확신이 큰 비중을 차지함. 소비나 구매습관이 비교적 변하지 않음. 단골고객 유형으로 오랫동안 한 기업이나 상점을 이용함. 가격에 대한 태도는 절약정신의 영향을 받음. 고향에서 생산된 토속상품이 많이 들어 있음. 건강문제에 관심이 많고 자주 불안감에 시달려 조언자가 필요함
조화론자	균형 시스템이 뇌에서 주도권을 쥐고 있음. 전통주의자가 가지고 있는 많은 특징을 조화론자도 가짐. 전통주의자와 마찬가지로 조심스러워하지만 타인에게 좀 더 개방적인 태도를 보임. 아늑함과 조화로움이 넘치는 가정을 소중히 여김. 여성 조화론자는 정원·고향·부엌·애완동물과 관련된 제품에 관심을 보임
향유자	가족과 함께하는 체험을 중요시함. 돈은 부차적인 문제로 여김. 적은 돈으로 많은 즐거움을 누리고자 함. 건강에 대한 태도는 낙관적임. 웰니스 상품과 서비스가 제격임. 양쪽 뇌가 똑같은 정도로 활성화됨. 개방적이고 긍정적인 생활방식이 특징. 환상을 자극하며, 꿈의 세계로 유혹하는 성품을 선호. 작은 사치와 약간의 방종을 즐김. 쇼핑을 좋아하고 틈을 내어 에스프레소를 음미. 체험적인 성격의 브랜드를 선호. 타인과 교류하는 것을 좋아함
향락주의자	뇌 속에 자극 시스템과 도파민(도파민은 뇌의 흑질·기저핵·선조체에서 주로 신경충격의 전달을 억제하는 신경전달물질로, 도파민이 부족하면 파킨슨병에 걸림)이 주도권을 쥐고 있음. 왼쪽 뇌를 우선 사용. 언제나 새로운 것을 추구함. 다른 종류의 보상을 찾아 헤매기도 함. 시끌벅적한 것, 눈에 띄는 것, 유별난 것, 개인적인 것을 중요시함. 상품의 품질과 원산지는 별로 중요하지 않음. 새로운 유형과 새로운 상품에 관

향락주의자	심을 기울임. 유행에 대한 집착이 유달리 강함. 새롭고 이국적인 음식이나 제품에 제일 먼저 열광. 전형적인 충동구매자로서 즐거운 마음으로 많은 물건을 구입. 꼭 필요한 물건이 아닌데도 그냥 사들임. 상품 구매장소는 중요하지 않음. 유행과 화장품에 특히 관심을 보임
모험가	뇌 속에 도파민이 풍부. 향락에 전투적인 요소를 살짝 가미. 자신의 의지를 관철하고 자신의 능력을 입증. 무언가를 체험하고자 함. 더 빨리 더 훌륭하게 더 강인하게, 제품의 품질은 별로 중요시하지 않음. 상품 구매장소도 중요하지 않으며 조언도 필요치 않음. 꼭 필요한 사람에 대해서는 사전 인터넷 검색을 통해서 미리 알아둠. 건강문제에 전혀 관심이 없음. 종종 능력의 한계에 이를 정도로 몸을 혹사시킴. 산악자전거, 스노보드, 암벽등반처럼 스릴 넘치는 스포츠를 선호. 구매하는 상품은 반드시 자유를 선사해 주거나 능력(성능)을 향상시켜 주는 것이어야 함. 알코올음료를 즐겨 마심. 떠들썩한 할인행사를 매우 선호
실행가	왼쪽 뇌가 좀 더 강력한 영향을 행사. 즐거움을 선사하는 호르몬인 도파민은 결핍. 앞으로 몰아가고 야심을 활성화시키는 특징을 가짐. 눈에 들어온 목표물을 완강하고 집요하게 추적. 높은 지위를 약속해 주는 구매장소와 상품을 매우 중요시함. 사람들 앞에서 자신이 뛰어나고 위대한 존재라는 점을 보여주려고 함. 값비싼 와인에 열광. 뛰어난 성능과 기술적인 완벽함이나 지위를 보장해 주는 상품을 구매(예; 값비싼 고급시계). 타인과 자기 자신을 차별화하기 위하여 배타적인 레스토랑을 찾음. 위상을 과시하는 음식점 등에 대한 신뢰는 높음. 가능한 한 값을 깎으려고 시도하면서 자신의 자아를 관철시키려고 함
규율숭배자	뇌 속에 도파민이 거의 없음. 염세적이고 의구심에 찬 태도로 세상을 대함. 향락이나 기분전환을 추구하지 않음. 꼭 필요한 물건만 구입. 불필요한 물건은 절대 구입하지 않음. 순수하게 기능성 위주로 구매. 귀찮고 예기치 않은 놀라움을 극도로 증오. 상품의 품질 및 보증과 관련된 측면을 상당히 중요시함. 일종의 계산기와 같으며 물건 가격을 꼼꼼하게 비교. 구매결정을 내릴 때까지 매우 긴 시간이 소요됨. 객관적인 척도를 중요시함. 최신 유행에 가치를 두지 않음. 중요하게 생각하는 것은 오직 기능뿐임. 눈에 들어오는 상품 가짓수와 소수의 상품 종류를 좋아함. 절약은 그들의 기본 미덕

방관자	불안감도 없고 호기심도 없으며, 높은 지위를 열망하지도 않음. 안정적-내향적 기질의 소유자. 무관심하고 냉담한 사람. 특별히 두드러진 특징도 없음. 지극히 평범한 대량 생산품을 구매. 직업에서도 거의 성공을 거두지 못함. 소비활동 여유도 거의 없음

*자료 : 손현준(경영지식생산본부 마케팅 필진), "Brain View : Warum Kunden Kaufen(뇌, 욕망의 비밀을 풀다)", Hans-Georg Hausel에서 인용 후 표로 재구성.

제3절 고객의 니즈와 기대

1. 고객의 니즈

영어의 니즈(needs)는 '필요', '요구'의 의미로서, '필요하다고 바라거나 요청하다'. '어떠한 것을 필요하다고 바라거나 요청함'을 뜻한다. 즉 고객은 ① 경제에서 창출된 제품이나 서비스 등을 구매하는 개인이나 가구를 말하는데, 통상 ② 상점으로 물건을 사러 오는 손님을 일컫는다.

태국 방콕의 차오프라야 강변에 위치한 '더 오리엔탈호텔(The Oriental Hotel)'은 고객을 왕(王)처럼 모시는 세계적인 호텔기업이다. 1876년에 건립된 이 호텔은 객실 395실, 종업원 1천 명으로 세계 유명 여행잡지 및 기관에서 20년 이상 베스트 상을 수상했다.

호텔 외관은 소박하고 초라하지만, '고객'을 호텔경영에 적극 활용하고 있다. 이 호텔은 태국인의 착하고 소박한 인간성으로 인해 세계적인 명성을 얻게 되었다. 호텔에 근무하는 종사원들은 한결같이 "다시 태어나도 이 호텔에 근무하겠다"고 말할 정도로 자부심 또한 대단하다.

세계적인 명성을 얻을 수 있었던 것은 ① 직원의 팀워크, ② 개개인의 서비스 정신, ③ 고객의 니즈를 발 빠르게 파악해서 대처하는 응대능력, ④ 회사를 아끼고 사랑하는 마음이 투철하기 때문일 것이다.

이처럼 고객으로부터 인정받는 기업이 되려면, 우선 고객의 관점에서 생각하고 접근해야 한다. 즉 고객이 요구하는 '니즈 상품'을 만들어 고객의 마음을 공략해야 한다. 찾아온 고객의 니즈와 기대가 무엇인지를 정확히 인지하고, 적절하게 응대하고 서비스를 제공해야만 곧바로 구매로 이어질 수 있다.

고객의 요구(needs)와 예측(prediction)은 면접 · 조사 · 대화 등의 정보수집 방식을 통해 결정된다. 이러한 방식은 고객의 요구를 결정하는 것을 도와주게 된다. 그로 인해 고객에게 가치 있는 제품과 서비스를 제공할 수 있게 된다.

고객의 성격은 기분 · 태도 · 의견을 포괄하며, 다른 고객과 상호작용하는 과정에서 가장 뚜렷이 드러난다. 성격은 각 개인의 특징을 나타내는 선천적 · 후천적 행동특성으로서, 그 사람의 주위환경과 사회집단의 관계 속에서 관찰할 수 있다(위키백과).

2. 고객의 기대요소

기대(期待, expectation)란 '어떤 일이나 대상이 원하는 대로 되기를 바라고 기다림'을 뜻한다. 고객이 바라고 기대하는 것은 고객 개인의 성격이나 취향에 따라 다르고 다양하겠지만, 사실 알고 보면 매우 단순하고 기본적인 것을 원한다. 특히 고객은 환상적인 서비스보다는 실속 있고, 실제적인 서비스를 원하고 있다.

고객은 자신이 바라고 기대하던 것이 채워지고 성취되면 결국 만족하게 되지만, 자신이 생각했던 기대치에 미치지 못하면 불만족을 나타낸다. 고객을 만족시키기 위해서는 고객의 기대수준을 파악하고 있어야 하고, 실제로 제공되는 서비스가 고객이 바라는 기대에 일치되도록 해야 한다.

요즘의 고객은 단순히 제품이나 서비스를 구매하는 것이 아니라 실생활에 필요한 쓸모 있는 제품인 효용(usefulness)을 구매한다. 즉 제품에 부가된 ① 편리성, ② 상징성, ③ 쾌적성 등과 같은 효용을 함께 구매한다. 고객이 기대하는 요소는 〈표 1-10〉과 같이 크게 ① 인적 요소, ② 제품요소로 구분할 수 있다.

표 1-10 고객의 기대요소

요소	세부요소	내 용
인적 요소	서비스 능력	고객이 기대하는 서비스를 즉시 제공할 수 있는 능력
	고객 인식	자신을 알아주고, 중요한 사람으로 인식되기를 바람
	정당한 대우	자신이 지불한 비용만큼 서비스를 받고 싶은 욕망
	예의와 존경	서비스맨으로부터 예의와 존경을 받고 싶은 욕망
	공감대 형성	자신의 의견·감정·생각 등에 대해 이해받기를 원함
	인내심	고객의 부당함도 들어주는 서비스맨의 인내심 요구
	전문가 기질	고객이 원하는 정보를 정확하게 제공해 주기를 바람
	열성·적극성	열성과 적극적인 서비스 제공에 대한 욕구
제품 요소	품질	고객의 사용 목적에 맞는 우수한 품질인지
	안전	제품으로서 견고하거나 신체에 안전한지
	유연성	제품의 교환이나 환불, 사후 서비스가 가능한지
	가격	고객의 입장이나 타사의 제품에 비해 가격이 적정한지
	리드타임	제품 발주와 납입까지의 서비스와 업무처리의 속도 등

3. 고객 기대의 영향요인

최근 삶의 질적 향상과 더불어 양적으로 풍부해진 생활환경으로 인해 자연스럽게 서비스 의식의 고급화를 낳게 되었다. 고급화를 추구하는 고객은 시간이 갈수록 자신을 최고로 우대해 줄 것을 기대하고, 특별히 대우받기를 원한다.

고객은 자신이 생각하던 기대보다 높은 수준의 서비스를 받으면 좋아하지만, 반대로 기대했던 수준보다 미달되거나 기대에 미치지 못하면, 바로 불쾌감을 드러낸다. 따라서 기업은 고객이 충분히 만족할 만한 서비스를 제공해야 한다.

고객의 기대에 미치는 영향요인은 〈표 1-11〉, 〈그림 1-3〉과 같이 ① 내적 요인, ② 외적 요인, ③ 상황적 요인, ④ 기업요인을 들 수 있다.

표 1-11 고객 기대의 영향요인

요인	세부요소	내 용
내적 요인	개인적 욕구	- 고객은 각자 자신의 가치나 철학을 가지고, 항상 자기 위주로 모든 상황을 생각하고 판단 - 또한 고객은 저차원의 욕구가 충족되거나 만족하면, 그보다 상위의 욕구단계로 이행
	관여도	- 고객의 기대는 자신이 해당 서비스에 대해 관여되어 있는지의 여부에 따라 기대에 영향을 미침 - 관여도가 높아질수록 이상적·희망서비스 수준 사이의 간격과 허용영역이 좁아지게 됨
	과거의 경험	- 통상 고객이 체험한 경험이 풍부할수록 기대가 오르는 경향을 보임 - 과거 고객의 해당 서비스 경험 유무에 따라 고객의 기대나 희망에 지대한 영향을 미침

<table>
<tr><td rowspan="3">외적
요인</td><td>경쟁적 대안</td><td>- 과거 타 기업에서 제공받은 서비스와 유사하거나 똑같은 서비스받기를 희망</td></tr>
<tr><td>사회적 상황</td><td>- 고객은 다른 고객과 함께 있을 때 희망 기대수준이 더 높아짐
- 특히 자신이 중요하게 여기는 사람과 함께 있을 때 더욱 그렇게 나타남</td></tr>
<tr><td>구전효과</td><td>- 구전과정에서 발생하는 구전정보가 수신자에게 미치는 커뮤니케이션 효과를 지칭
- 정보 수신자에게 필요한 정보를 정확하게 제공할 수 있기 때문에 신뢰성이 높음</td></tr>
<tr><td rowspan="3">상황적
요인</td><td>고객의 기분</td><td>- 그날그날 고객의 기분이나 컨디션의 상태에 따라 기대에 영향을 미침
- 고객은 자신의 기분이 좋으면, 서비스 요원에게도 더욱 관대해짐</td></tr>
<tr><td>기후와 날씨</td><td>- 기후의 좋고 나쁨은 고객의 기대수준에 영향을 미침
- 요즘처럼 황사와 미세먼지주의보가 자주 내려지면 영업과 건강에 큰 지장을 초래</td></tr>
<tr><td>시간적 제약</td><td>- 시간적 제약을 받으면, 고객은 서비스에 대한 기대수준을 낮춤</td></tr>
<tr><td rowspan="3">기업
요인</td><td>촉진 · 가격 · 유통</td><td>- 광고는 기업의 가장 대표적인 판매 촉진의 수단으로서, 고객의 희망과 기대수준에 영향을 미침
- 가격이 높으면 서비스 기대수준은 높아지지만, 오히려 허용영역은 좁아짐
- 특히 체인점은 이용의 편리성과 규격화된 서비스를 받을 수 있다는 기대를 하게 됨</td></tr>
<tr><td>서비스맨</td><td>- 잘 훈련된 서비스맨의 용모나 태도 등은 고객의 서비스 기대수준을 높이고 변화시킴
- 기업의 유니폼 색상과 디자인도 고객의 기대수준에 영향을 미침</td></tr>
<tr><td>유형적 단서</td><td>- 가격이나 제품 등 고객이 제공받게 될 서비스에 대한 정보를 다양한 단서를 통해 간접적으로 추론</td></tr>
</table>

기업 요인	기업 이미지	- 이미지가 좋은 기업이나 제품은 고객의 기대를 상승시키며, 허용영역에도 크게 영향을 미침

그림 1-3 고객 기대의 영향요인

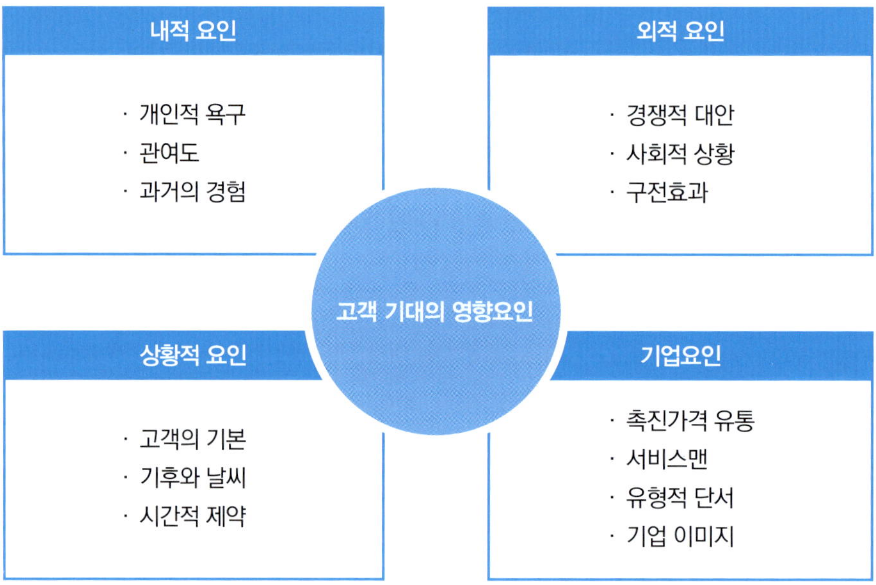

4. 고객의 이탈원인

고객은 매우 까다로운 존재로서 원하는 것도 많다. 요즘처럼 새로운 고객의 확보에 대한 어려움은 이루 말할 것도 없고, 기존의 고객을 유지하는 것도 결코 쉬운 일은 아니다. 제품이나 서비스를 구매한 고객은 정당한 대접받기를 원하는데, 과학이나 매체가 발달한 시대에는 더욱 그렇다.

지금부터라도 고객은 '더 이상 손님이 아니라 나의 주인이다'라고 생각해야 한다. 한 번 방문한 고객은 떠나지 않도록 고객의 자존심을 인정하고, 자신을 낮추는 겸손한 태도와 마음으로 정성을 다해 모시면서 관리해야 한다.

그동안 우리는 기존의 고객을 위해 어떤 노력을 했는지? 혹시 이 점에 대해 간과하고 있지는 않는지? 또 앞으로 어떻게 노력할 것인지?에 대해 연구하고 반성하면서 심각하게 고민해 보아야 한다.

미국품질학회(American Society for Quality)는 고객의 이탈 원인을 '고객 접점에서의 대응문제'로 보았다. 즉 고객이 떠나는 원인에는 여러 가지가 있겠지만, 주로 ① 관심 부족과 무관심(68%)이 가장 높게 조사되었고, ② 불편과 고충처리의 불만족(14%)을 꼽았다. 고객이 떠나는 구체적인 원인은 〈표 1-12〉와 같다.

표 1-12 고객의 이탈원인

고객의 이탈원인	확률(%)
사망	1
이사, 전출 등	3
친구 및 친인척	5
저가의 상점을 찾음	9
불편, 고충처리 불만족	14
관심 부족, 명백한 무관심	68

제 02 장
서비스의 이해

제1절 서비스의 가치와 정의

1. 서비스의 가치

현대를 가리켜 '서비스사회(service society)'라고 한다. 서비스사회란 '지식 · 정보 · 기술 · 디자인 등의 무형적이면서 인적 및 기능적 서비스의 가치를 강조하는 사회를 말한다. 즉 소유가 아니라 편익과 즐거움을 향유하는 대가로 지불되는 지출항목이 50%를 넘어선 사회'를 가리킨다.

21세기를 살고 있는 우리는 각종 서비스와 함께 묻혀 지내고 있으며, 서비스가 배제된 경제활동은 찾아보기 힘들 정도로 중요성도 부각되고 있다. 지금은 제조업 중심에서 '서비스경제화(service economization)'라고 하는 종래와는 전혀 다른 새로운 경제로 이행하고 있다.

미래의 경제 · 사회도 서비스의 비중이 크게 증가할 것이며, 서비스 없이는 아무것도 존재할 수 없고, 그 어떤 일도 진행할 수 없는 세상이 될 것이다. 비록 서비스업체가 아니라고 하더라도 서비스 없이는 시장경쟁(market competition : 시장 안에서 경제활동을 통하여 이익을 얻으려고 겨루는 일)에서 살아남을 수 없게 된다,

최근 소비자의 욕구가 개성화 · 다양화 되면서 서비스가 단순한 생존을 위한 욕구가 아닌, 생활을 즐기는 측면으로 변화되고 있다. 선진국의 서비스 부문도 급성장을 이루어 경제에서 차지하는 비중이 날로 증대되고 있다. 종래에는 일부 특정 서비스 부문을 중심으로 성장이 이루어졌지만, 점차 다양하고 새로운 형태의 서비스업종이 속속 등장하고 있다.

전 세계적으로도 '서비스산업(service industry)'이 국가경제에서 차지하는 역할 또한 증가하고 있으며, 선진국일수록 그 비율이 높은 편이다. 일반적으로 '서비스업'에 종사하는 비율이 70% 이상일 때 '선진화사회'라고 하는데, 〈표 2-1〉과 같이 우리 사회도 서비스 부문이 차지하는 비중은 고용의 76%, GDP의 58%에 해당될 정도로 이미 선진국 수준이 되었으며, 앞으로 이 부문이 더욱 확충될 것으로 예측하고 있다.

또한 기업도 서비스로 인해 기업의 브랜드 가치를 향상시킬 수 있는 중요한 핵심요소로 간주하고 있다. 게다가 기업의 운영도 서비스 중심 조직으로 구성하는 한편, 종사원도 고객중심 마인드로 업무를 수행하도록 철저하게 교육 · 훈련시키고 있다.

서비스의 가장 중요한 요소는 마음[心]이다. 동시에 서비스에는 일정한 형식 · 방법 · 규칙이 있다. 즉 ① 고객을 대접하는 마음, ② 호감이 가는 행동, ③ 일정한 규칙을 들 수 있다. 그리고 남을 헤아리는 마음과 세련되게 응대하는 것도 필요하다. 서비스 관련 핵심용어를 정리하면 〈표 2-2〉와 같다.

표 2-1 서비스가 차지하는 비율(2010년 기준)

구분	미국	영국	호주	한국
고용	81%	79%	76%*	76%
GDP	79%	78%	78%	58%

*자료 : 문소윤(2016), 『서비스파워』, 백산출판사, p. 22 ; 이정학(2014), 『서비스마케팅』, 대왕사, p. 25 ; イミダス別冊付録(1988), 『國際化新時代の外来語 · 略語辭典』, 集英社.

표 2-2 서비스 관련 핵심용어

용어	내용
서비스사회	- 지식 · 정보 · 기술 · 디자인 등의 무형적이면서 인적 및 기능적 서비스의 가치를 강조하는 사회 - 소유가 아니라 편익과 즐거움을 향유하는 대가로 지불되는 지출항목이 50%를 넘어선 사회
서비스경제화	- 경제가 발전함에 따라 생산 · 고용 · 소비 등 경제에서 서비스산업이 차지하는 비중이 증가하는 현상 - 가치창출의 원인이 제품에서 무형의 서비스재로 옮겨지는 현상
서비스산업	- 물질 생산 이외의 경제활동에 관계되는 모든 산업, 유형의 물건이 아닌 용역을 창출해 경제의 한 부분을 이루는 산업 - 운수 · 통신 · 상업 · 금융 · 관광 · 의료 · 교육 · 부동산 · 지식기반 서비스 등 여러 분야에서의 다양한 서비스 상품을 제공하는 산업
서비스업	- 기업이나 소비자에게 재화와 서비스를 제공하는 활동 - 여관 · 하숙 같은 숙박설비 대여업, 광고업, 자동차 등의 수리업, 영화 · 연극 따위 흥행업 등

2. 서비스의 정의

서비스의 사전적 의미는 ① 재화를 생산하지는 않지만, 그것을 운반 · 배급 · 판매하거나 생산과 소비에 필요한 노무를 제공하는 일, ② 생산된 재화를 운반 · 배급하거나 생산과 소비에 필요한 노무를 제공함, ③ 물질을 생산하지는 않지만, 소비 등에 필요한 노동을 제공함, ④ 개인적으로 남을 위해 돕거나 시중 듦을 뜻한다.

서비스(service)의 어원은 '노예봉사'라는 의미의 프랑스어 세르뷔티움(servitium)에서 유래되었다. 초기에는 '노예가 주인에게 충성을 바쳐 거드는 일'로 간주하였나, 이후에는 '봉사'라는 의미로 사용하게 되었다. 즉 봉사는 상대방의 부탁을 들어주거나 어려운 문제를 해결해 주는 친절한 배려의 의미도 포함되어 있다.

즉 서비스란 '고객에게 정신적 · 물리적 만족감을 주고, 활동에 의하여 생기는 편익(benefit)의 총칭이며, 서비스 품질의 최종 특성은 고객만족(customer satisfaction)'이다. 여기서 고객만족은 "고객이 기업이나 가게의 서비스 행위에 대하여 흡족하게 여기거나, 또는 기업이나 가게가 여러 행위를 하여 고객을 흡족하게 하는 것(다음백과)"을 말한다.

특히 서비스는 단지 부차적인 요소가 아닌 필수불가결한 요건으로 사업경영에 있어서 핵심적인 경쟁요소가 된다. 일반적으로 서비스의 본질은 '양자 간 상호작용의 관계하에서 육체적인 면과 정신적인 면의 통합으로 발휘되는 인간적 활동'으로 정의하고 있다.

따라서 서비스는 인간의 정서와 감정을 자극해 엔도르핀(endorphin : 포유류의 뇌와 뇌하수체에서 자연적으로 생성되며, 통증 완화 효과를 지닌 단백질을 통틀어 이르는 말)을 생성하여 기분을 좋게 하고, 삶을 풍요롭게 만든다.

베리(Berry, 1980)는 서비스를 "활동 · 수행 · 노력이다"라고 정의함으로써, 서비스를 제공하는 행위 · 만족 · 편익과 다른 '인간의 노력'을 강조하였다.

코틀러(Kotler, 1982)는 서비스를 "어느 한편이 다른 상대방에게 제공하는 편익이나, 활동으로서 그것은 기본적으로 무형이며, 어떤 것의 소유로 귀결되지 않는다. 서비스의 생산은 물질적인 제품과 연결될 수도 있고, 그렇지 않을 수도 있다"고 주장하였다.

러브록과 워츠(Lovelock & Wirtz, 2004)는 서비스를 "특정의 시간과 장소에서 고객에게 가치와 편익을 제공하는 경제적 활동이다"라고 정의하였다.

라스멜(Rathmell)은 서비스를 "시장에서 판매되는 무형의 상품"으로 정의하였으며, 무형과 유형의 기준은 손으로 만질 수 있느냐의 여부에 따라 구분하였다.

미국마케팅협회(American Marketing Association, 1960)는 서비스를 "판매를 위하여 제공하거나 제품의 판매에 관련해서 준비되는 모든 활동 · 편익 · 만족"이라고 정의하였다. 그 예로는 호텔서비스 · 오락서비스 · 수송서비스 · 전력서비스 · 신용서비스 · 수리보수서비스 등을 들고 있다. 학자들이 주장하는 서비스의 정의는 〈표 2-3〉, 서비스의 유사용어는 〈표 2-4〉와 같다.

표 2-3 서비스의 정의

학자명	정의
베리(Berry)	- 서비스를 "활동 · 수행 · 노력이다"라고 정의함으로써, 서비스를 제공하는 행위 · 만족 · 편익과 다른 '인간의 노력'을 강조
코틀러(Kotler)	- 서비스를 "어느 한편이 다른 상대방에게 제공하는 편익이나, 활동으로서 그것은 기본적으로 무형이며, 어떤 것의 소유로 귀결되지 않는다. 서비스의 생산은 물질적인 제품과 연결될 수도 있고, 그렇지 않을 수도 있다"고 주장

러브록과 워츠 (Lovelock & Wirtz)	- 서비스를 "특정의 시간과 장소에서 고객에게 가치와 편익을 제공하는 경제적 활동이다"라고 정의 - 서비스를 '시장에서 판매되는 무형의 상품'으로 정의하였으며, 무형과 유형의 기준은 손으로 만질 수 있느냐의 여부에 따라 구분
作古	- 서비스란 "고객에게 정신적·물리적 만족감을 주고, 활동에 의하여 생기는 편익(benefit)의 총칭이며, 서비스 품질의 최종 특성은 고객만족
미국마케팅협회	- 서비스를 "판매를 위하여 제공하거나 제품의 판매에 관련해서 준비되는 모든 활동·편익·만족"이라고 정의

표 2-4 서비스의 유사용어

단어	의미
운반	물건 따위를 옮겨 나름
배급	나누어줌. 영리를 목적으로 하지 않고, 상품을 나누어주는 일
접대	손님을 맞아 시중을 듦. 손님을 맞이하여 음식 등을 차려 모시거나 시중을 듦
시중	옆에서 여러 가지 심부름을 하는 일
대접	음식을 차려서 손님을 모심
응접	손님을 맞이하여 접대함
봉사	국가나 사회 또는 남을 위해 헌신적으로 일하거나 애씀
역무	노역(勞役)을 하는 일
편익	편리하고 유익함. 재화나 용역을 사용해서 얻을 수 있는 주관적인 만족
용역	생산과 소비에 필요한 노무를 제공하는 일
무료(덤)	값이나 요금을 받지 않음. 제품이나 서비스 제공에 대해 비용을 받지 않는 것

hospitality	손님과 주인 사이의 관계 진전을 말함. 종종 호텔, 레스토랑, 카지노, 음식 마련, 리조트 클럽 그리고 관광객을 대하는 다른 서비스업의 일을 말함
after service	제품을 매도 납품한 후에도 일정기간 동안 무료로 기계의 성능에 대해 책임을 지고 보수 등을 해주는 것을 말함

3. 서비스의 분류

서비스를 〈그림 2-1〉과 같이 ① 사람에 기반을 둔 서비스, ② 장비에 기반을 둔 서비스로 분류하고, 그 밖에 ③ 기업이나 비영리단체에 의한 서비스, ④ 정부단체에 의한 서비스 등으로 분류할 수 있다. 특히 기업은 범주마다 상이한 마케팅믹스(marketing mix : 마케팅 목표를 달성하기 위해 마케팅 수단을 결합하는 일) 전략을 사용하고 있다.

그림 2-1 서비스의 분류

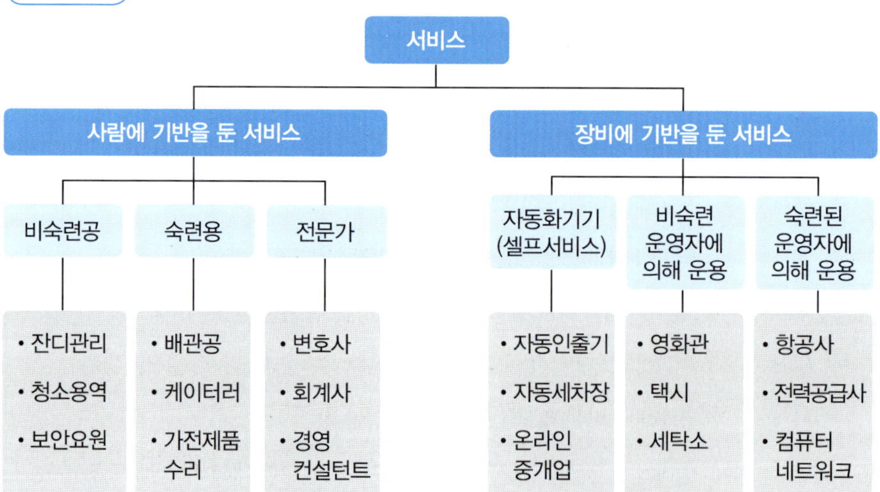

*자료 : 김성영 외(2013), 『핵심마케팅』, 생능출판사, pp. 268~269에서 인용 후 재구성.

첫째, '사람에 기반을 둔 서비스'는 크게 ① 비숙련공, ② 숙련공, ③ 전문가를 사용하며, 서비스를 제공하는 사람의 능력에 따라 서비스품질이 얼마든지 달라질 수 있다.

둘째, '장비에 기반을 둔 서비스'는 크게 ① 자동화기기(셀프서비스), ② 비숙련 운영자에 의해 운용, ③ 숙련된 운영자에 의해 운용된다. 특히 종사원이 서비스를 제공할 때 고객과 직접 접촉하지 않기 때문에 마케팅의 문제는 특별히 없으나, 그 대신 고객은 서비스맨과의 소통 없이 자동화된 서비스를 제공받게 된다.

셋째, '기업이나 비영리단체에 의한 서비스'에서 ① 개인 기업은 이윤추구가 목적이지만, ② 비영리단체는 고객만족과 효율성 등을 추구한다.

넷째, '정부단체에 의한 서비스'에서 ① 중앙정부, ② 지방정부는 폭넓은 범위의 서비스를 제공한다.

제2절 서비스의 특성과 본질

1. 서비스의 특성

서비스는 '손으로 만져보거나 눈으로 볼 수 없는 유형적인 제품이 아니라 보이지 않는 무형재'라고 할 수 있다. 그러나 서비스는 눈에 보이는 것보다 오히려 더욱 강하게 작용하는 속성을 지니고 있다.

서비스의 특성에 대해 코웰(Cowell, 1984)은 '무형성 · 불가분성 · 이질성 · 소멸성 · 소유권 결여' 등의 다섯 가지를, 존슨 등(Johnson, et. al., 1986)은 '무형성 · 소멸성 · 동시성 · 이질성' 등을, 하세마 사히로(長谷政弘, 1999)는 '무형성 · 불투명성 · 노동집약성 · 동시성'을 들었다.

스탠턴(Stanton, 1991) 등은 '무형성 · 불가분성 · 이질성 · 소멸성 · 수요변동성'을 들었고, 그론루스(Gronroos, 1990)는 '무형적 특성이 강한 점, 생산과 소비의 동시성, 생산과정에서 고객의 참가' 등을 들었다.

학자들이 주장하는 서비스의 주요 특성을 정리해 보면, ① 무형성, ② 소멸성, ③ 동시성, ④ 이질성, ⑤ 노동집약성, ⑥ 소유권 결여 등을 들 수 있다.

첫째, 서비스는 무형성(intangible)이다. 즉 형태가 없다는 것이다. 고객이 구매하기 전에는 서비스 자체를 만져보거나 볼 수 없는 경험재(經驗財)로서의 성격이 강하고, 규격화 · 표준화가 곤란하다. 즉 서비스는 실체가 아니라 수행(遂行)이기 때문에 제품처럼 손으로 만져보거나 직접 볼 수 없는 특성을 지닌다.

특히 경쟁자로 하여금 모방이 용이하고, 사전에 서비스 품질을 평가하기도 곤란하다. 또한 서비스의 단위당 실제의 원가를 산정하기도 어렵다. 따라서 이러한 문제점을 보완하기 위해서는 고객과의 지속적인 커뮤니케이션(communication)과 서비스 제공자의 이미지 제고 등이 필요하다.

둘째, 서비스는 소멸성(perishable)이다. 즉 판매하지 않은 제품은 재고로 보관할 수 없다. 생산과 동시에 소멸되기 때문에 재고상태로 보존할 수 없으며, 저장 또한 불가능하다. 서비스는 사용되었을 때가 살아 있는 상태이고, 사용되지 않았을 경우에는 버려지게 된다. 또한 이미 제공된 서비스는 원상태로의 환원이 불가능하다.

예를 들면, 호텔의 객실 및 레스토랑, 항공기의 좌석 등은 일회성으로서, 당일 판매하지 못하면 소멸되는 특성을 지닌다. 즉 그날그날 판매하지 못한 좌석은 재판매되거나 저장이 불가능하기 때문에 그만큼 손해를 보게 된다.

셋째, 서비스는 동시성(simultaneous)이다. 즉 '비분리성'으로서 생산과 소비가 동시에 일어난다. 생산과 동시에 소비되기 때문에 생산시점과 소비시점을 유형재와 같이 분리할 수 없다. 또한 서비스의 소비에는 고객의 참여가 불가피하다. 따라서 서비스를 제공하는 사람의 자질에 따라 서비스의 질이 달라지기 때문에 직원의 선발과 교육이 매우 중요하다.

서비스는 공간적으로 서비스기업 내에서 생산과 소비가 동시에 이루어지는 특성을 지닌다. 이러한 특성으로 인해 서비스는 대량생산이 곤란하고, 보관 · 운송 · 재판매를 할 수 없으며, 규모의 경제를 달성하기가 매우 불가능하다.

넷째, 서비스는 이질성(heterogenous)이다. 서비스는 생산될 때마다 그 품질에 변화가 생기기 쉬우며, 획일적이고 균질적인 품질표준의 달성이 어렵다. 즉 서비스는 비표준적이며, 가변적이어서 일정수준 이상으로 유지하거나 표준화가 어렵다. 서비스가 생산 · 제공되는 과정에서 고객의 성향이나 시간대와 환경 등에 따라 서비스의 질이나 내용이 다를 수 있다. 따라서 표준화된 서비스가 사업성공의 관건이 되기 때문에 숙련된 전문 서비스맨이 필요하다.

다섯째, 서비스는 노동집약성이다. 제품은 주로 공장에서 대량으로 생산되기 때문에 기계에 대한 의존도가 높으나, 서비스는 사람에 의해 제공되고 있어 노동집약성이 높은 편이다. 즉 서비스는 수요자인 고객과 제공자인 종사원의 접점(encounter)에서 상호작용에 의하여 생산된다.

최근 로봇이 일상생활과 산업현장에서 사람을 대신하고 있고, 모든 분야를 막론하고 자동화 시스템이 상용화되면서 서비스산업도 앞으로 어떤 방향으로 변하게 될지 예측하기 어렵다. 향후는 노동집약성도 낮아질 것으로 예측된다.

여섯째, 서비스는 소유권의 결여이다. 서비스는 주로 무형적인 것이어서 서비스 자체를 유형재와 같이 소유할 수 없다. 즉 제공하는 사람과 사용하는 사람이 있지만, 서비스를 소유하거나 소유권의 이전이 불가능하다.

이상과 같은 서비스의 특성을 정리하면 〈표 2-5〉, 〈그림 2-2〉와 같다.

표 2-5 서비스의 특성

특성	문제점 및 대응전략
무형성	서비스는 주로 무형적인 것으로 구성되며, 고객이 구매하기 전에는 견본을 보여주거나 직접적인 확인이 불가능하다. 특히 경쟁자로 하여금 모방이 용이하고, 서비스를 받는 사람은 유형의 제품보다 상대적으로 인식이 곤란 ☞ 실제적인 단서제공, 구전활동 적극 활용, 기업의 이미지 관리 등
소멸성	서비스는 생산과 동시에 소멸되기 때문에 재고상태로 보존할 수 없다. 즉 사용되었을 때가 살아 있는 상태이고, 사용되지 않았을 경우에는 버려지게 된다. 또한 이미 제공된 서비스는 원상태로의 환원이 곤란 ☞ 수요와 공급 간의 조화 필요
동시성	서비스는 생산과 동시에 소비되어 생산시점과 소비시점을 유형재와 같이 분리할 수 없다. 또한 서비스의 생산에는 소비자의 참여가 불가피하다. 따라서 서비스를 제공하는 사람의 자질에 따라 서비스의 질이 달라짐 ☞ 고객관리 철저, 직원의 선발과 교육 중요
이질성	서비스는 생산될 때마다 그 품질에 변화가 생기기 쉬우며, 획일적이고 균질적인 품질표준의 달성이 어렵다. 따라서 표준화된 서비스가 사업성공의 관건이 되기 때문에 숙련된 전문서비스 요원이 필요 ☞ 표준화, 개별화 전략 시행 등
노동집약성	일반적으로 제품은 공장에서 대량으로 생산되기 때문에 기계에 대한 의존도가 높으나, 서비스는 사람에 의해 생산 제공되고 있으므로 인적 의존성이 높다. 즉 서비스는 수요자인 고객과 제공자인 종업원의 접점(encounter)에서 상호작용에 의하여 생산 ☞ 초고령화 사회로 접어든 일본의 호텔은 로봇으로 대체
소유권 결여	서비스는 주로 무형적인 것이어서 서비스 자체를 유형재와 같이 소유할 수 없다. 즉 제공하는 사람과 사용하는 사람이 있지만, 소유하거나 소유권의 이전은 불가능

그림 2-2 서비스의 특성

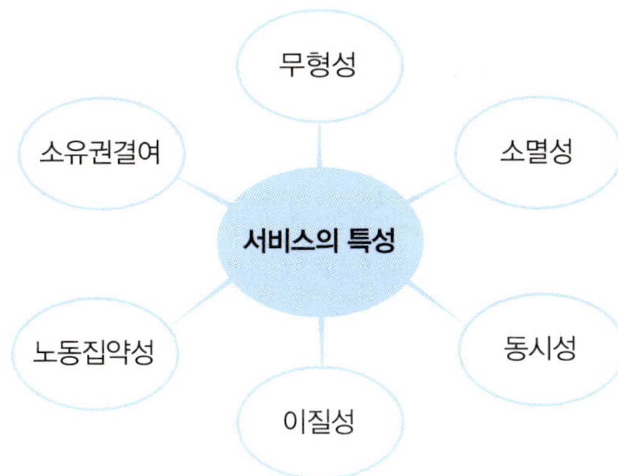

2. 서비스의 성격

서비스의 성격에 따른 분류방법은 크게 ① 서비스 행위의 성격에 따른 분류, ② 고객과의 관계유형에 따른 분류, ③ 수요와 공급에 따른 분류, ④ 서비스 제공방식에 따른 분류, ⑤ 서비스 상품의 특성에 따른 분류, ⑥ 고객별 서비스의 변화와 재량의 정도에 따른 분류 등으로 나눌 수 있다(김성용, 2015).

첫째, 서비스 행위의 성격에 따른 분류에서, 서비스 행위의 성격은 〈표 2-6〉과 같이 ① 유형적인 성격, ② 무형적인 성격으로 나누고, 서비스의 직접적인 대상은 ① 사람, ② 사물로 나눈다.

표 2-6 서비스 행위의 성격에 따른 분류

분류	예시
'유형적'이고, '사람' 대상 서비스	호텔, 의료, 여객운송 등
'유형적'이고, '사물' 대상 서비스	화물운송, 장비수리 등
'무형적'이고, '사람' 대상 서비스	교육, 광고, 컨설팅 등
'무형적'이고, '사물' 대상 서비스	은행서비스, 법률서비스 등

둘째, 고객과의 관계유형에 따른 분류에서, 서비스 제공의 성격은 〈표 2-7〉과 같이 ① 계속적 제공, ② 단발성 제공으로 나누고, 서비스 조직과 고객과의 관계유형은 ① 회원관계, ② 공식적 관계가 없는 유형으로 나눈다.

표 2-7 고객과의 관계유형에 따른 분류

분류	예시
계속적 제공, 회원관계 서비스	은행, 전화, 보험 등
계속적 제공, 공식적 관계가 없는 서비스	라디오, 경찰 등
단발성 제공, 회원관계 서비스	국제전화, 정기승차권, 연극회원 등
단발성 제공, 공식적 관계가 없는 서비스	우편서비스, 렌터카 등

셋째, 수요와 공급에 따른 분류에서, 공급의 제한을 〈표 2-8〉과 같이 ① 피크 수요를 충족시킬 수 있는 정도, ② 시간에 따른 수요의 변동성 정도가 많고, 적은 서비스로 분류한다.

표 2-8 수요와 공급에 따른 분류

분류	예시
피크 수요를 충족시키고, 시간 수요의 변동성이 많은 서비스	소방, 전기, 전화 등
피크 수요를 충족시키고, 시간 수요의 변동성이 적은 서비스	은행, 보험, 법률, 세탁서비스 등
피크 수요를 충족시키고, 능력이 적고 시간 수요의 변동성이 많은 서비스	호텔, 극장, 식당, 여객운송 등
피크 수요를 충족시키고, 능력이 적고 시간 수요의 변동성이 적은 서비스	위와 비슷하고, 기본적으로 불충분한 설비 능력을 지님

넷째, 서비스 제공방식에 따른 분류에서, 〈표 2-9〉와 같이 ① 고객과 서비스의 관계, ② 서비스 지점으로 분류한다.

표 2-9 서비스 제공방식에 따른 분류

분류	예시
고객이 지점으로 가면서, 단일입지 서비스	극장, 이발소 등
고객이 지점으로 가면서, 복수입지 서비스	버스, 패스트푸드, 레스토랑 등
지점이 고객에게 가면서, 단일입지 서비스	택시, 방역, 잔디관리 등
지점이 고객에게 가면서, 복수입지 서비스	우편, 긴급자동차수리 등
떨어져서 거래하면서, 단일입지 서비스	신용카드, 케이블 텔레비전 등
떨어져서 거래하면서, 복수입지 서비스	방송네트워크, 전화 등

다섯째, 서비스 상품의 특성에 따른 분류에서, 서비스가 〈표 2-10〉과 같이 ① 사람에 근거한 정도, ② 서비스가 설비 · 시설에 근거한 정도, ③ 관련된 서비스가 높고, 낮은 정도로 분류한다.

표 2-10 서비스 상품의 특성에 따른 분류

분류	예시
서비스가 사람에 근거한 정도가 높고, 서비스가 설비 · 시설에 근거한 정도가 높은 서비스	병원, 고급호텔 등
서비스가 사람에 근거한 정도가 높고, 서비스가 설비 · 시설에 근거한 정도가 낮은 서비스	컨설팅, 회계 등
서비스가 사람에 근거한 정도가 낮고, 서비스가 설비 · 시설에 근거한 정도가 높은 서비스	지하철, 렌터카 등
서비스가 사람에 근거한 정도가 낮고, 서비스가 설비 · 시설에 근거한 정도가 낮은 서비스	전화 등

여섯째, 고객별 서비스의 변화와 재량의 정도에 따른 분류에서, 〈표 2-11〉과 같이 종업원이 고객욕구에 따라 발휘하는 재량정도가 ① 높은 성격, ② 낮은 성격으로 분류하고, 고객에 따라 서비스를 변화시킬 수 있는 정도가 ① 높은 성격, ② 낮은 성격으로 분류한다.

표 2-11 고객별 서비스의 변화와 재량의 정도에 따른 분류

분류	예시
종업원의 재량이 높고, 고객을 변화시킬 수 있는 정도가 높은 서비스	의료, 별률, 사교육 등
종업원의 재량이 높고, 고객을 변화시킬 수 있는 정도가 낮은 서비스	교육, 예방의료 등
종업원의 재량이 낮고, 고객을 변화시킬 수 있는 정도가 높은 서비스	호텔, 은행, 전화 등
종업원의 재량이 낮고, 고객을 변화시킬 수 있는 정도가 낮은 서비스	영화관, 패스트푸드 등

3. 서비스의 본질

전술한 바와 같이 서비스는 사업경영의 핵심적인 경쟁요소이다. 서비스의 본질은 '양자 간 상호작용 관계하에서 육체적인 면과 정신적인 면의 통합으로 발휘되는 인간적 활동'으로 정의하고 있다.

특히 서비스는 인간의 정서와 감성을 자극해 엔도르핀(endorphin)을 생성하여 기분을 좋게 하고, 삶을 여유롭고 풍요롭게 해준다. 그리고 이러한 현상은 절대 일방적이지 않다는 것이다. 정성으로 제공되는 서비스 수혜자(고객)나 서비스 제공자(서비스맨)는 동등하게 작용된다.

따라서 ① 서비스 수혜자(고객), ② 서비스 제공자(서비스맨)의 관점이 완벽하게 상호작용해야 수준 높은 고품질의 서비스가 실현될 수 있다. 서비스 수혜자와 서비스 제공자의 관점을 비교하면 〈표 2-12〉와 같다.

표 2-12 서비스 수혜자와 서비스 제공자의 관점

구분	내용
서비스 수혜자 (고객)	- 서비스 제공자로부터 친절과 환한 미소로 환영을 받는다. - 서비스 제공자와 직접 대화를 할 수 있다. - 서비스 제공자가 나의 요구사항을 즉시 들어준다. - 서비스 제공자가 나를 보호하거나 돌보아준다. - 문제가 발생하면 서비스 제공자에게 전화할 수 있다.
서비스 제공자 (서비스맨)	- 서비스 수혜자에게 신속 · 정확하게 서비스한다. - 서비스 수혜자에게 예의 바르고 친절하게 서비스한다. - 서비스 수혜자를 기쁘고 즐겁게 해준다. - 서비스 수혜자에게 최대한 많은 도움을 줄 수 있다. - 서비스 수혜자에 대한 친절로 자사 제품을 판매 · 유도한다.

제3절 제품과 서비스의 차이점

1. 제품의 의미

제품(製品, product)의 사전적 의미는 '판매를 목적으로 원료를 이용하여 만들어낸 물품'을 뜻한다. 또한 기업은 "제품을 판매함으로써 영업이익을 얻으며, 소비자는 소비함으로써 만족을 얻고자 하는 효용의 묶음 또는 조합으로 제조공정이 완료되고, 이미 완제품으로서의 최후 단계가 끝난 것"이다(패션큰사전).

제품은 '구매자에게 제공되는 자동차 · 냉장고 · 세탁기 · TV 등과 같은 물리적인 실체도 제품이지만, 법률서비스 · 배달서비스 · 음성사서함과 같은 기능적인 실체도 제품'이다. 제품은 크게 ① 소비용품(consumer products)과 ② 산업용품(industrial products)으로 나눈다.

첫째, 소비용품은 '최종 소비자가 소비를 목적으로 구매하는 제품'을 말하고, 둘째, 산업용품은 '구매자에게 제품이나 서비스를 판매할 목적으로 생산하는 제품'을 뜻한다.

일반적으로 소비자가 구매하는 상품은 ① 유형의 재화인 제품(goods : 판매를 목적으로 원료를 이용하여 만들어낸 물품)과 ② 무형의 재화인 서비스(services)재로 구분한다.

2. 제품과 서비스의 차이점

제품은 사물(objects), 장치(devices), 물건(things) 등으로 정의하고, 반면 서비스는 소유권의 이전을 수반하지 않는 행위(deeds), 노력(efforts), 수행(performances)으로 정의된다.

일반적으로 제품과 서비스의 차이점을 ① 형태, ② 저장성, ③ 생산과 소비의 구분, ④ 상품의 성질, ⑤ 고객의 참여, ⑥ 판매경로, ⑦ 생산과 판매형태, ⑧ 이용심리로 구분해서 살펴보면 다음과 같다.

첫째, 형태 면에서 제품은 유형성이지만, 서비스는 무형성이다.

둘째, 저장 면에서 제품은 저장 및 수요 · 공급 조절이 가능하지만, 서비스는 저장 자체가 불가능하다.

셋째, 생산과 소비 면에서 제품은 생산과 소비가 분리되지만, 서비스는 생산과 소비가 동시에 이루어진다.

넷째, 상품의 성질 면에서 제품은 동질성 유지 및 표준화가 용이하지만, 서비스는 표준화가 곤란하다.

다섯째, 고객의 참여 면에서 제품은 고객이 간접적으

로 참여하지만, 서비스는 직접적으로 참여해야 한다.

여섯째, 판매경로 면에서 제품은 유통경로가 복잡하고 다양하지만, 서비스는 유통경로가 단순하다.

일곱째, 생산과 판매형태 면에서 제품은 인적 의존도가 낮지만, 서비스는 인적 의존도가 높은 편이다.

여덟째, 이용심리 면에서 제품은 생활의 필요성에 따라 이용하지만, 서비스는 소득의 증감에 따라 수요가 변화한다. 제품과 서비스의 차이점은 〈표 2-13〉과 같다.

표 2-13 제품과 서비스의 차이점

구분	제품	서비스
형태	유형성	무형성
저장성	저장 및 수요·공급의 조절이 가능함	저장이 불가함
생산과 소비의 구분	생산과 소비가 분리됨	생산과 소비가 동시에 이루어짐
상품의 성질	동질성 유지 및 표준화 용이함	표준화 곤란함
고객의 참여	간접적 참여	직접적 참여
판매경로	유통경로의 복잡 및 다양화	유통경로의 단순화
생산과 판매형태	인적 의존도가 낮음	인적 의존도가 높음
이용심리	생활의 필요성에 따라 이용함	소득의 증감에 따라 수요가 변화함

제4절 서비스품질과 접점

1. 서비스품질의 5가지 요소

품질을 강조하는 기업은 경쟁사보다 높은 품질의 서비스를 제공하기 위해 노력한다. 서비스품질(service quality)은 모든 서비스 제공자에게 있어 중요한 문제이다.

서비스품질 조사에서 조사대상 중 40%가 경쟁 서비스기업으로 전환하는 이유를 '현재 이용업체의 형편없는 서비스 수준'을 지적한 것으로 나타났다. 반면, '가격을 서비스 전환의 이유로 지적한 소비자는 겨우 8%에 불과'한 것으로 조사되었다. 결국 기존의 고객을 유지하는 데는 서비스품질이 매우 큰 비중을 차지한다고 할 수 있다.

서비스품질에 대한 일반적인 정의는 '고객의 만족 정도'이다. 제품이나 서비스에 대한 고객의 만족 정도가 곧 제품이나 서비스품질을 의미한다. 또한 고객만족(customer satisfaction)은 다차원적으로 품질을 평가한다.

Zeithaml, Parasuraman, Berry 등은 서비스품질의 10가지 차원을 〈표 2-14〉와 같이 5가지로 통합하여, 'SERVQUAL(Service+Quality)'이라 주장하였다. 특히 SERVQUAL은 서비스품질의 핵심요소로 많이 활용되고 있다.

표 2-14 서비스품질(SERVQUAL)의 5가지 요소

<table>
<tr><th>10가지 요소</th><th>5가지 요소</th><th>주요 내용</th></tr>
<tr><td>유형성</td><td>유형성(tangibles)</td><td>- 인력과 각종 최신장비를 갖춤
- 물리적 시설과 자료의 외형을 갖춤
- 시각적으로 보기에 좋음
- 직원의 복장과 용모가 단정함
- 적합한 시설과 분위기를 갖춤</td></tr>
<tr><td>신뢰성</td><td>신뢰성(reliability)</td><td>- 약속과 시간을 정확히 지킴
- 약속한 서비스를 정확히 제공
- 고객의 문제를 적극적으로 해결
- 업무내용을 정확히 기록
- 신뢰할 수 있는 기업</td></tr>
<tr><td>반응성</td><td>반응성(responsiveness)</td><td>- 즉각적이고 신속한 서비스 제공
- 소요시간을 정확히 알려줌
- 고객욕구에 대한 반응 정도
- 자발적 · 적극적으로 고객을 도움
- 바쁠 때도 신속하게 대응</td></tr>
<tr><td>능력</td><td rowspan="4">확신성(assurance)</td><td rowspan="4">- 고객이 직원을 신뢰
- 예의 바르고 매우 믿음직함
- 안전을 제공
- 신뢰와 확신을 주는 능력과 자질
- 질문에 답변할 수 있는 지식을 갖춤</td></tr>
<tr><td>예절</td></tr>
<tr><td>신용성</td></tr>
<tr><td>안전성</td></tr>
<tr><td>접근성</td><td rowspan="3">공감성(empathy)</td><td rowspan="3">- 개인적 요구에 관심을 보임
- 고객에게 편리한 영업시간
- 고객 맞춤서비스 제공
- 접근용이, 의사소통과 주의
- 진심으로 고객의 이익을 생각
- 직원은 고객의 욕구나 필요를 이해</td></tr>
<tr><td>커뮤니케이션</td></tr>
<tr><td>고객이해</td></tr>
</table>

그림 2-3 서비스품질의 5가지 요소

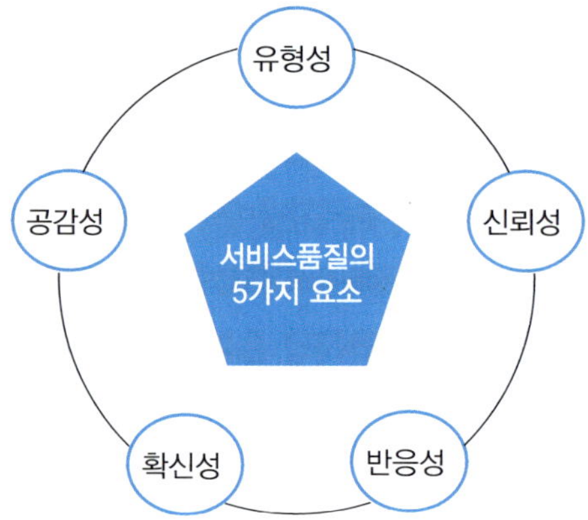

2. 서비스접점의 의의

1) 서비스접점의 중요성

서비스접점은 '인터넷 · 전화 · 팩스 등의 각종 채널을 고객과 기업이 만나는 접점으로 보고, 이를 통하여 고객과의 관계를 관리하는 일'을 말한다. 즉 '서비스현장에서 제품이나 서비스를 구매하는 고객이, 서비스제공자와 만나는 시점'을 말한다.

특히 서비스접점은 고객만족에 지대한 영향을 미치게 되며, 나아가서는 기업의 성공적인 서비스사업으로 이어지는 데 역할을 한다. 또한 기업의 서비스품질(service quality)에 대한 인식에 영향을 미치게 되고, 고객만족도를 높이고 재방문을 유도하는 데도 도움을 준다.

경영학에서 서비스접점을 강조하는 'MOT(moment of truth)'라는 개념이 있다. MOT는 스페인의 투우 용어인 'Moment de la Verdad'를 영어로 옮긴 것인데, 스웨덴의 리차드 노만(R. Norman)이 서비스품질관리에 처음으로 사용하였다고 한다. 원래 이 말은 투우사가 소의 급소를 찌르는 순간을 말하는데 '피하려 해도 피할 수 없는 순간' 또는 '실패가 허용되지 않는 매우 중요한 순간'을 의미한다.

그 후 MOT는 스칸디나비아항공사(SAS: Scandinavian Airlines)의 사장에 취임한 얀 칼슨(Jan Carlzon)이 1987년에 『Moment of Truth』란 책을 펴낸 이후부터, MOT란 말이 급속히 보급되었다고 한다.

MOT란 '진실의 순간'이라는 통상적 번역보다 '결정적 순간'이라는 말이 더 적합한 것으로 보기도 한다(Me CONOMY Magazine, October 2014). MOT는 '고객이 기업조직의 어떤 한 측면과 접촉하는 순간을 말하며, 서비스품질에 대한 인상을 얻을 수 있는 순간'을 뜻한다.

다시 말하면, MOT는 '고객이 기업의 종사자 또는 특정 자원과 접촉하는 순간으로 그 서비스의 품질에 대한 인식에 영향을 미치는 상황'으로 정의한다.

특히 MOT는 ① 서비스차별화, ② 품질통제, ③ 고객만족 등에 영향을 미치고, 고객만족은 서비스제공자와의 접점의 품질에 의해 결정된다. 고객은 이 순간의 기억이 가장 오래 남는다. 바로 이 순간에 서비스를 어떻게 펼치느냐에 따라 기업에 대한 서비스 인식이 달라질 수 있다.

따라서 고객접점 서비스는 '고객과 서비스맨 사이의 15초 동안의 짧은 순간에서 이루어지는 서비스'로서, 이 순간을 ① 진실의 순간 또는 ② 결정적 순간이라고 하였다.

2) 첫인상의 중요성

첫인상(印象)이란 '사물이나 사람에게서 처음 느껴지는 인상'을 의미한다. 심리학자 앤더슨(Norman Anderson)은 정보통합이론(information integration theory)에서 첫인상이 "여러 정보를 통합해 인상을 형성한다"고 주장하였고, 애쉬의 윤곽모형(configural model)에서는 인상이 “여러 정보 중에서 중요한 특성이 인상 형성의 윤곽을 결정한다”고 하였다.

사람에게서 처음 느껴지는 첫인상의 위력은 매우 강하다. 첫인상에서 상대의 이미지가 어떤 식으로든 인식되면, 계속해서 강력한 영향력을 행사하게 된다. 흔히 ‘첫눈에 반했다’라는 말이 있듯이 첫인상은 그만큼 중요한 것이다.

첫인상에서 좋은 이미지를 심어주면, 그것이 계속해서 긍정적인 역할을 하겠지만, 반대로 나쁜 이미지를 심어주면, 이후에 새로운 모습을 보여준다고 해도 계속해서 부정적인 쪽으로 연관시켜 생각하게 될 것이다.

기업의 이미지는 서비스에 있어서 매우 중요하며, 서비스품질을 평가하는 데 여러 가지로 영향을 미치게 된다. 즉 아무리 좋은 서비스를 제공해도 한 번의 실수로 그 기업에 대한 이미지는 마이너스가 될 수 있으므로 서비스를 행함에 있어서 각별한 주의가 필요하다.

보통 상대방에게 ‘첫인상이 심어지는 데 걸리는 시간은 5초가 필요하지만, 첫인상을 바꾸는 데 걸리는 시간은 35시간이 넘는다’고 한다. 요즘 나날이 치열해지는 서비스 현장에서 첫인상이 차지하는 비중은 실로 크다고 할 수 있다. 첫인상을 결정짓는 요소는 〈표 2-15〉, 첫인상의 효과는 〈표 2-16〉과 같다.

표 2-15 첫인상을 결정짓는 요소

구분	요소	비율
표정과 태도	얼굴 표정과 몸매, 패션스타일, 풍기는 느낌	55%
목소리	남성 : 저음, 여성 : 높은 톤	38%
언어	개인의 생각과 결부된 신중성 등	7%

표 2-16 첫인상의 효과

구분	내용
초두효과	처음에 접한 정보가 나중에 접한 정보보다 훨씬 강하게 작용
맥락효과	얼굴 표정과 몸매, 패션스타일, 풍기는 느낌
부정성효과	남성 : 저음, 여성 : 높은 톤
후광효과	개인의 생각과 결부된 신중성 등

3. 서비스접점의 특성

물질문명이 발전할수록 고객이 기대하는 요구도 많아지고, 수준 또한 점점 높아지고 있다. 이제는 다양한 채널을 통하여 고객 개개인의 취향이나 특성을 파악하고 분석하여 효과적으로 대응해 나가야 한다.

기업 중에서도 호텔업, 항공업, 여행업, 외식업, 이 · 미용업, 컨설팅업, 금융업, 의료서비스업, 택배업 등은 고객과의 접촉이 잦은 인적서비스에 의존하는 대표적인 업종이라고 할 수 있다.

무엇보다도 이런 업종에 종사하는 사람은 고객과의 인간적인 상호작용이 매우 중요하다는 것을 인지하고, 차별화된 서비스로 고객의 만족을 최대화할 수 있어야 한다. 서비스접점의 특성은 다음과 같다.

1. 일반적으로 서비스맨과 고객과의 관계는 사전에 친분이 있는 지인관계는 아니다. 물론 단골로 찾아오는 고객은 친할 수도 있겠지만, 거의 대부분은 초면이거나 잘 알지 못하는 경우가 더 많다.
2. 서비스는 고객과 서비스맨과의 상호작용을 포함한다. 상호작용에는 다양한 목적과 이유가 존재한다. 즉 고객이 방문하여 얻는 다양한 정보 또한

특별한 목적을 달성하기 위한 것으로 볼 수 있다.

❸ 서비스맨과 고객 간의 역할이 비교적 잘 정의되어 있다. 다시 말하면 각자가 무엇을 해야 하는지를 충분히 이해하고 있다. 그러나 상호 간 혼돈이 일어나는 경우가 발생하면, 서로 충분한 대화로 풀어 나가야 한다.

❹ 고객에게 서비스를 제공하다 보면, 직무와 관련이 없는 다양한 정보를 교환할 수도 있다. 그러나 서비스접점은 하나하나가 그 자체로서 서비스제품이다. 따라서 직무와 관련된 정보교환을 중심으로 유도하고 이끌어가야 한다.

제 03 장
관광서비스의 이해

제1절 관광객의 기본개념

1. 관광객의 정의

관광하는 사람을 총체적으로 '관광객(觀光客, tourist)'이라 한다. 또한 ① 관광객(tourist)과 ② 여행자(traveler)는 일반적으로 동의어로 사용되며, 여행자는 관광객과 동일한 범주에 속한다. 관광객은 '타 지역 혹은 외국의 풍경 · 풍물 등을 구경하러 다니는 사람'을 가리킨다.

관광객에 대한 최초의 정의는 1937년 ILO(International Labor Organization : 국제노동기구)에 의해 이루어졌다. ILO는 관광객을 "24시간 이상 또는 그 이상의 기간 동안 거주지가 아닌 타 지역 혹은 국가를 여행하는 사람"으로 규정하였다.

OECD(Organization for Economic Cooperation and Development : 경제협력개발기구)는 관광객을 국제관광객 · 일시방문객으로 구분하여 규정하면서, "인

종 · 성별 · 언어 · 종교와 관계없이 자국을 떠나 외국의 영토 내에서 24시간 이상 3개월 이내 체류하는 자”로 정의하였다.

IUOTO(International Union of Official Travel Organizations : 국제관설관광기구)는 관광객을 “관광을 목적으로 여행하는 자”로 해석하고, ‘위안 · 가정사정 · 건강상의 이유로 국외를 여행하는 자’, ‘회의에 참석하기 위해 또는 과학 · 행정 · 스포츠 등의 대표자 또는 수행원 자격으로 여행하는 자’, ‘회사의 소용이나 용무목적으로 여행하는 자’, ‘선박으로 각지를 주유(周遊) 중에 입국하는 자’, ‘한 나라의 교육기관을 견학 및 시찰목적으로 입국하는 자’로 정의하였다.

IMF(International Monetary Fund : 국제통화기금)는 여행자의 유형을 “업무여행자 · 학생 및 연수생 · 당일관광객 · 기타 여행자 등으로 구분하고 있으며, 출입국 여행을 분류함에 있어서 그 기준을 방문의 제1차적 목적에 두어야 한다”고 하였다. 즉 여행목적이 한 가지 이상일 경우에는 그 여행을 있게 하는 직접적인 동기를 파악하여 그것을 여행목적으로 한다는 것이다.

UN(United Nations : 국제연합=제2차 세계대전 후 평화와 안전의 유지, 국제우호관계의 증진, 경제적 · 사회적 · 문화적 · 인도적 문제에 관한 국제협력을 목적으로 창설된 국제기구)은 관광객을 “방문국가에서 최소한 24시간을 체재하는 일시방문객으로 여가 · 위락 · 휴가 · 건강 · 학습 · 종교 · 스포츠 · 가족 · 친지 · 사업 등의 목적을 가지고 여행하는 자”로 정의하였다.

UNWTO(World Tourism Organization : 세계관광기구)는 관광객을 “국경을 넘어 유입된 관광객이 24시간 이상 체재하며 위락 · 휴가 · 스포츠 · 종교 · 연수 · 친지방문 · 사업 · 스포츠 행사 참가 등의 목적으로 여행하는 자”로 정의하고 있다. 단체가 연구한 관광객의 정의를 정리해 보면 〈표 3-1〉과 같다.

표 3-1 관광객의 정의

단체	정의
ILO	24시간 이상 또는 그 이상의 기간 동안 거주지가 아닌 타 지역 혹은 국가를 여행하는 사람
OECD	국제관광객·일시방문객으로 구분하여 규정하면서, 인종·성별·언어· 종교와 관계없이 자국을 떠나 외국의 영토 내에서 24시간 이상 3개월 이내 체류하는 자
IUOTO	관광을 목적으로 여행하는 자, 위안·가정사정·건강상의 이유로 국외를 여행하는 자, 회의에 참석하기 위해 또는 과학·행정·스포츠 등의 대표자 또는 수행원 자격으로 여행하는 자, 회사의 소용이나 용무 목적으로 여행하는 자, 선박으로 각지를 주유 중에 입국하는 자, 한 나라의 교육기관을 견학 및 시찰목적으로 입국하는 자
IMF	업무여행자·학생 및 연수생·당일관광객·기타 여행자 등으로 구분하고 출입국 여행을 분류함에 있어서 그 기준을 방문의 제1차적 목적에 둠
UN	방문국가에서 최소한 24시간을 체재하는 일시방문객으로 여가·위락·휴가·건강·학습·종교·스포츠·가족·친지·사업 등의 목적을 가지고 여행하는 자
UNWTO	국경을 넘어 유입된 관광객이 24시간 이상 체재하며 위락·휴가·스포츠·종교·연수·친지방문·사업·스포츠 행사 참가 등의 목적으로 여행하는 자

2. 관광객의 분류

1) UNWTO의 분류

UNWTO는 관광객을 관광객, 당일관광객, 방문객, 통상거주자, 국경통근자, 통과여객, 무국적자, 장기이주자, 단기이주자, 외교관 및 영사·군인, 망명자,

유랑자 등으로 분류하였다.

1. 관광객(tourists)은 '방문국가에서 24시간 이상 1년 미만 동안 체재하며, 그 방문목적이 휴양 · 휴가 · 스포츠 · 사업 · 친척 및 친지 방문 · 파견 · 회의참가 · 연수 · 종교 등에 참가하는 자'를 말한다.
2. 당일관광객(excursionists)은 '방문국가에서 2시간 미만 체재하는 자(승무원 포함)'를 말한다.
3. 방문객(visitor)은 '자신의 거주지가 아닌 국가를 방문하되, 그 목적이 방문국가 내에서의 유상 취업활동을 고려하지 않는 사람'을 말한다.
4. 통상거주자(usual place of residence)는 '방문객이 출 · 입국 이전에 최소한 1년 동안 거주한 국가'를 말한다.
5. 국경통근자(border workers)는 '국경에 인접하여 거주하면서 다른 나라로 통근하는 자'를 말한다.
6. 통과여객(transit passengers)은 '공항의 지정지역에 잠시 머무는 항공 통과 여객이나 상륙이 허가되지 않았거나 여권심사를 통해 공식적으로 입국하지 아니한 자'를 말한다.
7. 무국적자(stateless persons)는 '항공권 등의 운송티켓(transport ticket)만 소지하고 있는 자로서, 방문하고자 하는 국가에서 국적불명으로 인정하는 자'를 말한다.
8. 장기이주자는 '1년 이상 체류하되, 체류국가에서 보수를 받는 취업목적 입국자와 그 가족 및 동반자'를 말한다.
9. 단기이주자는 '1년 미만 체재하되, 체재국가에서 보수를 받는 취업목적 입국자와 그 가족 및 동반자'를 말한다.
10. 외교관 및 영사 · 군인(members of the armed forces)은 '대사관 · 영사관에 상주하는 외교관 · 영사 및 그 가족과 동반자'를 말한다.
11. 망명자(refugees)는 '여러 가지 사건의 결과로 종래의 상주국을 벗어나 있으면서 모국으로 돌아갈 수도 없는 두려움 때문에 돌아가지 않는 자'를

말한다.

⑫ 유랑자(nomads)는 '거의 정기적으로 입국 또는 출국하여 상당기간 체류하는 자 및 국경에 인접해 생활하는 관계로 짧은 기간 동안 빈번하게 넘나드는 자'를 말한다. UNWTO에서 규정한 관광객은 〈그림 3-1〉, 〈표 3-2〉와 같다.

그림 3-1 UNWTO에서 규정한 관광객

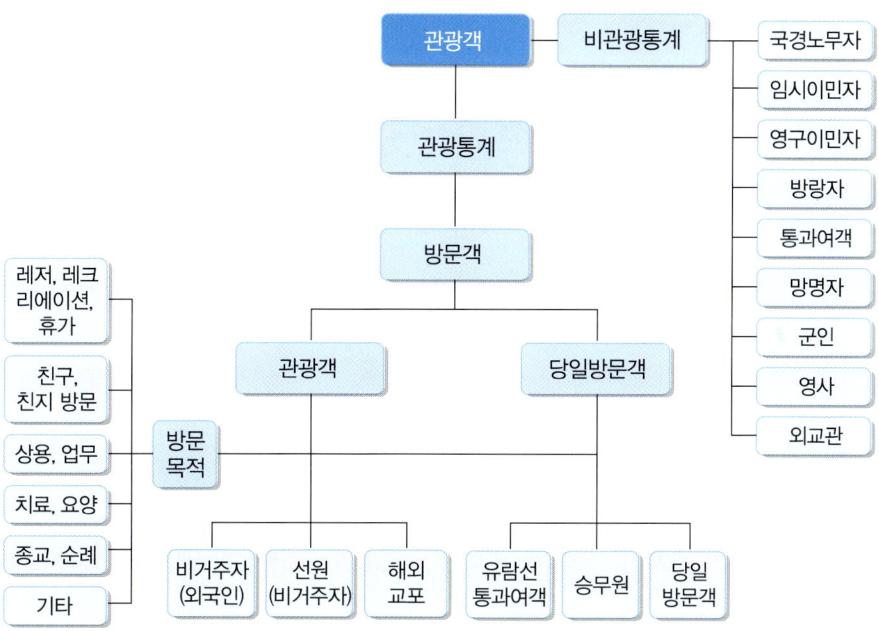

*자료 : World Tourism Organization(UNWTO), Tourism Policy and International Tourism in OECD Countries, 1997에서 재인용.

표 3-2 UNWTO에서 규정한 관광객

구분	내용
관광객	방문국에서 24시간 이상 1년 미만 동안 체재하며, 그 방문목적이 휴양 · 휴가 · 스포츠 · 사업 · 친척 및 친지 방문 · 파견 · 회의참가 · 연수 · 종교 등에 참가하는 자
당일관광객	방문국가에서 2시간 미만 체재하는 자(승무원 포함)
방문객	자신의 거주지가 아닌 국가를 방문하되, 그 목적이 방문국 내에서의 유상 취업활동을 고려하지 않는 사람
통상거주자	방문객이 출 · 입국 이전에 최소한 1년 동안 거주한 국가
국경통근자	국경에 인접하여 거주하면서 다른 나라로 통근하는 자
통과여객	공항의 지정지역에 잠시 머무는 항공 통과여객이나 상륙이 허가되지 않았거나 여권심사를 통해 공식적으로 입국하지 아니한 자
무국적자	항공권 등의 transport ticket만 소지하고 있는 자로서 방문하고자 하는 국가에서 국적불명으로 인정하는 자
장기이주자	1년 이상 체재하되, 체재국가에서 보수를 받는 취업목적 입국자와 그 가족 및 동반자
단기이주자	1년 미만 체재하되, 체재국가에서 보수를 받는 취업목적 입국자와 그 가족 및 동반자
외교관 · 영사	대사관 · 영사관에 상주하는 외교관 · 영사 및 그 가족과 동반자
군인	주둔하는 외국 군대의 구성원 및 그 가족과 동반자
망명자	여러 가지 사건의 결과로 종래의 상주국을 벗어나 있으면서 모국으로 돌아갈 수도 없는 두려움 때문에 돌아가지 않는 자
유랑자	거의 정기적으로 입국 또는 출국하여 상당기간 체재하는 자 및 국경에 인접해 생활하는 관계로 짧은 기간 동안 빈번하게 넘나드는 자

제2절 관광욕구와 관광동기

1. 관광욕구의 개념

① 욕구(欲求, needs)는 '무엇을 얻고자 하거나 무슨 일을 하고자 하는 바람', 또는 '마음속으로 필요를 느끼는 상태'를 말하고, ② 욕망(慾望, wants)은 '무엇을 가지거나 하고자 간절하게 바라는 것'으로 구체적인 대상이 생기고, 그 대상을 강렬하게 원하는 경우를 말한다.

현대의 관광행동에는 여러 가지 욕구가 관계하고 있으므로 정확히 이해하는 것이 필요하다. 인간의 욕구는 '이상적인 상태와 비교해 뭔가 부족하다고 느낄 때, 그 부족함을 메우려고 하는 데서 생기는 것'이다. 기본적인 욕구는 모든 인간이 기본적으로 가지고 있으며, 누구에게나 나타는 욕구이다.

매슬로(Maslow)는 욕구 5단계설로 대표되는 인간의 욕구구조를 설명하는 이론을 제기하였는데, 그는 인간의 욕구가 5단계의 계층적 구조로 되어 있다고 생각하고, ① 생리적인 수준, ② 사회적 수준, ③ 자아실현 수준을 설정하였다.

또한 매슬로는 먼저 저차원의 욕구가 만족되면 다음 단계의 욕구가 현재화되고, 그 욕구가 만족되면 고차원의 욕구를 의식하기 시작하며, 최종적으로는 자기의 잠재능력 발휘를 의미하는 자아실현 욕구가 큰 힘을 가지게 된다고 주장하였다. 따라서 관광은 이들 각 단계의 욕구로부터 생길 수 있는 것으로 보고 있다. 매슬로의 욕구 5단계설은 〈그림 3-2〉와 같다.

그림 3-2

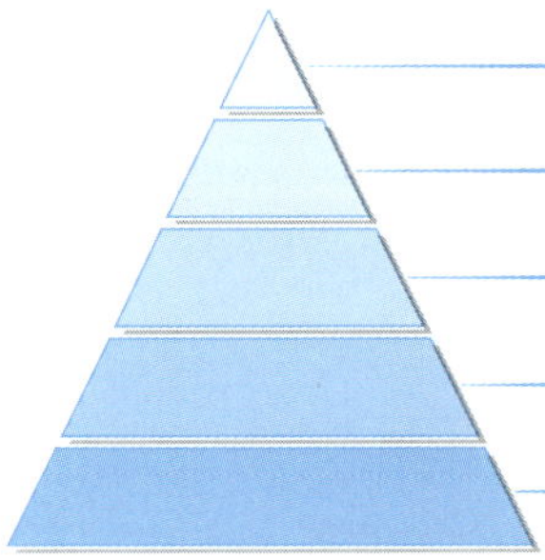

단계	욕구	수준	차원
5단계	자아실현의 욕구	자아실현의 수준	고차원 ↑
4단계	자존(승인)의 욕구	사회적 수준	
3단계	소속과 애정의 욕구		
2단계	안전의 욕구	생리적 수준	
1단계	생리적 욕구		↓ 저차원

*자료 : 최규환(2010), 『관광학입문』, 백산출판사, p. 82 인용 후 일부 재구성.

2. 관광동기와 관광행동

1) 관광동기의 개념

전술한 바와 같이 관광행동에는 여러 가지 욕구가 관계하고 있으며, 욕구와 욕망이 곧바로 관광행동으로 이어지는 것은 아니다. 욕구와 욕망이 관광행동을 일으키기 위해서는 더욱 강력한 행동의 원인이 되는 동기(motivation)가 필요하다.

동기는 '요구 · 목표 · 필요'로 정의할 수 있다. 동기의 사전적 의미는 '어떤 일이나 행동을 일으키게 하거나, 마음을 먹게 하는 원인이나 계기'를 뜻한다. 즉 동기는 어떤 구체적인 행동을 불러일으키는 개인 내부의 심리적인 에너지와 그것의 강도 · 작용과정 · 방향을 통칭하는 개념이라고 말할 수 있다.

관광동기는 관광욕구와 더불어 관광행동을 유발하는 심리적 원동력을 의미한다. 또한 동기는 심리학에 있어서도 행동의 내적 발동원인으로서 일괄하여 다루는 경우도 있으나, ① 욕구가 행동을 일으키게 하는 '잠재적인 힘'인 데 비해, ② 동기는 욕구에 의거하여 특정한 행동에로 향하게 하는 '심리적 에너지'를 의미한다.

또한 관광동기는 관광행동을 일으키는 직접적인 원인으로 한 가지 또는 여러 가지 요인이 복잡하게 작용하여 관광행동을 일으킨다. 일반적으로 관광욕구와 관광동기는 명확히 구별하지 않고 사용하는 경우가 많다. 그것은 관광욕구가 관광행동을 일으키는 심리적 원동력으로서 동기적(動機的)으로 작용하기 때문이다.

이것은 매슬로에 의한 욕구구조 3가지 차원의 설명에 대응해서 생각할 수 있으며, 관광이 인간의 여러 가지 욕구와 관계가 있다고 볼 수 있다. 따라서 이러한 연구는 관광에 있어 인간의 다양한 욕구와 관련하여 관광행동이 유발되고 있음을 알 수 있다.

또한 관광욕구는 보편적으로 존재하며, 관광행동에 의해서 욕구를 충족한다고 생각될 때 관광욕구는 관광동기가 되어 뚜렷하게 나타나는 것을 알 수 있다. 여러 학자의 관광동기 유형을 정리하면 〈표 3-3〉과 같다.

표 3-3 관광동기의 유형

학자	내용
글뤽스만 (Glücksmann)	관념적 동기(심적 : 질병 · 불안 등, 정신적 : 교육 · 실천 등), 물질적 동기(육체적 : 질병예방 · 반응 등, 경제적 : 상용여행 등)
다나카 기이치 (田中喜一)	심정적 동기(사향심 · 교우심 · 신앙심), 정신적 동기(지식욕구 · 견문욕구 · 환락욕구), 신체적 동기(치료욕구 · 보양욕구 · 운동욕구), 경제적 동기(쇼핑목적 · 상용목적)
이마이 쇼고 (今井省吾)	긴장해소의 동기(기분전환 · 피로회복 · 자연과의 접촉 등), 사회적 존재동기(친구와의 친목도모 등), 자기확대 달성동기(미지의 세계동경 · 견문확대 등)

토마스 (Thomas)	교육 및 문화적 동기(타국의 견문확대 · 명소감상 등), 휴양 및 오락적 동기(일상탈출 · 즐거운 시간 등), 종족지향적 동기(조상의 묘지 및 생활터전 방문 등), 기타 동기(건강 · 스포츠 등)
매킨토시 (McIntosh)	신체적 동기(심신의 즐거움), 문화적 동기(음악 · 예술 종교에 흥미), 대인적 동기(새로운 우정 · 친구와의 만남), 명예와 지위동기(인정 · 평가 등)

2) 관광행동의 개념

일반적으로 관광사업이 대상으로 하는 관광객의 이동 · 체재 · 레크리에이션 등의 행동을 '관광행동(tourist's behavior)'이라 총칭하고 있다. 관광행동은 '관광을 인간행동의 한 형태로써 파악하는 입장에서 보는 관광'이다.

사회사상(社會思想)은 인간행동을 어떤 시각에서 '집합체'로 파악한 것이며, 그 밑에 있는 것은 언제나 개인적인 행동이다. 이러한 관점에서는 관광이 다른 여러 가지 행동과 어떤 점에서든 구별될 수 있는 행동인 것이다. 기본적으로 개인적 행동이라고 봄으로써 행동의 이유나 구조를 해명하는 의미가 있다.

관광욕구와 동기는 관광여행을 일으키게 하는 주체의 요인이 된다. 행동이 구체적으로 성립되기 위해서는 ① 비용, ② 시간, ③ 정보 등의 조건이 갖춰져야 하는데, 이것은 관광행동 성립의 기본조건이라 볼 수 있다. 이러한 조건과 연계되었을 때 처음으로 구체화된 관광의욕이 생기게 되는 것이다.

또한 행동의 목적이 되는 관광대상과 주체와 대상을 매개하는 기능이 없으면, 관광행동이 존재할 수 없게 된다. 관광행동의 경우 일반행동과 같이 관광에 대한 의욕이 강해지면, 비용이나 시간 등의 조건을 갖추려는 정도가 높아지며, 소득이 증가한다든지 자유시간이 증가하게 되면, 관광에 대한 의욕 역시 높아지게 되는 것이다.

관광행동이란 '관광객이 자신의 욕구를 충족시킬 것으로 기대하는 관광상품을 탐색 · 구매 · 사용 · 평가 · 처분하는 과정'을 말한다. 또한 관광행동은 관광객이 관광과 관련하여 비용 · 시간 · 노력 등의 제한된 자원을 어떻게 배분하기로 결정하는가를 다루는 것이며, 계획단계에서의 ① 기대, ② 이동, ③ 행동, ④ 귀가, ⑤ 회상 등의 5단계에 걸쳐서 일어나는 일련의 모든 행동을 포함한다.

한편 관광행동은 ① 관광객의 심리, ② 관광객의 사회환경, ③ 관광기업의 마케팅 전략 등의 3요소가 상호작용하는 것을 말한다.

첫째, 관광객은 관광상품을 지각 · 기억 · 평가하는 인지작용을 거쳐 상품에 대한 선호도를 결정짓게 되며, 형성된 태도는 곧 행동으로 표출된다.

둘째, 관광객의 외부환경을 둘러싸고 있는 사회환경, 즉 다른 사람의 행동이나 준거집단(개인이 소속하고 싶은 집단), 개인영향 및 가족, 집단, 각자가 속해 있는 지역, 사회계층, 인종, 문화 등의 영향을 받는다.

셋째, 기업의 마케팅 전략은 소비자의 인지작용과 태도형성에 영향을 주기 위해 마케팅 믹스 요소(제품 · 가격 · 촉진 · 유통)를 적절히 조정하고 배합한다. 또한 관광객을 겨냥한 마케팅 전략은 관광객 구매행동에 영향을 주는 데 궁극적 목적이 있다. 관광행동의 3요소를 도시(圖示)하면 〈그림 3-3〉과 같다.

그림 3-3 관광행동의 3요소

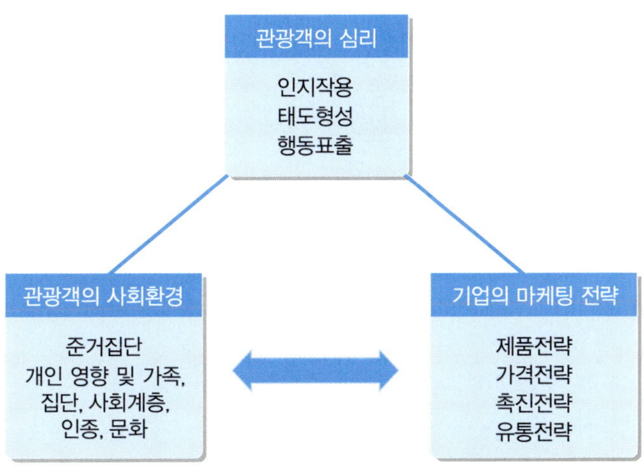

3. 관광객의 심리분석

관광객 심리의 일반적인 특징은 '긴장감과 해방감이 상반되어 동시에 고조되는 것'이라 설명하고 있다. 사람은 일상 생활권을 떠나 타 지역을 여행할 때 불안감을 느끼게 된다. 이러한 상황에서 외부환경의 변화에 대응할 수 있도록 심신을 유지하려는 의식이 긴장감(緊張感)이다.

관광지에서 육체적 · 정신적 피로를 느끼게 되는 것은 긴장감에 의한 것이다. 긴장감이 생기면, 감수성이 예민해지기 때문에 쾌 · 불쾌, 좋고 · 싫음 등의 인상이 마음에 새겨지게 되며, '낯선 것'에 대해 쉽게 흥미를 갖게 된다.

관광은 일시적으로 해방감을 맛보게 해주며 편안한 느낌을 준다. 이러한 상황이 바로 해방감이며, 육체적 · 신체적으로 피로감을 느끼게 하지만, 여행으로 인한 즐거움을 맛보게 되는 것도 해방감 때문이다. 해방감의 고조는 충동구매를 증대시키는 경향이 있다.

한편, 관광객의 심리는 관광행동 유형에 따라 긴장감 · 해방감이라는 감정의 조합 정도가 달라진다. 즉 개인 혹은 단체여행인지의 형태에 따라 차이가 난다. ① 개인여행자는 색다른 환경의 영향을 직접 받음으로써 자기 자신의 책임 하에 모든 행동을 취해야 하므로 긴장감을 느끼기 쉽다. 하지만 ② 단체여행자는 주위의 동료, 현지 가이드(local guide) 등 언어가 통하는 사람에게 의지할 수 있어 긴장감이 경감되고 해방감이 우위를 점하게 된다.

여행목적에 따라 심리적 상황도 달라진다. ① 교육목적으로 떠나는 교양형 여행은 일반적으로 긴장감이 고조되는 경향이 있으나, 반대로 ② 기분전환이나 즐거움을 목적으로 하는 위락목적형 여행은 해방감이 심리적 우위를 점하게 된다.

관광여행은 일상 생활권을 벗어남으로써 해방감을 가지기 때문에 자기중심적으로 판단하거나 무책임하게 행동하기 쉽다. 이러한 해방감의 고조가 '관광지

에서 떠나면 그만이라는 생각으로 부끄러운 행동도 거리낌 없이 한다'는 유형의 행동으로 이어지거나, '충동적 구매'를 증대시키는 경향으로 이어지기 쉽다.

더욱이 긴장감과 해방감이 한데 합쳐지는 비율은 행동형태나 여행목적 등에 따라서도 달라지며, 여행기간 중 시간의 경과에 의해서도 변화한다는 것이 분명하게 밝혀지고 있다.

따라서 관광여행을 할 때는 타인에게 폐를 끼치거나 관광대상을 손상시키거나 하는 행동은 삼가야 한다. 관광행동 유형과 관광객의 심리를 도시(圖示)하면 〈그림 3-4〉와 같다.

그림 3-4 관광행동 유형과 관광객의 심리

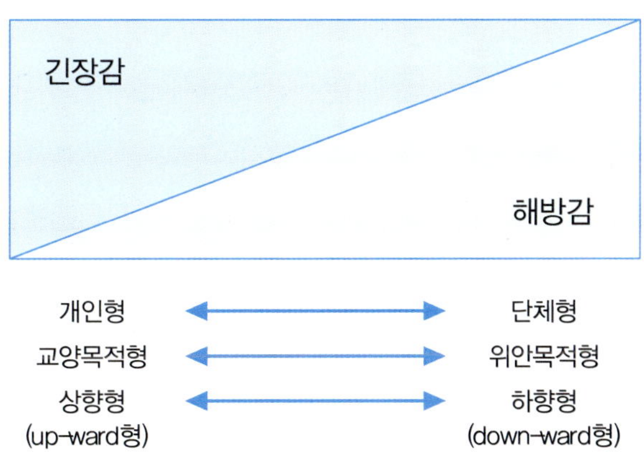

*자료 : 前田編(1995), p. 88.

제3절 관광서비스의 개념

1. 관광서비스의 정의

최근 일반기업이나 관공서에서는 표준화된 관광서비스를 도입하는 추세이다. 관광서비스는 관광기업이나 관광부문에서의 서비스 영역을 지정하는 용어이다. 관광부문의 서비스는 일반서비스와는 달리 인적 서비스에 의존하는 비중이 매우 크다. 때문에 관광서비스는 관광객 만족을 위한 친절서비스를 실천할 수 있어야 한다.

서비스 중에서도 '최고급 서비스를 지향하고 있는 것이 관광부문의 서비스'이다. 관광사업은 일정한 투자내용에 대해 보다 나은 서비스를 제공하여 수익을 창출하는 사업이다. 일반적으로 생산관리를 위한 서비스, 생활필수 서비스 등과는 근본적으로 그 영역을 달리하고 있다.

관광서비스의 ① 기능적 정의는 '관광기업의 수입증대에 기여하기 위한 종사원의 헌신 · 봉사하는 자세와 업무에 대해 최선을 다한다는 태도, 세심한 봉사정신'을 들 수 있다.

② 비즈니스적 정의는 '관광기업 활동을 통하여 고객인 관광객이 호감과 만족감을 느끼게 함으로써 비로소 가치를 낳는 지식과 행위의 총체'라고 할 수 있다.

② 구조적 정의는 '관광기업이 기업 활동을 함에 있어서 관광객의 요구에 맞추어 소유권의 이전 없이 제공하는 상품적 의미의 무형의 행위 또는 편익의 일체'라고 할 수 있다.

이와 같이 관광서비스는 '관광지를 구성하는 제 요소, 주변 환경적 분위기, 관광객 자신의 사전 이미지 등과 불가분의 관계하에서 인적 · 물적서비스가 혼합되어 존재하는 개념'이다.

관광산업에 있어서의 서비스는 다양한 의미를 가지고 있지만, 영업효과의 극대화를 위해 고객에게 제공되는 고급용역을 지칭한다. 결국 관광서비스는 관광사업의 영업효과에 직접 관련되는 촉매요소로서 작용하는 정신적 배려행위인 것이다.

따라서 관광서비스는 '관광과 관련한 사람의 욕구와 욕망을 충족시키고, 감동에 이르도록 하는 모든 활동'을 말한다.

2. 관광서비스의 중요성

관광서비스를 구매하는 고객은 고급화된 서비스 가치에 중점을 두고 있다. 관광서비스는 고급서비스를 지향하며, 고급서비스를 판매하기 위해서 존재한다. 결국 고객감동의 고품질 서비스가 관광서비스의 목표이며, 관광기업의 생사를 좌우하게 된다. 특히 관광부문의 최고급 서비스는 모든 서비스의 기준이며 표준이 된다. 관광서비스의 중요성은 다음과 같다.

❶ 관광서비스는 최고급 · 숙련 · 전문화된 서비스를 요구한다. 일반인은 관광서비스를 고급서비스로 인식한다. 우리나라의 관광사업은 일정수준 이상의 서비스를 제공하는 고급의 이미지를 담고 있다.

❷ 항공사 · 관광호텔 · 관광식당은 일반적인 레스토랑보다는 고급서비스를 제공하는 품위 있는 곳이라는 이미지를 가진다. 때문에 관광서비스기업은 이러한 이미지에 걸맞게 최고급의 전문화된 서비스를 제공해야 한다.

❸ 관광서비스는 차별화된 고급서비스를 요구한다. 즉 관광서비스 · 배달서비스 · 수송서비스 · 정보기술서비스 · 은행서비스 · 의료서비스 · 법률서비스 등의 업무처리를 위한 서비스와는 차별된 고급서비스를 요구한다.

❹ 관광서비스는 철저한 준비를 요하는 서비스이다. 일반서비스는 생활필수

차원의 서비스이지만, 관광서비스는 자아실현 욕구를 충족시키고, 고객을 대상으로 서비스를 판매하는 서비스이기 때문에 준비되지 않으면 상품성이 없다.

5. 관광서비스는 모방이 쉽지 않다. 유형적 가치재인 물리적 환경에 대한 기술은 이미 널리 사용되는 상태이다. 따라서 관광서비스기업의 제품 차별화 전략은 서비스재에 의해 가능하며, 고객도 물리적 환경보다는 빈틈없이 만족과 감동을 주는 서비스 환경을 더욱 선호하고 있다.

3. 관광서비스의 효과

서비스가 경제적인 면에서 양적 · 질적으로 차지하는 비중이 높아지고 있다. 미래학자 허만 칸은 "21세기는 제조업이 퇴락하고, 서비스업이 성장할 것"이라고 예언하였다.

서비스는 무형적이지만, 경제적 효용 면에 있어서 유형적인 물재와 동일한 성격을 지니고 있다. 경우에 따라서는 효용 면에서 유형재를 능가하는 경우도 있을 수 있다. 따라서 선진국은 상품의 우선운위를 서비스에 먼저 배정하는 경우도 있다. 관광서비스의 효과는 다음과 같다.

1. 관광서비스업은 외화가득률이 높아 국제수지 개선에 크게 기여하고 있다. 특히 제조업 부문에서 외화가득률은 통상 50~60%인 데 비해, 관광산업은 80% 이상의 높은 외화가득률을 점유하고 있다. 우리나라와 같이 부존자원이 빈약한 국가에서는 서비스를 우선적으로 발전시킬 필요가 있다.
2. 서비스업은 노동집약적인 산업이다. 일반적으로 제조업의 경우, 1억 원의 매출액당 고용인원 수는 1.04명인 데 비해, 관광산업은 2.37명으로

고용률이 높은 편이다. 그리고 최근 기계화나 자동화가 추진되어도 현재의 서비스 자체는 사람에게 의존할 수밖에 없다.

❸ 서비스업은 부가가치가 높은 산업이다. 제조업의 경우 원가 중에서 재료비가 차지하는 구성비가 통상 65.9%를 나타내지만, 관광산업은 22.3%를 나타내고 있다. 이는 관광산업이 자원절약산업이라는 것을 의미하게 되며, 부가가치율도 제조업보다 두 배가 높아 생산성이 높다는 것을 알 수 있다.

❺ 서비스업은 환경친화적인 무공해 청정산업이다. 특히 관광서비스는 환경보존적 측면에서도 가장 우선시되어야 할 고도의 성장 가능성을 가진 부문이다. 즉 관광산업은 심각한 공해를 유발하지 않는 이른바 굴뚝 없는 무공해산업이다. 심각한 공해를 유발하는 타 산업에 비해 관광산업은 매우 유망하다고 할 수 있다.

❻ 서비스는 상호유기적인 관련성이 있다. 서비스는 업종 내의 제 기능이 분화되어 있으면서도 서로 유기적인 결합성이 강조되는 특성을 가지고 있다. 즉 호텔과 여행사는 업무는 다르지만, 서로 유기적인 관련성을 가지고 있다.

❼ 서비스업은 종합적 · 다목적 효용을 가지고 있다. 관광서비스는 교통 · 숙박 · 식사 · 쇼핑 · 관람 · 축제와 이벤트 등 다종다양한 상품으로 구성되어야 하는 특징을 가지고 있기 때문에 이에 따른 타 산업의 발전을 촉진시키는 승수효과를 가지고 있다.

제4절 관광서비스의 구성요소

관광서비스는 관광여행과 관련된 인간의 욕구와 욕망을 충족시켜 줄 수 있는 서비스로 구성되어야 한다. 관광서비스의 구성요소는 ① 관광상품, ② 서비스시스템, ③ 관광서비스환경, ④ 서비스전달 등의 4가지를 들 수 있다.

1. 관광상품

관광상품(tourism product)은 '국가 · 지역 · 마을 등의 자연경관이나 특산물 따위를 하나의 사업으로 개발한 상품'을 의미한다. 즉 관광상품은 '관광객의 욕구와 욕망을 충족시켜 주고, 객관적으로 제시하기 위해 조직된 상품'을 말한다. 관광상품의 예는 다음과 같다.

관광상품의 예

관광상품	- 관광상품은 관광객이 관광과 관련된 곳에 참가하거나 시설 등을 이용하는 모든 것 - 관광기념품 · 여행상품 · 호텔숙박권 · 항공권 · 박물관 입장권 · 테마파크 입장권 · 카지노 입장권 구매 등 - 항공기의 종류 및 좌석 등급 · 열차의 종류 및 좌석 등급 · 호텔의 등급 · 호텔객실의 위치 및 경관 등

2. 서비스 시스템

시스템(system)은 '어떤 과업의 수행이나 목적 달성을 위해 공동 작업하는 조직화된 구성요소의 집합'을 의미하고, 서비스 시스템(service system)은 '관광객이 관광과 관련하여 구매하는 핵심적인 성과'를 말한다. 특히 서비스 시스템에서는 관광객과 서비스맨과의 상호작용이 필요한데, 이러한 과정을 통해서 관광상품 · 관광기업 · 관광서비스만의 독특한 가치를 창출할 수 있게 된다. 서비스 시스템의 예는 다음과 같다.

서비스 시스템의 예

서비스 시스템	- 항공기 좌석에는 first class, business class, economy class 등이 있고, KTX에는 특실과 일반실이 있는데, 좌석의 등급에 따라 서비스 시스템은 서로 다름 - 등급별로 기내식이나 간식을 제공하는 유무나 방법이 다르고, 승무원이 고객에게 서비스를 제공하는 횟수도 다르며, 요금도 많이 차이가 남 - 비싼 요금을 지불한 고객은 일반실을 이용하는 고객과는 차별화된 고급서비스를 희망함

3. 관광서비스 환경

관광서비스 환경(tourism service environment)은 '서비스를 둘러싸고 있는 환경'을 말한다. 일명 '서비스스케이프(service scape)'라고도 한다. 즉 관광서비스 환경은 '고객과 서비스맨이 상호작용을 하면서 경험한 서비스를 선명하게 기억하는 데 영향을 미치는 것으로서, 고객만족에도 영향'을 준다. 관광서비스 환경의 예는 다음과 같다.

관광서비스 환경의 예

관광서비스 환경	- 투숙했던 호텔의 외관이나 객실의 조건, 객실의 아늑함과 깔끔한 실내장식, 화려하고 세련된 호텔현관 등이 선명하게 기억남 - 잔잔한 음악이 흘러나오는 호텔커피숍이나 레스토랑 등의 아름다운 분위기는 고객의 머릿속에 기억되도록 하고, 고객만족에도 영향을 미침 - 여행 중에 경험했던 특별한 이벤트나 축제, 여행지에서 맛보았던 향토음식, 알뜰한 쇼핑 등 특별한 느낌을 받았을 때 여행서비스는 더욱 선명하게 기억됨

4. 서비스 전달

서비스 전달(service delivery)은 '서비스맨에 의한 서비스의 수행'을 말한다. 즉 고객은 서비스를 받고, 서비스맨은 서비스를 수행하고, 이러한 과정에서 발생하는 모든 것이 포함된다고 할 수 있다. 설사 서비스시스템이 잘 갖추어져 있어도 서비스맨이 서비스를 제대로 수행하지 못하거나, 반대로 고객이 적절하게 받아들이지 못하게 되면, 결국에는 고객만족에 이르지 못하게 된다. 서비스 전달의 예는 다음과 같다.

서비스 전달의 예

서비스 전달	- 서비스맨의 업무수행 자세에 따라 서비스가 다르게 전달됨 - 고객에게 필요한 각종 정보 서비스를 생략한 채, 단순하게 제품만 전달하게 된다면, 서비스 전달에 실패한 사례가 됨

memo

Tourism Manner
SERVICE

Tourism Manner SERVICE

PART

2

서비스맨의 매너테크닉

제 04 장
인사매너

제1절 얼굴표정 연출법

1. 이미지의 정의

이미지(image)의 어원은 라틴어의 'imago'이며, 동사형인 'imitari'는 '모방하다'라는 뜻을 가지고 있다. 사전적인 의미로서의 image는 '형태, 모양, 느낌, 영상, 관념' 등을 뜻하고, imago는 정신분석학적인 용어로 '양친 등의 면모나 영상' 등이라는 의미로 사용하고 있다.

'이미지'란 마음속에 떠오르는 사물에 대한 감각적 영상이나 심상 · 인상 또는 표상을 뜻한다. 또한 이미지는 언어 이상으로 범위가 넓고, 직접적으로 호소하는 힘을 가지고 있어 두뇌만의 이해를 초월하여 좀 더 오감(五感)을 자극하는 감각적, 신체적인 것으로도 말할 수 있다. 그러나 사람이 가지고 있는 이미지는 개인차도 크고, 여러 가지 상황에 따라 각기 다를 수도 있다. 이미지에 대한 학자들의 정의는 〈표 4-1〉과 같다.

표 4-1 이미지의 정의

연구자	이미지의 정의
Linquist	이미지란 소비자가 지각하는 대상의 유형적 요인과 무형적 요인의 조합으로 구성
Hunt	특정 대상에 대한 이미지를 형성하게 되면 그 대상이나 사물에 대한 객관적 정보나 지식에 의하기보다 이미지에 따라 반응하는 경향이 강하다고 함
Jane and Etgar	이미지를 일반적 성격 · 느낌 · 감정으로 파악하였는데, 이에 따르면 이미지는 대상의 특성과 이에 대한 감정이나 일정기간을 통해 형성되어 온 대상에 대한 인상으로 정의
Lawson and Baud-Boby	이미지를 임의의 대상(물건)이나 장소에 대해서 개인이나 집단이 가지고 있는 객관적인 지식 · 인상 · 감정 · 상상력이라고 하는 모든 것의 표출
Erickion, Jonson and Chao	한번 인지된 이미지는 실상을 대처하게 되며, 대상이나 사물에 대한 개인의 반응에 중요한 영향을 미치게 된다고 함
Dither	각각의 성질이나 특성뿐 아니라 전체적인 인상을 포함하는 것으로서, 개인이 특정 대상에 대해 갖게 되는 일련의 신념 · 인상 · 아이디어를 이미지라고 함
Kolter	이미지란 한 개인이 특정 대상에 대하여 가지는 신념 · 아이디어 · 느낌의 총체
마에다 이사무 (前田男)	이미지란 일반적으로 인간의 마음속에 떠오르는 사람이나 사물의 감각적 영상을 의미하는데, 창조력에 의해 묘사된 상태나 어떤 대상에 대한 포괄적인 인상으로 쓰일 때도 있으며, 사용법이 무척 광범위하다고 하였고, 관광의 영역에서는 국가나 지역 등 대상지에 대한 주관적인 평가나 인상을 의미하는 경우가 많다고 함
도쿠히사 다마오 (德久球雄)	이미지란 인간의 마음속에 묘사되는 감각적인 영상으로 자기의 욕구나 이해의 정도를 나타내고 행동을 규제하는 힘을 갖는 경우도 있다고 함

가토리 히로토 (鹿取廣人)	자극대상이 존재하지 않는데도 불구하고, 그것이 존재할 때 유사한 지각 체험을 하는 것이 이미지라고 함
㈜實業之日本社編	이미지는 언어 이상으로 범위가 넓고 직접적으로 호소하는 힘을 가지고 있다. 그것은 두뇌만의 이해를 초월한 좀 더 오감을 자각하는 감각적·신체적인 것으로도 말할 수 있음

1) 이미지 창출효과

이미지는 크게 ① 외적 이미지와 ② 내적 이미지로 분류된다. 첫째, 외적 이미지는 용모와 표정 등 외면적으로 드러나는 이미지를 말하며 이를 'appearance'라 하는데, 이는 직접경험을 통해 형상화되는 것이다. 둘째, 내적 이미지는 눈으로 볼 수 없는 정신적 형상(mental representation)을 의미하는데, 이는 자신이 본 적이 없는 역사적 인물에 대한 이미지를 의미한다.

"내가 다른 사람에게 어떻게 보일까?" 하는 것은 사람의 가장 큰 관심거리 중 하나이다. 사람은 항상 타인의 눈에 비치는 자신의 모습을 알아내고, 그것을 향상시키는 일에 매혹되고 있다. 지위가 높거나, 유명한 사람뿐 아니라 보통 사람에게도 이미지를 생각한다는 것은 삶 그 자체를 생각한다는 것이다.

누구나 가지고 있는 이미지, 그 이미지를 자신의 내부에 잠재한 여러 가지 자질을 아름답게 조화시켜, 외적으로 훌륭하게 연출하는 것은 현실적으로 중요한 삶의 과제이다. '나'라는 사람은 하나지만, '나'에 대한 이미지는 수없이 많을 수 있다는 것을 생각하면 더욱 그렇다.

우선 남성은 남자로서, 여성은 여자로서의 이미지가 있다. 학자는 학자다운 이미지가 있고, 정치인은 정치인다운 이미지를 가지고 있으며, 사업가는 사업가다운 이미지가 있다. 또한 가장은 가장다운 이미지가 있고, 주부는 주부로서의 이미지가 있다. 이처럼 우리는 성별 · 직업 · 역할에 따라 각기 다른 이미지를 풍긴다.

이미지를 창출하는 데 있어서, '무엇을 보여줄까?' 만큼 중요한 것은 '어떻게 보여줄까?' 하는 것이다. '보기 좋은 떡이 먹기도 좋다'는 말처럼, 어떻게 보이느냐에 따라 주체의 이미지가 달라질 수 있다. 세계가 좁아지면서 우리는 과거보다 훨씬 더 많은 이미지를 빠른 속도로 볼 수 있게 되었고, 첨단기술이 발달함에 따라 이미지를 전달하는 방법도 매우 다양해졌다.

2) 이미지 향상법

인간의 삶에 생명수처럼 소중하고 건전한 이미지를 창출하기 위해서는 다음과 같은 이미지 향상법을 참조하면 도움이 될 것이다.

이미지 향상법

이미지 향상법	절대로 남과 비교하지 말아야 한다. 이 세상에는 자신보다 잘난 사람도 있고, 못난 사람도 있다.
	모든 일에 머리를 써야 한다. 성공한 사람은 항상 작은 일에도 머리를 써서 향상시킬 방법을 찾는다.
	완벽주의자가 되지 말아야 한다. 사람은 누구나 실수할 수 있다. 항상 최선을 다하는 것이 중요하다.
	행복해지겠다고 결심해야 한다. 사람은 자신이 생각한 만큼 행복해질 수 있다. 자신의 생각과 태도가 중요하다.
	지나친 죄의식을 갖지 말아야 한다. 다른 사람의 기분과 감정이 모두 자신의 책임이라고 생각하지 말아야 한다.
	어린이처럼 하루를 시작해야 한다. 어린이는 매일매일 자신에게 좋은 날이 될 거라는 기대 속에서 새 날을 시작한다.
	긍정적이고 낙관적인 사람과 교제해야 한다. 가장 가까이 지내는 사람의 기분과 행동은 자신의 기분과 행동에 전염성이 있다.
	자신감을 가져야 한다. 약점보다 장점을 바라보고, 자기비판보다는 성공과 행복을 스스로에게 확신시킬 수 있는 사람이 성공하게 된다.

3) 이미지 계발법

사회생활을 영위함에 있어 부족하면 부족한 것을 메우기 위해, 넉넉하면 넉넉한 것을 더욱 다지기 위해 자기 자신을 계발하는 것은 매우 중요하다. 더욱이 현대는 너무나 빠른 변화 속에서 하루하루가 다르게 변모하고 있다.

대인관계에 있어서도 자신의 이미지를 좋게 부각시키려면, 자기의 개성을 ① 시간(time), ② 장소(place), ③ 상황(occasion)에 부합되게 최대한 연출시키려는 노력이 필요하다. 이미지 계발법은 〈표 4-2〉와 같다.

표 4-2 이미지 계발법

항목	내용
계발진행순서	자신의 장단점과 갖추어야 할 요건을 파악한다.
	자신의 기대와 목표의 수준을 정확하게 설정한다.
	가급적 전공과 장점을 발휘하도록 한다.
	장점은 강화하고, 단점은 철저하게 보완한다.
	계획이 중간에 어긋나더라도 계획대로 재추진한다.
	인생의 설계도와 조화를 이루도록 열심히 노력한다.
	중도에 포기하지 말고, 끈기 있게 실천해 나간다.
	매일매일 일기를 쓰는 것도 아주 좋은 방법이다.
	실행상의 불충분한 점은 스스로 의식하여 재추진한다.
주의사항	환경변화에 대한 정보를 수시로 수집한다.
	과거의 경험, 능력을 파악한다.
	자기 자신의 자화상을 그려본다.
	직업의식과 책임감을 의식한다.
	관계하고 있는 사람과의 인간관계를 의식한다.

자기자신 계발	자진해서 하려는 의욕을 갖는다.
	시간을 적절하게 활용한다.
	쉬운 것부터 먼저 착수한다.
	예외를 만들지 않는다.
	항상 문제의식을 갖는다.
	절대로 기회를 놓치지 않는다.
	자기의 강한 의지로써 자신을 지켜나간다.
건강관리	신체적인 활동을 통하여 동료나 친구, 자신의 문제를 의논한다.
	소금 섭취량을 억제한다
	신체운동을 지속적으로 한다.
	자신이 변화시킬 수 없는 일에는 순응하도록 노력한다.
	업무에서 벗어나 잠시 휴식을 취한다.
	건강 식단을 유지한다.
	동물성 지방분의 섭취를 줄여 나간다.
	한꺼번에 여러 가지 업무를 하지 말고 우선순위에 따라 처리한다.

4) 이미지 체크포인트

표 4-3 지적 이미지

체 크 항 목	예	아니오
나는 나의 장래에 필요한 전문지식과 능력을 계발하기 위해 노력하고 있다.		
나는 아이디어가 생기면, 곧 실행할 방법을 찾는다.		
나는 아이디어가 많고, 머리가 좋다.		

나는 문제를 해결해 나가는 추진력이 있다.		
나는 내가 생각하는 것을 말과 글로 잘 표현할 수 있다.		
다른 사람은 내 능력을 인정하고 믿는다.		
나는 세밀하게 분석하는 것을 싫어한다.		
나는 합리적으로 사고할 수 있다.		
나는 내 동료보다 일을 훨씬 뛰어나게 잘 할 수 있다.		
나는 주어진 일을 할 때, 기본 방법보다 더 좋은 방법이 없을까를 연구하고 있다.		

표 4-4 감정적 이미지

체 크 항 목	예	아니오
나는 지금까지 성취한 것을 매우 자랑스럽게 생각하고 있다.		
나는 조그만 일에도 화를 잘 낸다.		
나는 다른 사람에게 내 감정을 잘 표현할 수 있다.		
나는 미래에 대해 걱정을 많이 하고 있다.		
나는 곧잘 우울해지거나 삶의 허무를 느끼고 있다.		
나는 아침에 기분 좋게 하루를 시작하려고 노력하고 있다.		
나는 나 자신을 좋아한다.		
나는 차분한 편이며, 쉽게 흥분하지 않는다.		
나는 스트레스를 받는 상황에서도 유머를 발휘할 수 있다.		
나는 남이 잘 되면 배가 아프다.		
나는 내 자신과 일에 대해 승리자처럼 생각하고 있다.		
나는 너무 쉽게 좌절하고, 한 번 좌절하면 헤어나기 어렵다.		

표 4-5 사회적 이미지

체 크 항 목	예	아니오
나는 어느 누구보다도 대인관계가 매우 원만하다.		
나의 인간관계는 매우 의미 있고 보람된 것이다.		
나는 리더십이 있다.		
나는 친구를 쉽게 사귄다.		
나와 인연을 맺은 사람은 나를 믿고 신뢰해도 좋다.		
다른 사람은 나와의 교제를 즐긴다.		
처음 만난 사람은 나를 오해하는 경우가 많이 있다.		
다른 사람은 내 앞에서 불편해 하고 있다.		
다른 사람은 가끔 내 말을 알아듣기가 힘들다고 한다.		
다른 사람으로부터 인정받는 것이 내겐 중요하다.		
나는 모든 사람을 평등하게 대하려고 노력한다.		
나는 어떤 사람을 만나도 그의 장점을 보고 배우려고 한다.		

표 4-6 신체적 이미지

체 크 항 목	예	아니오
다른 사람이 나를 멋쟁이 신사(숙녀)라고 부른다.		
내 몸은 균형이 잘 잡혀 있다.		
나는 나의 복장에 신경을 쓰고 있다.		
나는 같은 옷이라도 넥타이, 와이셔츠, 액세서리 등으로 다양하게 연출한다.		

나는 나의 용모에 만족한다.		
나는 아주 건강하다.		
나는 늘 자신감과 에너지로 가득 차 있다.		
나는 정기적으로 운동을 하고 있다.		
나는 상대방에게 항상 단정한 인상을 준다.		
나는 비교적 스트레스를 잘 해소하고 있다.		
나는 얼굴표정이 매우 밝다.		
나는 지방이나 콜레스테롤을 피하고, 건강식품을 먹으려 노력하고 있다.		

2. 이미지메이킹의 개념

1) 이미지메이킹 방법

이미지메이킹(image making)의 방법은 두 가지로 구분할 수 있다. 첫째, 있는 그대로의 모습으로 자신의 이미지를 만들어가는 방법을 들 수 있다. 수수하면 수수한 대로 자신을 드러내고, 솔직하게 진실된 내면을 상대방에게 알리는 것이다. 그렇지만 상대방에게 알리게 되기까지는 많은 시간과 만남이 필요하고, 또한 많은 사람에게 자신을 인식시키는 데는 한계가 있다.

둘째, 자신과 유사한 인물을 모델링하는 방법이다. 우리의 모습에는 부모의 모습이 많이 담겨 있다. 가장 가까이 있는 부모의 모습을 모방하고, 자신이 닮고 싶은 유사성 있는 인물을 선정하여 그를 모방하는 것이다. 그러나 모방전략은 자신의 이미지를 쉽게 전달할 수 있다는 특성이 있으나, 장기적으로는 모방에서 끝나지 않고 자신의 개성이 더해져서 새로운 이미지를 구현해야 한다.

2) 이미지메이킹의 5단계

❶ 자신을 알라(know yourself). 자신의 이미지를 창출하기 위해서는 먼저 자신을 파악해야 한다.

❷ 자신의 모델을 선정하라(model yourself). 자신의 모델을 선정하는 것은 자신의 목표를 수립하는 것이다.

❸ 자신을 계발하라(develope yourself). 이미지는 전체 중에서 일부분을 보여주는 것이다.

❹ 자신을 연출하라(direct yourself). 자신의 개성을 살린 이미지를 상황과 대상에 맞도록 표현한다.

❺ 자신을 팔아라(market yourself). 자신의 가치를 상대방에게 인식시키고, 높은 평가를 받는다.

3. 얼굴표정 연출법

1) 얼굴표정

일반적으로 표정을 보면, 그 사람의 심리상태를 알 수 있다. 표정은 상대방에게 호감을 주기도 하고, 불쾌감을 주기도 한다. 따라서 대인관계를 할 때는 항상 미소를 잃지 말아야 한다. 외형적인 모습이 어떤 의미를 나타낼 때 그것을 '표정'이라고 한다. 물론 언어가 의사소통을 할 때 주된 수단으로 사용되지만, 표정을 통해서도 말하는 사람의 마음을 읽을 수가 있다.

말은 거짓일 수 있지만, 표정은 거짓으로 나타내기가 쉽지 않다. 상대하기 싫은 사람을 대할 때 표정이 굳어지는 것은 누구나 한번쯤 겪는 일이다. 그러나 좋은 이미지를 가진 사람과 대화를 나눌 때는 표정이 매우 밝아지게 되는데, 그래서 표정은 ① 마음의 징표이며, ② 정신의 표현이라고 할 수 있다.

(1) 좋은 얼굴표정

사람의 얼굴에는 무려 80여 개의 근육이 있으며, 약 7천 가지 이상의 표정을 만들 수 있다고 한다. 얼굴에 있는 근육을 자유자재로 움직여 좋은 표정을 만드는 데도 많은 노력이 필요하다. 안면근육을 풀어서 얼굴표정을 부드럽게 하기 위해서는 평상시에 눈썹을 위아래로 움직여보고, 입을 크게 벌리거나 조그맣게 오므려 보는 연습을 반복하는 것이 효과적이다. 좋은 얼굴표정을 만드는 방법은 〈표 4-7〉과 같다.

표 4-7 얼굴표정 연출법

항목	연출법
눈과 눈썹	- 눈을 지그시 감고 마음을 안정시킨다. - 눈을 크게 뜨고 우→좌→위→아래로 움직여본다.

눈과 눈썹	- 눈에 힘을 주면서 반복한다. - 미간에 힘을 준다. - 눈과 눈썹을 올린다.
입과 볼	- 입을 크게 벌린다. - 입을 다물고 볼을 부풀인 다음, 입을 좌우로 움직인다. - 볼을 끌어당긴다. - 입 주위를 옆으로 한다.
턱	- 아래턱을 좌우로 움직인다.
코	- 콧등을 위로 끌어올린다.
입	- '아' 하고 입을 벌리면서 눈썹을 위로 올리는 듯한 표정을 한다. - '이' 하고 광대뼈를 올리면서 웃음 짓는 듯한 표정을 한다. - '우' 하고 눈썹을 약간 올린다(거절을 나타낼 때). - '에' 하고 눈썹을 약간 올린다(질문에 의문을 표시할 때, 놀랄 때). - '오' 하고 눈썹을 올린다(익살맞을 때).

(2) 나쁜 얼굴표정

우리는 매일 많은 사람을 만나면서 하루를 보내게 된다. 이때 의식적이든 무의식적이든 관심을 가지고, 사람의 표정을 살피게 된다. 만약 내가 어떤 사람에게 부탁하려 할 경우, 상대방의 얼굴표정이 매우 좋지 않아 못하게 되는 경우도 있다.

물론 분위기 파악을 하지 못하는 사람이라면 좋지 않은 결과를 얻을 것이다. 따라서 이런 경우에도 상대방의 표정을 읽은 후 내가 이런 말을 해도 좋을지를 한번쯤 생각한 후에 말을 꺼내야 좋은 효과를 기대할 수 있게 된다.

2) 시선처리

사람의 눈을 보면, 그 사람의 진실됨을 알 수 있다. 대화를 하는 중에 상대방의 눈을 노려보거나 주위를 두리번거린다면 상대방은 불쾌한 기분이 들 것이다. 그러나 시선을 진실하고 부드럽게 보내면, 상대방에게 좋은 인상을 심어 주게 된다.

(1) 미소

표정이 굳어 있고 화가 난 듯한 얼굴을 하게 되면 첫인상이 좋아 보이지 않는다. 자연스럽고 온화하며 상황에 맞는 적절한 표정을 짓는 것이 진정한 미(美)의 표현이라고 할 수 있다.

사람의 마음은 얼굴표정에 그대로 나타나므로 얼굴을 보면, 그 사람의 기분을 파악할 수 있다. 아무리 잘생긴 사람이라도 얼굴표정이 어두우면 상대방에게 호감을 줄 수 없다. 따라서 모든 사람에게 친근감을 줄 수 있는 밝은 미소를 짓는 습관을 가져야 할 것이다.

(2) 웃는 표정 만들기

그림 4-1 웃는 표정 만들기

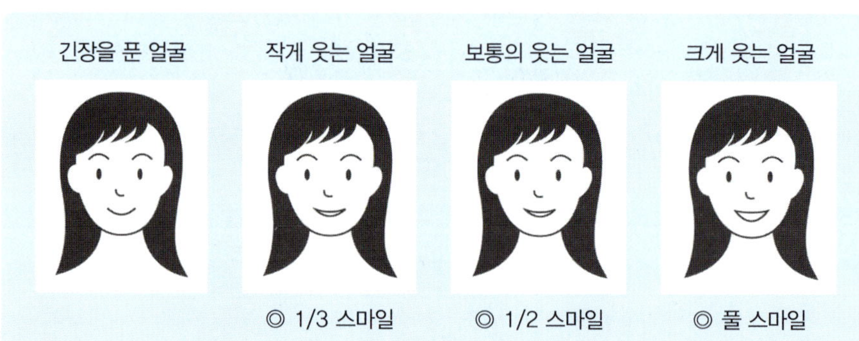

3) 아름다운 미소 만들기

그림 4-2 아름다운 미소 만들기

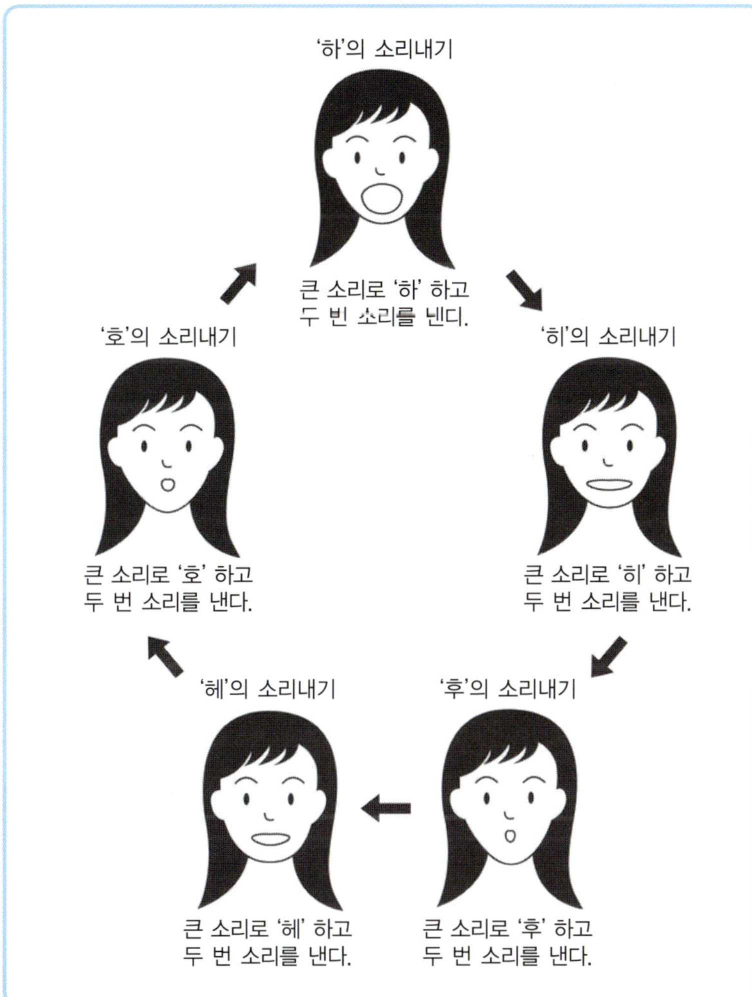

제2절 올바른 인사법

1. 웃음과 첫인상

처음으로 대면한 고객을 자신의 노력에 의해 얼마든지 단골고객으로 만들 수 있다. 사람의 웃음은 고객과의 관계를 연결시켜 주는 최단거리이며, '웃는 얼굴은 최고의 관상에 속한다'고 한다. 즉 웃음은 인간이 지닌 가장 소중하고 값진 보물이다. 처음 만나는 고객에게 웃는 얼굴로 대한다면, 고객의 뇌 속에서 쉽게 사라지지 않을 것이다.

우리는 대인관계에서 싫든 좋든, 자신에게 유리하든 불리하든 이미지를 전달하며 산다. 가령 어떤 사람이 자기를 알리는 것이 싫어서 사람 만나기를 피한다면, 그 나름대로 '조용한 사람', '수줍은 사람'이라는 이미지를 주게 되어 결국 사람은 그 이미지에 맞는 반응을 보일 것이다. 그만큼 생활에 있어서 이미지는 한 개인과는 불가분의 관계에 있다.

심리학자들은 보통 사람을 평가하는 데 있어서 그 사람의 지적인 능력과 활동보다는 첫인상에 대한 강한 견해, 즉 '성격이 좋다', '나쁘다', '급하다', '느리다' 등과 같은 심리적 기준이 중요한 역할을 한다고 하였다.

이렇듯 첫인상은 '순간에 결정되는 이미지'를 말한다. 즉 첫인상은 초두효과(primacy effect)로 인해 쉽게 바뀌지 않는다. 즉 상대방에 대한 부정적이거나 긍정적인 인상보다 오래 기억에 남게 된다.

따라서 평소 많은 연습과 훈련을 통해 환하게 웃을 수 있는 자신만의 이미지를 만들어 고객을 응대하고 서비스를 제공해야 한다. 고객을 처음 대할 때 긍정적인 이미지를 심어 줄 수 있는 모습은 다음과 같다.

서비스맨의 긍정적인 이미지 모습

여성 고객	항상 얼굴에 미소를 짓는다.
	마음의 문을 연다.
	두발과 복장을 단정히 한다.
	밝고 명랑한 표정을 짓는다.
	고객의 이름을 기억해 둔다.
	올바른 경어를 사용한다.
	대화할 때에는 진실을 말한다.
	고객을 만나면 칭찬을 많이 해준다.
	말을 많이 하기보다는 듣는 태도를 취한다.

2. 인사매너

인사(greeting)는 좋은 인간관계를 만드는 첫걸음이며, 고객과의 친밀감을 형성하는 데 있어서 능동적인 작용을 한다. 그렇기 때문에 고객에게 좋은 인상을 심어주려면, 우선 인사를 주고받는 매너가 좋아야 한다. 즉 인사는 많은 예절 가운데서도 가장 기본이 되는 표현으로 자신의 마음속에서 우러나오는 존경심과 반가움을 나타내는 형식의 하나이다.

우리나라에서는 예로부터 예의(禮義)를 중히 여겨 왔기 때문에 인사를 잘하고 못하는 것으로 사람의 됨됨이를 가늠해 왔다. 인사는 받는 사람만의 기쁨이 아니라, 인사를 하는 사람도 기분 좋은 일이다.

러시아의 문호 톨스토이(Tolstoy)는 "어떠한 경우라도 인사하는 것은 부족하기보다 지나칠 정도로 하는 편이 좋다"고 하였다. 인사는 마음속에서 우러나오는 감정이 겉으로 드러나는 형식이 복합되어 고객에게 전달되기 때문에 인사를 할 때는 내면의 친절 · 정성 · 감사의 마음을 정중하면서도 밝고 상냥하게 표현해야 한다.

아울러 인사는 고객에게 경의(敬意)를 전달하는 작은 의식이므로 형식을 제대로 갖추지 않는 인사는 오히려 결례요, 군더더기에 불과한 것이다. 따라서 인사를 할 때는 의식 또한 매우 중요하다.

1) 인사는 고객의 마음을 여는 열쇠다

인사는 우리 사회의 가장 기본이 되는 표현이다. 정중하고 예의 바른 인사는 누구에게나 호감을 갖게 할 뿐만 아니라 대화를 원만하게 해주고, 서로의 관계를 좋게 하는 계기가 된다.

인간관계를 원활히 하는 데 빼놓을 수 없는 것이 "안녕하세요?", "감사합니다", "죄송합니다" 등의 일상적인 인사말이다. 인사를 예의 바르게 하는 사람은 '느낌이 좋은 사람'이라고 생각되어, 고객도 곧 마음을 열게 된다.

그러나 길에서 만나도 그냥 지나치는 사람은 '버릇이 없는 사람'이라는 인상을 갖게 되어, 고객도 결국 모른 체하게 된다. 기분 좋은 인사는 고객의 마음을 여는 열쇠라고도 말할 수 있다. 그러면 다음과 같이 3가지 포인트에 역점을 두고, 인사하는 데 익숙해지도록 노력해야 한다.

고객의 마음을 여는 인사법

고객의 마음을 여는 인사법	맑은 목소리로 인사한다.
	힘차고 똑똑하게 인사한다.
	고객의 얼굴을 보며 상냥하게 인사한다.

2) 인사는 위아래의 구별이 없다

인사는 아랫사람이 먼저라고 단정할 수는 없다. 위아래 구별 없이 먼저 본 쪽에서부터 인사를 한다. 고객이 다른 쪽을 보고 있을 때는 타이밍(timing)을 놓쳐 서로가 어색한 상황이 벌어질 수도 있으므로 적극적으로 인사를 하도록 한다.

인사를 할 때는 우선 고객의 눈을 보고 "안녕하세요?" 하고 인사를 한다. 또한 인사를 할 때 남성은 손을 신체의 측면에 붙이고, 여성은 정면으로 손을 모아서 하는 것이 좋다.

인사의 각도는 대략 ① 15도, ② 30도, ③ 45도, ④ 90도가 있는데, 이러한 일상적인 인사를 정확히 몸에 익히면 고객을 응대하거나 비즈니스(business)를 할 때 당황하는 일 없이 자연스럽게 인사를 할 수 있다. 인사를 하는 데는 일반적으로 〈표 4-8〉과 같은 인사법이 있다.

표 4-8 인사법

구분	인사법	소요시간
목례	실내나 통로, 엘리베이터 안, 화장실과 같은 좁은 장소, 고객이나 아는 사람, 고객을 재차 만났을 때 상체를 앞으로 15도 정도 굽혀서 하는 인사	약 3초
보통례	일명 '보통인사'라고도 하며, 회사의 로비나 영업장 등에서 윗사람이나 상사에게 공손하게 인사할 때 상체를 앞으로 30도 정도 굽혀서 하는 인사	약 5초
정중례	특별한 VIP(Very Important Person) 고객이나 격식을 차릴 때, 감사 또는 사죄할 때 하는 인사로 상체를 앞으로 45도 정도까지 굽힘	약 7초
의식행사	종교의식이나 조사와 관련한 의식을 거행할 때 하는 인사로 상체를 앞으로 90도 정도까지 굽힘	약 7~10초

그림 4-4

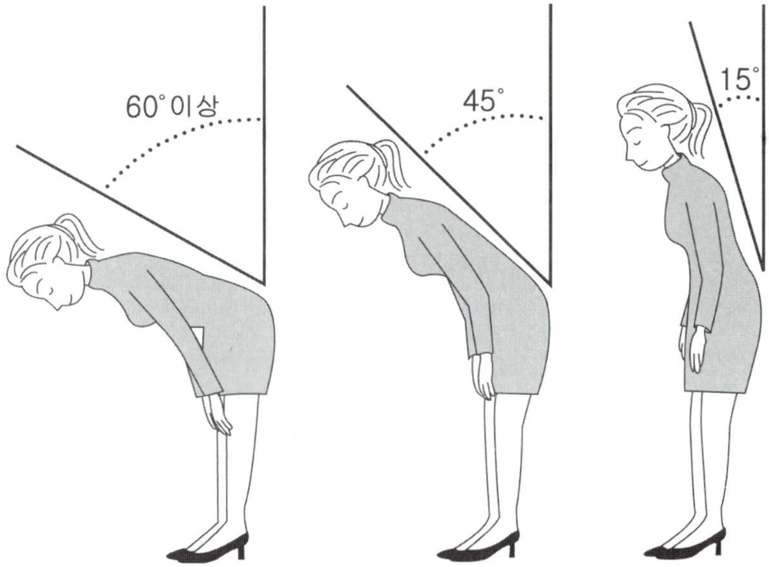

3) 인사말은 상황에 맞게 한다

인사말은 고객을 만났을 때 오가는 말로서 등을 곧게 펴고 예의 바르게 한다. 인사를 하면서 말을 하면 목소리가 아래로 향하게 되므로 우선 인사말을 하고 나서 상체를 숙이도록 한다. 보기 좋은 인사는 등을 곧게 펴고 고객과 시선을 마주치면서 "안녕하세요?", "감사합니다" 등으로 표현하는 인사말이다.

특히 인사를 할 때 하는 말은 사적인 경우와 공적인 경우를 구분하여 이들 상황에 맞춰서 적절히 사용하는 것이 옳다. 예를 들면 "고맙습니다"라는 말보다는 "정말 고맙습니다"라고 하는 쪽이 더 정중한 표현이 된다. 인사말의 구체적인 내용은 〈표 4-9〉와 같다.

표 4-9 인사말의 내용

경우 \ 시기	사적인 경우	비즈니스인 경우
감사할 때	고맙습니다.	정말 고맙습니다.
사과할 때	죄송합니다.	정말 죄송합니다.
의뢰할 때	미안하지만…	죄송합니다만…
일을 받았을 때	알겠습니다.	예, 알겠습니다.
방문할 때	안녕하세요?	안녕하십니까?
헤어질 때	실례합니다.	잘 부탁드리겠습니다.

4) 인사를 많이 하면 자신의 이미지가 좋아진다

인사는 인간관계에 있어서 시작과 끝을 장식한다. 고객을 처음 만났을 때는 인사로 시작하며, 헤어질 때도 작별인사를 하는 것이 상례(常禮)이다. 즉 인사란 만남에서 헤어질 때까지 있어야 하는 알파와 오메가(alpha and omega)이다. 직장에서 출퇴근 시 다음과 같이 인사하도록 한다.

출퇴근 시 인사법

출퇴근 시 인사법	아침 출근시간에 사무실에 도착했을 때는 항상 먼저 인사를 한다.
	퇴근시간에도 인사하는 것을 잊지 않는다.
	상대방으로부터 인사를 받는 경우에는 꼭 답례를 한다.
	출장이나 포상휴가, 기타의 사유로 휴가를 가는 경우에는 감사의 인사를 한다.

5) 인사의 잘못된 표현

인사는 사람이 가장 사람다울 수 있는 아름다운 행위이며, 사교의 기본이라고 할 수 있다. 즉 인사는 고객에 대해 호의를 지니고 있음을 보여주는 우호적 감정의 표현이다. 인사란 하는 사람과 받는 사람이 따로 있는 것이 아니므로 서로 주고받아야 한다. 따라서 고객을 응대하거나 대인관계를 하는 데 있어서 항상 예의 바른 인사를 한다는 마음가짐으로 업무에 임해야 한다. 인사의 잘못된 표현은 다음과 같다.

인사의 잘못된 표현

인사의 잘못된 표현	공손이 지나쳐 너무 등을 굽혀서 하는 인사는 옳지 못하다.
	표정이 없는 인사는 상대방을 기분 나쁘게 한다.
	뛰어가면서 인사하는 것은 무례한 행동이다.
	아무런 동작 없이 말로만 하는 인사는 가벼워 보인다.
	고개만 끄덕이는 인사는 경망스러워 보인다.
	망설이다가 하는 인사는 아무런 의미가 없다.
	"수고하셨어요"는 상사가 부하직원에게 쓰는 말이다.
	형식적인 인사는 안 하는 것만 못하다.
	고객을 쳐다보지 않고 하는 인사는 무례한 행동이다.
	아쉬울 때만 하는 인사는 진실성을 의심받게 된다.

6) 인사의 요령과 체크 포인트

인사는 ① 동료 간에는 우애의 상징이자, 인간관계가 시작되는 신호이다. ② 인사는 인간사회 윤리형성의 기본이자, 고객에 대한 존경심의 표현이다. ③ 인사는 안부를 묻거나 공경하는 뜻을 나타내고, 자신의 인격과 교양을 외적으로 나타내는 것이다.

일반적으로 인사는 먼저 본 사람이 상대방에게 하는 것이다. 특히 고객을 응대하거나 안내할 때, 그리고 비즈니스를 할 때는 먼저 하는 쪽이 주도권을 쥐게 된다. 인사의 요령은 다음과 같다.

인사의 요령

인사의 요령	진심에서 우러나오는 마음 자세와 은은한 미소, 상냥하고 감사하는 마음을 가져야 한다.
	걸어가면서 인사하는 것은 금물이며, 반드시 정지된 상태에서 한다.
	인사 직후에는 고객의 시선에 초점을 맞추고, 화장실에서는 인사말을 생략하고 목례로 대신한다.
	다리는 가지런히 하고, 발뒤꿈치는 붙이며, 앞은 30도 정도 벌린다.
	길을 걸을 때는 2~3m 가까이 가서 인사를 한다.
	인사를 할 때 머리는 허리와 일직선이 되도록 숙인다.
	거수경례를 할 때는 하급자가 상급자보다 먼저 시작하여 늦게 손을 내린다.
	발꿈치는 붙이고 발끝은 10시 10분(여성은 11시 5분)으로 선다.
	남성은 손을 펴서 엄지손가락으로 감싸 바지의 재봉선에 대고, 여성은 왼손을 오른손으로 감싸 아랫배에 가볍게 댄다.
	계단에서는 발이 계단에 닿기 전에 가벼운 목례로 예의를 표하고, 목례 후 비켜 서 있다가 고객이 계단을 올라왔을 때 다시 인사한다.

표 4-10 인사 체크포인트

체 크 항 목	예	아니오
인사를 할 때 상대방에 대해 존경심을 가지고 성의껏 하고 있습니까?		
작업복에 안전모를 쓰고, 허리인사를 하는 경우는 없습니까?		
엘리베이터나 복도 등에서 고객이나 관계사의 임직원에게 인사로써 예의를 표합니까?		
먼 거리에서, 또는 지나치면서 우물쭈물하지 않고 습관적으로 내가 먼저 인사를 합니까?		
보통 때는 하지 않고, 아쉬울 때만 인사하는 경우는 없습니까?		
"안녕하십니까?", "반갑습니다" 등의 인사말을 익숙하게 사용하고 있습니까?		
항상 인사말은 밝고 명랑하며, 활기에 차 있습니까?		
동료나 부하직원의 인사를 잘 받아주고 있습니까?		
상대방이 부하직원일지라도 내가 먼저 인사하고 있습니까?		
고객의 얼굴을 기억하기 위해 노력하고 있습니까?		
거래처에 변동사항이 있을 때 적극적으로 대처하고 있습니까?		
인사를 나눌 때 고객을 바라보면서 정중하게 인사를 하고 있습니까?		
아침에 출근할 때 명랑한 어조로 "안녕하십니까?", "일찍 오셨습니다" 등의 인사말을 사용합니까?		
저녁에 퇴근할 때 단정한 차림으로 "먼저 가겠습니다" 등의 인사말을 사용하고 있습니까?		

제3절 올바른 명함 사용법

사람을 소개할 때 빠뜨릴 수 없는 것이 명함(name card)이다. 명함은 그 사람의 얼굴이고 인격을 가진 소개 카드이다. 명함은 원칙적으로 명함지갑에 넣는다. 명함지갑은 다른 증명서 등과 같이 쓰는 경우도 있지만, 영업사원처럼 많은 사람을 만나는 경우 독립된 명함지갑을 준비한다. 이때 명함지갑 안에 명함을 거꾸로 넣는 일이 없도록 주의한다.

1. 명함을 교환할 때

명함은 사람의 신분을 알리는 데 사용되기 때문에 올바르게 사용하는 것이 중요하다. 명함을 교환할 때 다음 사항에 유념해야 한다.

❶ 외출하기 전에 명함은 필요한 만큼 준비하고, 명함지갑은 양복의 안주머니에 넣는다.
❷ 고객을 만나면 명함을 꺼내면서, 자신의 소속과 이름을 정확히 발음한다.
❸ 명함은 반드시 서 있는 자세로 교환하며, 앉아서 건네는 것은 실례이다.
❹ 명함은 고객보다 먼저 꺼내며, 위치는 고객의 가슴높이가 적당하다.
❺ 명함지갑은 왼손에 들고, 오른손으로 한 장 꺼내 고객이 읽을 수 있도록 한다.
❻ 명함은 윗사람에게 내미는 것이 순서이기 때문에 언제나 고객보다 먼저 건넨다.
❼ 명함을 받았으면 고객의 이름을 복창하면서 이름에 관심을 표명한다.
❽ 명함은 상의 안주머니에서 꺼내며 전용 명함지갑을 사용한다.
❾ 명함은 악수가 끝나면, 선 채로 두 손으로 내밀고, 두 손으로 받는다.

⑩ 명함을 내밀 때는 정중하게 인사하고 나서 '00회사의 000이라고 합니다' 또는 '감사합니다, 만나게 되어 반갑습니다'라고 소속과 이름을 밝히면서 두 손으로 건넨다.

⑪ 명함을 건넬 때와 마찬가지로 받을 때도 일어서서 '반갑습니다'라고 한마디 덧붙이는 게 좋다.

⑫ 받은 명함은 허리 아래로 내려가지 않도록 주의한다.

⑬ 명함지갑엔 반드시 자기의 명함만 넣어 다니도록 한다. 뒷주머니에서 꺼내는 것은 매너에 어긋난다.

⑭ 고객의 이름이 읽기 어려운 경우에는 "실례입니다만, 무엇으로 읽습니까?" 하고 확인하는 것이 중요하다.

⑮ 명함을 받은 후 이름을 확인하고, 대화 중에는 될 수 있으면 고객의 이름을 부르는 것이 친근감을 높인다. 받은 명함은 소중히 취급한다.

2. 명함을 취급할 때

고객으로부터 받은 명함을 소중히 간직하는 것은 비즈니스매너의 기본이다. 아무리 몰라도 다음과 같은 실수는 하지 말아야 한다.

❶ 이물질이 묻었거나, 구겨진 명함을 꺼내서 건네는 행위

❷ 대담 중에 고객의 명함에 낙서를 하거나 소홀히 다루는 행위

❸ 받은 명함을 무관심하게 주머니에 넣거나 수첩 사이에 끼워 놓는 행위

❹ 받은 명함의 위에 서류 등을 올려놓거나 바닥에 떨어뜨리는 행위

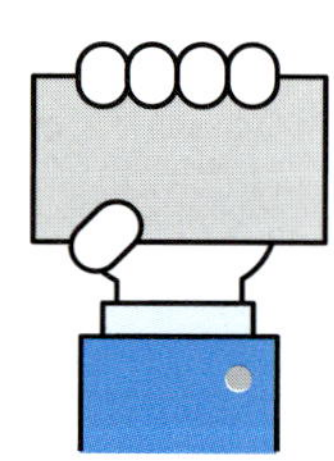

3. 명함을 정리할 때

받은 명함은 정리를 하지 않으면 종잇조각에 지나지 않는다. 필요한 때에 바로 찾아서 활용할 수 있도록 나름대로의 방법에 따라 정리를 한다.

❶ 여담으로 들은 고객의 취미와 기호품 등도 메모해 두면 좋다.
❷ 명함을 받은 그날에 명함의 여백에 만난 일자 · 장소 · 용건 등을 메모해 둔다.
❸ 고객의 얼굴과 특징을 잊지 않도록 기호를 붙여 적어두는 것도 한 방법이다.
❹ 파일에 보관할 경우 회사별 · 업종별로 정리해 두는 것도 좋은 방법이다.

제4절 올바른 악수법

1. 악수순서

'악수(shaking hand)'란 친애의 뜻을 나타내는 서양식 예법으로서, 서로 손을 마주잡고 하는 인사이다. 현대사회에서 악수는 비즈니스 사회의 격식과 사람 간의 친근한 정을 나타내는 것으로 사교활동을 하는 데 있어서 매우 중요한 행위이다.

악수는 경건한 마음으로 해야 하며, 미소 띤 얼굴에 허리를 곧게 펴고, 마음에서 우러나오는 태도를 취하는 것이 중요하다. 원칙적으로 악수는 손윗사람이 손아랫사람에게 먼저 청하게 되어 있으며, 그 기준은 다음과 같다.

악수순서

악수순서	여성이 남성에게 한다.
	선배가 후배에게 한다.
	상급자가 하급자에게 한다.
	기혼자가 미혼자에게 한다.
	손윗사람이 손아랫사람에게 한다.

그러나 국가원수 · 왕족 · 성직자 등은 이러한 기준에서 예외가 될 수 있다. 남성의 경우 국가원수나 왕에게 소개되면 머리를 숙이고, 공손히 인사를 한다. 그리고 국가원수나 왕이 악수를 청하면 재차 머리를 숙이며 인사하고 악수에 응한다. 여성의 경우도 국가원수나 왕이 악수를 청하면 머리를 숙이고 악수를 받는다.

2. 악수법

악수는 서로 마주서서 손을 잡고, 상하로 흔들어 움직이는 동작이다. 올바른 악수법은 다음과 같다.

악수법

악수법	만약 오른손에 가방을 들고 있을 경우에는 빨리 왼손으로 바꿔 든다.
	악수할 때는 절을 하거나 두 손으로 감쌀 필요가 없다. 왕이나 대통령 외에는 당당한 자세로 허리를 곧게 펴고 악수를 한다.
	손을 쥘 때 너무 느슨하게 쥐는 것은 냉담한 느낌을 줄 수 있고, 또한 스치듯 가볍게 쥐는 것은 상대방을 경멸하는 인상을 주게 된다.

악수법	여성의 경우 먼저 악수를 청하는 것이 예의이므로 외국인과 만나는 사교모임에서는 주저하지 말고, 즉시 악수를 청하는 것도 자연스럽다.
	남성은 악수할 때 장갑을 벗는 것이 예의이지만, 여성은 실외에서 악수를 하는 경우 반드시 장갑을 벗을 필요가 없으며, 낀 채로 악수를 해도 무방하다.
	악수할 때 손은 상하로 가볍게 흔든다. 그러나 자신의 어깨보다 높이 올려 흔들어서는 안 된다. 또한 여성과 악수할 때는 남자처럼 손을 흔들지 않는 것이 좋다.
	악수할 때 가장 좋은 방법으로는 너무 세거나 약하지 않게 쥐어야 하지만, 남자들끼리는 오히려 힘을 주는 것이 좋다. 그러나 너무 오랫동안 손을 쥐고 있는 것은 좋지 않다.
	상대방이 악수를 청할 때 남성은 반드시 일어서야 하지만, 여성은 앉은 채로 악수를 받아도 상관없다. 그러나 연배(年輩)의 여성은 괜찮아 보이지만, 젊은 여성은 외관상 좋지 않으므로 일어나서 하는 것이 좋다.
	악수는 원칙적으로 오른손으로 한다. 만약 오른손에 부상을 입었을 경우에는 원칙에 얽매이지 않고 왼손으로 할 수도 있으나, 흔히 왼손은 부정적으로 간주되므로 상대방에게 양해를 얻어 악수를 사양하는 것도 한 방법이다.

제5절 키싱핸드와 소개

1. 키싱핸드와 포옹

1) 키싱핸드

유럽이나 라틴계 중남미 국가에서는 신사와 숙녀가 악수를 할 때, 남자가 부인의 손을 잡고 상반신을 앞으로 굽혀 정중한 태도로 손가락에 입술을 가볍게 대는 키싱핸드(kissing hand) 풍습이 있는데, 이것은 기혼 여성에 대한 전통적인 인사법이다. 이런 인사법에 대하여 우리나라 사람은 어색함을 느끼겠지만, 서양의 사교모임 등에서 기혼 여성에 대한 존경의 뜻으로 여성의 손에 남성이 가볍게 입맞춤하는 인사는 자연스럽게 여겨졌다.

그러나 오늘날에는 미국은 물론 영국의 왕실에서조차 이런 행위가 구태의연한 관습으로 여겨져 많이 사라졌지만, 유럽이나 라틴계 중남미국가에서는 아직도 행해지는 인사법 중 하나이다.

2) 포옹

포옹(embrace)은 반가움과 친밀함을 담아 온몸으로 표현하는 애정의 표시이지만, 원래 만남에 대한 즐거움을 자연스럽게 교감하는 인사법이다. 라틴계나 슬라브계 나라에서 가까운 친구나 부모 형제가 오래간만에 만나면, 서로 껴안고 볼에 키스를 하면서 반가워한다. 악수보다는 훨씬 깊은 애정의 표현으로 보기에도 좋고 아주 다정스럽다. 악수보다는 훨씬 더 사교적인 방법에 속한다.

2. 소개순서

사회생활에서 사교의 시작은 만남에서 비롯된다. 이러한 만남에 있어서 그 중간 역할을 하는 것이 소개(introduction)다. 사람을 처음 만났을 때 받은 인상은 오랫동안 기억에 남는 법이다. 그래서 사교사회에서는 사람을 소개하는 형식과 예를 매우 소중하게 여긴다. 소개할 때 염두에 두어야 할 것은 소개하는 순서 및 올바른 악수자세 등이다.

1) 소개순서

소개는 사교의 시작이라고 할 수 있는데, 이러한 소개에는 순서가 있다. 따라서 소개하는 순서의 기본사항을 익혀두면 사교의 폭을 더욱 넓힐 수 있다. 소개할 때 염두에 두어야 할 내용은 다음과 같다.

소개순서

소개순서	후배를 선배에게 소개한다.
	연소자를 연장자에게 소개한다.
	이성 간에는 남성을 여성에게 소개한다.
	미혼인 사람을 결혼한 사람에게 소개한다.
	지위가 낮은 사람을 높은 사람에게 소개한다.
	직장에서 소개할 때는 자기회사 직원부터 소개하고, 복수인 경우에는 상사부터 순서대로 소개한다.
	집안 식구의 경우에는 중요 인물이거나 여성일지라도 자기 식구를 다른 사람에게 먼저 소개하는 것이 예의이다.

소개순서	중요한 인물에게 덜 중요한 인물을 소개한다. 이 경우 기준이 모호하여 제대로 지키기가 어렵다. 또한 남성이 아무리 중요한 인물이라 하더라도 지위가 유달리 높은 경우가 아니면, 여성을 먼저 남성에게 소개하는 것은 실례가 된다.

2) 소개매너

소개를 할 때는 성직자 · 연장자 · 선후배 · 기혼자 · 미혼자 등 계층이 매우 다양하므로 유념하지 않으면 안 된다. 소개할 때 지켜야 할 매너는 다음과 같다.

소개매너

소개매너	동성끼리 소개받을 때에는 모두 일어선다.
	소개를 받았다고 곧바로 손을 내밀지 않는다.
	남성이 여성을 소개받을 때는 반드시 일어선다.
	악수나 간단한 목례 시에는 얼굴에 미소를 띤다.
	여성이 남성을 소개받을 경우 반드시 일어날 필요는 없다.
	연장자가 악수 대신 간단히 인사를 하면 연소자도 이에 따른다.
	파티를 주최한 호스티스(hostess)의 경우에는 상대방이 남성이라도 일어나는 것이 예의이다.
	연소자가 연장자에게 소개되었을 때는 상대방이 악수를 청하기 전에 손을 내밀어서는 안 된다.
	외국인 부부를 소개받은 경우, 동성 간에는 악수를 하고, 이성 간에는 간단한 목례로 대신한다.
	성직자나 연장자, 그리고 자신보다 지위가 매우 높은 사람을 소개받을 때는 남녀에 관계없이 일어서는 것이 원칙이지만, 환자나 노령인 경우에는 예외이다.

제 05 장
근무매너

제1절 복장과 몸가짐

직장에서는 활동하기 쉽고 불편하지 않은 복장이 좋다. 유행을 중시한 나머지 걷기 힘든 구두나, 너무 지나치게 화려한 디자인의 복장은 금물이다. 직장의 분위기에 맞는 청결하고, 편한 복장을 착용해야 한다.

최근 직장에서는 캐주얼웨어(casual wear) 등 비교적 복장이 자유로워졌지만, 갑작스런 접대나 타사의 방문 등 언제 어떠한 일이 생기더라도 대응할 수 있는 상식적인 복장의 준비가 필요하다.

아무리 헤어스타일이 단정해도 비듬이나 기름기 있는 머리, 부스스한 머리는 금물이다. 남성은 때가 낀 셔츠나, 정리하지 않은 수염 등도 물론 금물이다. 불결함이나 흐트러진 인상을 고객에게 주지 않도록 주의한다. 또한 여성은 지나친 화장이나 매니큐어(manicure)도 피해야 한다. 액세서리(accessories) 또한 마찬가지이다.

1. 직장남성의 차림새

1) 머리 · 얼굴

머리는 청결함이 가장 중요하며, 정리하지 않은 수염 등은 물론 금물이다. 불결함이나 흐트러진 인상을 고객에게 주지 않도록 주의해야 한다. 머리는 자주 이발하고, 항상 깔끔하게 빗질하며, 앞머리는 이마를 가리지 않도록 한다.

그리고 옆머리는 귀를 덮지 않도록 하고, 뒷머리는 와이셔츠 깃을 덮지 않도록 한다. 매일 아침 면도를 하고, 치아를 깨끗이 닦는다. 특히 입 냄새를 주의하고, 미소 띤 밝은 얼굴을 유지한다.

2) 복장

활동하기 편하고 주위로부터 호감을 사는 복장을 해야 한다. 구깃구깃한 양복을 입고 있다면 단정하지 못한 사람으로 생각될 것이고, 면접을 보는 사람이라면 면접관에게 아무래도 좋은 점수는 받기가 어려울 것이다.

일반 직장인의 복장은 명확하게 정해진 것은 없지만, 한 가지 공통점은 주위로부터 호감을 살 수 있는 옷차림에 신경을 써야 한다는 것이다. 색상은 청결한 인상을 준다면 특별히 문제가 없다. 무난한 것은 검정이나 감색, 어두운 회색 등의 양복이 좋다. 상의의 소매는 소맷부리에서 와이셔츠가 1센티 정도 보이는 길이가 적당하다.

물론 정해진 유니폼을 입고 근무하는 호텔 · 항공사 · 외식업체 등에 종사하는 분들은 깔끔하게 착용하면 된다. 그러나 유니폼에 비듬이 떨어졌거나 더러워졌을 때는 주의해야 한다. 항상 솔질하는 것을 잊지 않도록 한다.

3) 와이셔츠

와이셔츠는 긴 팔이 기본이며, 여름이라고 해서 반팔 와이셔츠를 입으면 캐주얼한 인상을 주게 된다. 목 언저리의 형태는 레귤러 타입(regular type)이 기본이다. 목 언저리가 지나치게 헐렁하면 단정하지 못한 인상을 주게 되므로 꽉 맞는 사이즈를 선택해야 한다.

일반적으로 블루 · 핑크 · 화이트 등의 컬러가 무난하다. 그리고 와이셔츠의 목 언저리나 소맷부리는 더러워질 수 있으므로 매일 갈아입어야 한다. 때가 낀 와이셔츠의 착용은 고객에게 나쁜 인상을 줄 수 있다.

4) 넥타이

여성에 비해 개성을 연출하기 어려운 것이 남성의 비즈니스 패션이다. 그러나 가장 손쉽게 자기주장을 할 수 있는 것이 넥타이일 것이다. 숨김없이 감각을 보여줄 수 있다면, 호감도가 올라갈 수 있다. 적어도 1주일 동안 번갈아 가면서 맬 수 있을 만큼 준비하는 것이 좋다.

무난한 것은 무늬가 작은 타입이 좋다. 그러나 니트타이나 화려하게 인화된 무늬는 피해야 한다. 넥타이의 길이는 벨트의 버클이 가릴 정도로 조절하고, 넥타이핀을 꽂을 경우에는 와이셔츠 위에서 다섯 번째 단추 근처에 꽂는 것이 좋다.

5) 바지 · 벨트

바지 길이는 너무 길어도, 너무 짧아도 안 된다. 서 있는 상태에서 옷자락 앞부분이 구두의 발등에 닿을 정도의 길이가 되는 것을 선택한다. 또한 동전을 바지 주머니에 넣고 다니면 걸을 때마다 소리가 나서 좋지 않다. 동전의 경우 동전지갑을 사용하면 편리하다. 양복의 주름은 항상 빳빳하게 다림질해서 입는다. 벨트는 크거나 화려한 버클을 부착한 타입이나 캐주얼한 것은 피하는 게 좋다.

6) 구두 · 양말

구두는 항상 윤기가 나도록 깨끗하게 닦고, 끈이 달린 구두를 선택한다. 색상은 검정이나 짙은 갈색이 좋다. 비 오는 날 외출했다가 신발에 흙이 묻은 채로 사무실을 활보하는 것은 실례가 된다. 구두의 흙을 말끔히 터는 것이 매너이다. 그리고 양말은 검정색도 좋지만, 양복과 같은 계통의 것을 선택한다. 정장에 흰색 양말은 신지 않는다.

7) 남성의 용모 · 복장 체크리스트

남성은 〈표 5-1〉과 같이 ① 머리, ② 얼굴, ③ 와이셔츠, ④ 넥타이, ⑤ 상의, ⑥ 바지, ⑦ 손, ⑧ 양말, ⑨ 구두, ⑩ 가방, ⑪ 지갑 등 용모와 복장 등을 단정히 하고 출근해야 한다,

표 5-1 남성의 용모 · 복장 체크리스트

구 분		체 크 사 항	등 급		
			A	B	C
복장	머리	앞머리는 눈을 가리지 않았는가?			
		잠을 잔 흔적은 없는가?			
		비듬은 없는가, 냄새는 안 나는가?			
	얼굴	깨끗하게 면도를 하였는가?			
		입 냄새는 안 나는가?			
		눈은 충혈되지 않았는가?			
	와이셔츠	목 언저리나 소매 부분은 더럽지 않은가?			

복장	넥타이	색상, 무늬 등 색 배합은 적당한가?			
		다림질은 잘 되어 있는가?			
		때, 얼룩, 구겨짐은 없는가?			
		삐뚤어졌거나 풀어지지 않았는가?			
		양복과 와이셔츠에 잘 어울리는가?			
		넥타이 길이는 적당한가?			
	상의	너무 화려하지 않은가?			
		단추는 잘 잠겨 있는가?			
		주머니가 불룩할 정도로 많이 넣지 않았는가?			
	바지	다림질이 잘 되어 있는가?			
		벨트가 너무 꽉 조여 있지 않은가?			
손		손톱이 길지 않은가?			
		용변 후 손을 꼭 씻는가?			
양말		양말은 신었는가?			
		매일 갈아 신는가?			
		양복이나 구두 색상과 잘 맞는가?			
구두		잘 닦여 있는가?			
		굽이 닳지 않았는가?			
		색상이나 모양이 무난한가?			
가방, 지갑		형태가 망가지지 않았는가?			
		깨끗이 손질되어 있는가?			
		명함은 명함지갑에 들어 있는가?			

※ A등급 : 우수, B등급 : 보통, C등급 : 개선 요망

2. 직장여성의 차림새

1) 머리 · 얼굴

머리는 일하는 데 방해가 되지 않는 청결한 헤어스타일(hair style)이 좋으며, 윤기 있는 아름다운 머리카락을 유지해야 한다. 머리가 길면 인사할 때나 근무할 때 얼굴을 가릴 수 있으므로 단정하게 정리해야 한다.

특히 헤어스타일이 단정해도 비듬이나 기름기가 있는 머리, 부스스한 머리는 금물이다. 너무 진한 메이크업(makeup)은 나쁜 인상을 줄 수 있는데, 역으로 노 메이크업(no makeup)은 실례가 된다. 밝고 건강해 보이는 자연적인 메이크업에 신경을 써야 한다.

루주(rouge)나 매니큐어(manicure)는 새빨간 색이나 어두운색은 피하는 것이 좋다. 또한 화장을 고칠 때는 반드시 화장실을 이용한다. 사무실이나 지하철 · 버스 안 등 사람이 보는 앞에서 화장을 고치는 것은 금물이다.

2) 복장

우선 일하기 편한 복장이 중요한 포인트이다. 가슴이 너무 깊숙이 파인 블라우스(blouse)는 본인이 활동하기에 불편할 뿐만 아니라 주변 사람의 시선을 불편하게 만든다. 옷은 청결하고 활동하기 편한 것을 가장 먼저 생각하고, 그다음에 디자인을 선택한다. 길이가 너무 짧은 스커트나 몸의 디자인이 강조된 듯한 너무 꽉 맞는 스타일의 옷은 피하는 것이 좋다.

전술한 바와 같이 정해진 유니폼을 입고 근무하는 호텔 · 항공사 · 외식업체 등에 종사하는 분들은 깔끔하게 착용해서 입으면 된다. 그러나 유니폼에 비듬이 떨어졌거나 더러워졌을 때는 주의해야 한다. 항상 솔질하는 것을 잊지 않도록 한다.

3) 구두 · 스타킹

오랜 시간을 신고 있어도 피로하지 않을 타입의 신발을 선택하고, 정장에 어울리는 색상의 단정한 구두를 신는다. 구두는 발끝이 넓고, 굽도 그다지 높지 않은 것이 좋다. 또한 지나치게 발소리가 나지 않는 것으로 한다. 스타킹은 살색이 무난하지만, 옷과 어울리게 하려면, 회색이나 검정도 좋다. 파손에 대비해서 항상 예비로 휴대하는 것이 좋다.

4) 액세서리 · 향수

일을 방해하는 듯한 큼직한 귀고리나 브로치 · 반지 등은 직장에서는 피해야 한다. 장식을 할 때는 작은 보석이 박힌 것이나 금 · 팔찌 등의 귀금속만으로 된 심플한 타입을 선택한다. 액세서리(accessories) 또한 마찬가지이다. 너무 화려한 액세서리는 비즈니스에 어울리지 않는다.

특히 주렁주렁 달린 액세서리는 일할 때 거추장스럽다. 향수는 사용하지 않는 것이 원칙이나, 꼭 사용할 경우에는 향이 은은하고 무난한 것을 선택한다.

5) 핸드백

핸드백은 지나치게 화려하지 않는 것이 좋으며, 깨끗하게 손질되어 있어야 한다. 그리고 옷의 색깔과 자기의 체형에 따라 선택하고, 구두의 색상과 어울리는 것이 좋다. 특히 핸드백 속 소지품은 잘 정리해서 가지고 다녀야 한다.

6) 스카프

스카프는 여성의 아름다운 외양을 변화시키는 데 다양한 역할을 한다. 고급 스카프는 무늬가 아름다워 기본 색상과는 거의 잘 어울리게 되어 있다. 그러나 키가 작은 여성은 등을 감싸는 큰 스카프는 하지 않는 것이 좋다.

7) 공식적인 모임에 참석할 때의 차림새

상사를 모시고 공적인 모임에 참석할 때 너무 캐주얼한 의상을 착용하는 것은 바람직하지 못하다. '옷이 날개'라는 말이 있듯이, 모임의 분위기를 고려하지 않은 옷은 아무래도 날개가 될 수는 없을 것이다.

8) 여성의 용모 · 복장 체크리스트

여성도 남성과 마찬가지로 〈표 5-2〉와 같이 ① 머리, ② 화장, ③ 복장, ④ 손, ⑤ 스타킹, ⑥ 구두, ⑦ 가방, ⑧ 지갑, ⑨ 액세서리 등의 용모와 복장 등을 단정히 하고 출근해야 한다.

표 5-2 여성의 용모 · 복장 체크리스트

구 분	체 크 사 항	등 급		
		A	B	C
머리	머리가 청결하고 손질이 잘 되어 있는가?			
	일하는 데 적합한 머리형인가?			
	앞머리가 눈을 가리지 않는가?			
	유니폼에 잘 어울리는가?			
	머리핀이나 액세서리가 너무 눈에 띄지 않는가?			
화장	밝고 건강한 느낌을 주는가?			
	립스틱 색깔은 적당한가?			
복장	유니폼이 구겨지지 않았는가?			
	유니폼에 얼룩은 없는가?			
	다림질은 잘 되어 있는가?			
	스커트의 단 처리가 깔끔한가?			

복장	어깨에 비듬이나 머리카락이 붙어 있지 않은가?			
	출퇴근 시의 복장은 단정한가?			
손	손톱의 길이는 적당한가?			
	손은 깨끗이 잘 관리하고 있는가?			
스타킹	색깔은 적당한가?			
	올이 풀리거나 늘어지지는 않았는가?			
	예비 스타킹을 가지고 있는가?			
구두	깨끗이 닦여 있는가?			
	모양이 찌그러지지 않았는가?			
	뒤축이 닳아 있지는 않은가?			
가방 · 지갑 액세서리	목걸이는 적당한가?			
	반지는 너무 눈에 튀지 않는가?			
	업무에 방해되는 액세서리는 없는가?			

※ A등급 : 우수, B등급 : 보통, C등급 : 개선 요망

3. 직장인의 바른 자세

올바른 자세는 몸이 안정되어 피로하지 않고, 또한 고객에게 당당한 인상을 주게 된다. 자세를 좋아 보이게 하는 포인트는 등을 바르게 펴는 것이다. 서 있을 때나 앉아 있을 때도 자세를 바르게 한다. 걸을 때는 등을 바로 펴는 것이 중요하다.

발끝은 진행방향으로 똑바로 향하고, 양발은 나란히 걷는다. 발을 내딛을 때는 발끝뿐만 아니라 허리에서 허

벅지를 앞으로 내밀면 경쾌한 느낌이 든다. 바른 자세 포인트는 〈표 5-3〉과 같다.

표 5-3 바른 자세

항목	내용
남성의 바른 자세	턱을 강하게 당긴다.
	어깨의 힘을 뺀다.
	등을 바르게 편다.
	배를 바짝 당긴다.
	양 팔꿈치를 붙이고 발끝을 45도 정도 벌린다.
	시선은 수평을 하거나 약간 아래로 내린다.
	팔은 자연스럽게 아래로 하고 손끝을 모은다.
여성의 바른 자세	턱을 당긴다.
	어깨의 힘을 뺀다.
	등을 바르게 편다.
	배를 바짝 당긴다.
	팔은 바르게 펴고 차려 자세를 한다.
	시선은 수평을 하거나 약간 아래로 내린다.
	양발은 30도 정도 벌린다.
옳지 못한 자세	허리를 흔들면서 걸을 때
	새우등 같은 동작으로 걸을 때
	배를 내밀거나 몸을 뒤로 젖히면서 걸을 때

제2절 근무매너

1. 출근 · 퇴근 · 결근

직장에 늦지 않는 것은 기본이며, 어떠한 사정이 생겼을 경우에는 신속하게 대응해야 한다.

1) 출근할 때

회사의 출근시간은 일을 시작하는 시간으로서, 그전에 출근하여 정각에 일을 시작할 수 있도록 해야 한다. 비즈니스맨에게 시간엄수는 모든 면에서 가장 중요한 매너이다.

2) 지각 · 조퇴 · 결근할 때

❶ 지각을 할 때는 서둘러서 연락을 취한다. 이유를 정확하게 설명하고, 몇 시 정도에 도착할 것인지를 전한다. 급한 용건이나 약속이 있을 경우에는 상사나 동료에게 조치를 부탁한다. 회사에 도착하면 상사에게 곧바로 달려가 지각사유와 사과를 한다.

❷ 조퇴를 해야 할 경우에는 조퇴이유가 생긴 시점에서 상사와 상의하고 허락을 받는다. 조퇴를 할 때는 동료에게도 인사를 한다.

❸ 결근을 해야 할 이유가 발생하면, 그 시점에서 이야기를 하고 업무에 대한 정리를 해놓는다. 예측하지 못했던 급한 병으로 결근하는 경우에는 다른 직원들이 출근하는 시간을 기다려서 신속하게 연락을 취한다.

3) 퇴근할 때

퇴근시간이 되면, 그날의 업무를 마무리하고, 내일의 업무준비를 미리 정리한다. 책상 위는 항상 깨끗이 정리한 뒤 인사를 하고 퇴근한다. 할일없이 회사에 남아 빈둥거리는 것은 삼간다.

2. 사내 인사매너

직장에서 즐거운 마음으로 업무를 진행하기 위해 밝고 힘차게 인사를 해야 한다.

1) 상사 · 선배 · 동료에게

아침에 출근하면 먼저 밝은 목소리로 "안녕하십니까?" 하고 인사를 한다. 지각했을 경우에는 "늦어서 죄송합니다." 하고 사과를 한다. 지하철 · 버스 지연 등의 이유라도 반드시 이야기를 한다.

상사나 선배를 통로에서 마주칠 경우 가벼운 인사나 목례를 한다. 근무가 끝났을 경우에 "먼저 실례하겠습니다"라고 인사한 뒤 퇴근한다.

2) 고객 · 중역에게

중요한 방문객이나 중역과 통로에서 마주쳤을 경우에는 한쪽 편에 멈춰 서서 인사를 하고, 지나갈 때까지 기다린다. 통상적인 방문객인 경우에는 가벼운 인사나 목례를 한다.

3) 외출할 경우

외출할 때는 상사와 동료에게 "다녀오겠습니다." 하고 행선지 · 목적 · 귀사

시간을 구두나 보드에 메모하여 알려둔다.

3. 근무매너

근무매너는 직장의 인간관계 속에서 자신을 연마하고 성장하는 데, 매우 중요한 역할을 한다.

1) 근무태도

근무 중일 때는 무엇보다 겸손하고 정직한 태도가 가장 중요하다. 누군가 자신을 찾으면 "예"라고 대답하고, 설명을 들을 때는 메모를 한다. 항상 자신의 입장과 상대방의 입장을 고려하여 팀워크(teamwork)를 생각한다. 정확한 언어 사용과 진지한 업무자세, 그리고 시간엄수가 기본이다. 점심시간이 종료되면 업무를 재개하고, 공과 사를 구분하여 업무시간 중에는 사적인 화제나 전화는 가급적 삼간다.

2) 업무의 진행방법

상사로부터 지시가 있을 때는 그 지시의 내용 · 일정 · 비용 · 우선순위 등을 확인한다. 만약 모르는 부분이나 의문점이 있으면, 설명이 끝나거나 시간이 있을 때 질문을 하거나 의견을 구한다.

곤란한 일이나 어려운 문제는 혼자서 고민하지 말고, 조직의 일원으로서 상사나 선배와 상의한다. 단, "어떻게 하지요?"라고 묻지 말고, 자기 나름대로의 생각을 정리하여 둔다.

또한 자세한 경과보고 · 연락 · 상담 등을 통해 업무를 원만하게 진행할 수 있도록 한다. 실수나 문제를 일으켰을 경우에는 시간을 지체하지 말고, 정직하게 보고하고 상사의 지시를 기다린다. 책임회피를 위한 변명은 자신이 초라해지는 것은 물론 신뢰마저 잃게 된다.

3) 근무 중 체크포인트

근무 중 체크포인트는 〈표 5-4〉와 같다.

표 5-4 근무 중 체크포인트

체 크 항 목	예	아니오
책상은 항상 정리정돈이 잘 되어 있습니까?		
책상서랍 속은 항상 정리정돈이 잘 되어 있습니까?		
자리를 뜰 때는 의자를 제자리에 넣고 있습니까?		
외출할 때는 행선지, 용건, 귀사시간을 기록해 두고 있습니까?		
근무시간에 잡담하는 경우는 없습니까?		
손윗사람에게 양해를 구하고 담배를 피웁니까?		
부하직원에게 개인적인 심부름을 시키지는 않습니까?		
담배를 피우면서 또는 주머니에 손을 넣고 다니지는 않습니까?		
사무실에서 뛰어다니는 경우는 없습니까?		
방문객이나 윗사람 앞에서 등을 기대고 앉는 경우가 있습니까?		
술을 마시고 사무실에 들어오는 경우가 있습니까?		
근무시간이 지났다고 해서 사무실에서 바둑이나 장기 등의 놀이를 하는 경우가 있습니까?		
동료 간에 금전거래를 자주 합니까?		
상사가 부르면 바른 자세로 긴장된 몸가짐을 하고 있습니까?		
보행 중 또는 사무실에서 껌을 씹는 경우가 있습니까?		

근무시간 중에 신문, 잡지를 보거나 손톱을 깎는 경우가 있습니까?		
구두소리를 요란하게 내며 걷거나 사람을 큰 소리로 부르는 경우가 있습니까?		
대화할 때 조용하게 말하고 있습니까?		
회의나 약속시간 또는 출근시간에 5, 6분 일찍 도착합니까?		
퇴근 시 책상 고무판 밑이나 책상 위 또는 주변을 정리정돈하고 퇴근합니까?		
외출 또는 퇴근할 때 상사에게 말합니까?		
휴지나 담배꽁초가 보이면 스스로 줍습니까?		
상사가 없을 때 책상 위에 결재서류를 불손하게 놓는 경우가 있습니까?		
점심시간을 잘 지키고 있습니까?		
많은 사람 앞에서 부하에게 핀잔 주는 경우는 없습니까?		
상사의 옆자리에 와서 이야기할 때 껌을 씹거나 담배를 피우는 경우는 없습니까?		
근무 중에 친구가 찾아왔을 때 장황한 이야기를 하거나 시간을 낭비하는 경우는 없습니까?		

제3절 인간관계

전술한 바와 같이 회사라고 하는 조직 속에서는 절도와 구분을 잊지 말고, 항상 사람들과 화목하게 지내야 한다.

1. 동료 · 후배 · 상사와의 인간관계

1) 동료에 대하여

동료는 긴장하지 않아도 되는 편안한 친구이자 선의의 경쟁자이다. 친한 사이라고 하더라도 업무와 프라이버시(privacy)는 별개이다. 예의를 지키면서 인사와 언어의 사용을 정중히 한다. 함께 있을 때 뒤에서 회사나 상사에 대한 욕을 하지 않도록 선을 긋는다. 또한 발목을 잡는 듯한 태도는 언젠가 자신에게도 돌아온다는 것을 명심해야 한다.

2) 후배에 대하여

후배라고 해서 위압적인 태도나 명령조의 말투는 피한다. 지시할 때는 전체의 흐름과 함께 일의 내용이나 의미를 알기 쉽게 설명한다. 주의를 줄 때 본인에게 수치심을 느끼게 한다든가 낙담하지 않도록 배려하는 것이 필요하다.

3) 상사와 선배에 대하여

누군가 자신을 찾으면 곧바로 대답하고 바라본다. 지시나 명령은 그대로 받아들이는 것이 기본이다. 다른 일로 인하여 일이 많을 때는 거절할 것이 아니라 상사와 상담해서 우선순위를 정한다.

너무 어렵고 무리라고 생각되는 업무라도 그 자리에서 거절하지 말고, 어떠한 점이 자신에게 어려운지, 무엇이 무리인지 구체적으로 상담해서 지시를 받아들인다. 그리고 주의를 받았을 때는 싫어하는 얼굴을 할 것이 아니라 우선 사과부터 한다. 이의(異議)나 의문이 있으면 시간을 갖고서 질문의 형태로 냉정하게 의견을 말해본다.

업무는 지시된 일 이상의 마무리나, 플러스 알파의 항목이 어우러져 비로소 충분히 평가된다. 진행상황의 보고도 잊지 않도록 한다.

2. 동료 · 후배 · 상사와의 술자리

1) 동료와의 술자리

마음이 맞는 동료와의 교제는 즐거운 일이지만, 과음으로 지각하는 일이 없도록 주의해야 한다. 특히 회사와 상사에 대한 험담 · 불평 등에 대해서도 주의해야 한다.

2) 후배와의 술자리

선배로서의 품격을 유지하고 잘난 척하거나 무리하게 술이 강한 척을 하지 않는다. 후배가 여러 명일 경우에는 각자의 취향을 고려해서 술이나, 요리의 선택에 있어 이것이라고 정하지 말고 배려를 한다. 사적인 화제에 너무 깊게 들어가지 말고 상대방의 이야기를 들어주는 태도가 중요하다. 후배에게 술자리를 권한 경우에는 자신이 술값을 지급한다.

3) 상사 · 선배와의 술자리

장소에 따라서는 상석과 일반석이 있으므로 사전에 확인한다. 근무시간 외에도 입장이 다름을 구분하는 것이 중요하고, 과음이나 과식도 삼간다. 또한 술자리이기 때문에 괜찮을 것으로 생각하면 큰 실수를 범하는 것이다.

상대방이 술값을 지급할 때는 카운터에서 "괜찮으십니까?" 하고 묻는다. 상대방이 "아, 괜찮아"라고 한다면 문밖에 나와서 "잘 먹었습니다." 하고 인사를 한다.

제4절 회의진행과 접견매너

1. 회의진행

1) 회의준비

회의를 할 때는 만나서 무엇을 할 것인지 목적의식을 정확히 해두어야 한다. 회의에서는 토론을 통해 의사결정을 이끌어내기도 한다. 또한 단순한 승인을 얻어내는 등 여러 가지의 성격이 있다. 각각의 목적을 분명히 하여 효율적으로 진행할 수 있도록 준비해야 한다.

또한 의제와 날짜가 정해지면 회의장을 확보한다. 회사에서 진행하는 경우에는 필요하다면, 회의장 안내도를 준비해 첨부자료로서 회의 안내문에 동봉(同封)한다.

2) 회의진행

회의장에서는 출석과 결석을 확인하고, 당일 자료를 배포한다. 사회자는 정각에 회의를 개시하고, 정각에 종료하는 것을 유념한다. 사회자(또는 의장)는 회의의 의제마다 검토내용을 정리하여 의제로부터 벗어날 경우 궤도수정을 하고, 참가자에게 발언의 기회가 균등하게 돌아가도록 한다. 그리고 참가자는 의사진행에 협력하고, 자신의 입장을 정리하여 의견을 명확히 발언한다.

3) 발언할 때

회의진행 순서에 주의하면서 요점을 정확히 발표한다. 회의는 의견을 교환하는 장소이므로 가급적 감정을 자제하고 다른 사람의 입장과 생각도 존중한다.

회의 중에는 반드시 메모를 하고, 사적인 이야기는 금물이다. 또한 회의 중에 자리를 비우는 것은 삼가야 하지만, 꼭 자리를 비워야 할 경우에는 방해가 되지 않도록 조용히 나간다.

2. 접견할 때

좌석배치는 신분이나 직위에 따른 격식이라기보다는 합리적인 비즈니스 매너라고 인식하도록 한다.

1) 접견 시 좌석배치

좌석배치의 기본은 출입구에서 가까운 쪽이 낮은 자리(말석)다. 방문한 사람은 낮은 자리에 앉는 것이 매너이다. 접견실 등에는 3명이 앉는 긴 자리와 1인용 팔걸이의자 2개가 마련되는 것이 일반적이다.

이 경우 3인용 자리가 방문객의 자리로, 이 중에서도 순서는 역시 출입구 가까운 쪽이 낮은 자리이다. 1인용 팔걸이의자가 출입구 가까이에 있어도 방문객은 긴 의자에 앉는 것이 기본이다. 1인용 팔걸이의자의 경우도 출입구를 기준으로 생각한다.

2) 회의 시 좌석배치

회의 시 상석과 말석의 기준이 되는 것은 출입구의 위치이다. 출입구로부터 제일 먼 가운데 자리가 의장석이고, 출입구에 가장 가까운 자리가 말석이다. 어려운 것은 의장 다음 서열의 자리인데, 출입구로부터 먼 쪽의 의장석 옆자리가 넘버 2의 자리가 된다. 그리고 의자의 왼쪽이냐 오른쪽이냐는 출입구 위치에 따라서 결정된다.

의장석의 양 사이드가 출입구로부터 똑같은 경우에는 의장의 오른쪽이 넘버 2의 자리가 된다. 넘버 3 이하는 의장을 중심으로 좌우로 나누어 앉도록 하는데, 출입구를 참고로 자리를 결정한다.

3) 음료 접대

접대 순서는 고객이 우선이고, 고객 중에서도 상사부터 대접한다. 쟁반은 일단 테이블 끝에 놓아두고, 차는 두 손으로 받쳐서 고객 옆에 조용히 놓는다. 쟁반을 놓아둘 곳이 없을 경우에는 든 채로 서빙하는 것도 괜찮다. 이때 서류를 적시지 않도록 주의한다.

❶ 적당한 시간에 차를 낸다. 차를 내는 시간이 정해져 있다면, 때를 맞추어 내는 것이 중요하다.
❷ 노크를 두 번 가볍게 하고, '실례합니다'라는 말과 함께 목례를 한 다음 응접실로 들어간다.
❸ 문을 조용히 닫은 다음 쟁반은 가슴 높이로 하고 인사를 드린다.
❹ 쟁반은 보조 테이블에 내려놓는다.
❺ 쟁반 가까운 쪽으로부터 차를 낸다. 받침접시를 오른손으로 쥐고, 왼손으로 받쳐 두 손으로 정중하게 손님 앞으로 옮긴다.
❻ 상석부터 한 사람씩 차를 낸다. 찻잔을 내려놓는 위치는 손님의 정면에서 약간 우측, 테이블 끝에서 10㎝가량 안쪽이 적당하다. 커피 잔의 경우 손잡이는 손님이 보는 방향에서 오른쪽으로 향해야 하며, 티스푼은 받침 접시의 오른쪽에 놓는다.

❼ 차를 다 낸 다음에는 쟁반의 표면이 몸 쪽을 향하도록 하여 두 손으로 쥔 다음 인사를 한다.

❽ 인사를 한 다음에는 고객에게 등을 보이지 않도록 하고, 뒤로 물러서듯 조용히 나오며, 고객이 보지 않더라도 문 앞에서 다시 한 번 목례를 한다.

4) 고객 배웅

예정도 없이 찾아오는 영업사원 등이 아니라면, 자사를 찾은 고객이 일을 마치고 돌아갈 때는 배웅을 하도록 한다. 어디까지 배웅할 것인가는 고객의 입장과 업무의 관련성에 따라 달라진다. 너무 차이를 두지 않도록 한다.

고객이 사무실을 나갈 때까지, 또는 엘리베이터 문이 닫힐 때까지 배웅하는 것이 일반적이다. 고객에 따라 현관이나 정문, 경우에 따라서는 역까지 배웅하기도 한다.

배웅할 때는 고객이 자리에서 일어난 다음부터 시작한다. 고객보다 먼저 자리에서 일어나는 것은 빨리 가라고 재촉하는 것이므로 예의에 어긋나는 행동이다. 문은 배웅하는 쪽에서 열도록 한다. 헤어질 때는 "감사합니다" 등의 인사말을 정중히 한다.

5) 고객 응대 시 체크포인트

표 5-5 고객 응대 시 체크포인트

체 크 항 목	예	아니오
내가 회사를 대표하고 있다는 자세로 품위있게 고객을 응대하고 있습니까?		
고객이 해당부서를 찾지 못하고 있거나 머뭇거리고 있을 때 "무엇을 도와 드릴까요?"라고 말하고 있습니까?		
고객이 찾고자 하는 직원이 없을 때 친절하게 대해주고 있습니까?		

고객을 오래 기다리게 할 때 차나 신문, 잡지 등을 갖다드리고 있습니까?		
복잡한 사무실을 찾아가기 힘들 때 고객을 친절하게 안내하고 있습니까?		
고객이 서 있을 때 자신도 함께 일어서서 응대하고 있습니까?		
와이셔츠 차림으로 고객을 맞는 일은 없습니까?		
응접세트 주변을 항상 정리정돈하고 있습니까?		

3. 국외고객을 맞을 때

국외고객의 경우 우리 식으로 맞이하면 되지만, 사전에 종교나 문화의 차이를 익혀두도록 한다.

1) 문화의 차이와 매너

국가와 종교가 다르면 매너도 다르기 마련이다. 그 나라의 습관이나 종교, 문화상의 금기사항에 대하여 조사한 후 고객을 맞이할 계획을 세워야 한다. 하지만 우리나라에서 맞이하는 것이기 때문에 우리 식으로 하여도 무난하다.

특히 식사 중에 담배는 피우지 않도록 한다. 또한 입안에 음식물을 물고 있는 상태로 이야기하지 않는다. 또한 식사 중에는 큰 소리를 내거나, 상대방의 기분이 상하지 않도록 기본적인 매너를 잘 지키도록 한다.

2) 레이디 퍼스트

우리에게는 익숙해지기 쉽지 않은 습관의 한 가지인 레이디 퍼스트(lady first)는 서양에서는 기본적인 매너이다. 출입구에서는 여성을 우선으로 한다. 여성이 자리에 앉을 때는 의자를 빼주고 잡아주는 등의 기본적인 매너만이라도 지키도록 한다. 단, 비즈니스의 경우에는 여성이 불쾌감을 느끼지 않도록 임기

응변으로 재치 있게 대처한다.

3) 악수

악수는 윗사람이 먼저 손을 내미는 것이 매너이다. 상대방이 여성인 경우에는 남성이 윗사람일지라도 여성이 먼저 손을 내밀도록 한다. 소개할 때에는 아랫사람을 윗사람에게 먼저 소개하고, 여성은 지위 고하를 묻지 않고, 제일 나중에 소개하도록 한다.

4. 접대를 받을 때

접대(reception)는 회사의 대표로서 참가한 자리이다. 거만하게 굴지 말고 예의 바르고 겸손하게 행동한다.

1) 접대 의뢰가 있을 때

접대 의뢰가 있을 때 먼저 상사와 상의를 한다. 접대는 향후 회사와의 교제나 거래에 많은 연관성을 갖기 때문이다. 만약 거절할 때는 "안타깝지만, 일이 너무 많이 밀려 있어서…" 등의 업무핑계를 대면 무난하다. 거래의 예정이 없는 상대로부터 의뢰가 있을 경우라도 정중히 거절한다. 어떠한 경우라도 답변은 가능한 한 빨리 해준다.

2) 준수사항

먼저 약속시간에 늦지 않도록 한다. 그렇다고 해서 너무 빨리 가는 것도 곤란하다. 가급적이면 정시에 가도록 한다. 접대를 받는 입장이라고 해서 도도한 태도를 취하거나, 무리한 요구를 하는 것은 매너에 위반된다. 가급적이면 겸손하게 행동해야 한다. 술자리에서는 컨디션에 따라 무리하지 않고, 과음하지 않도록 주의한다. 특히 불필요하게 자사의 내부정보 등을 말하지 않도록 한다.

3) 사례의 인사를 전한다

돌아갈 때는 "오늘은 정말 잘 먹었습니다." 하고 인사를 한다. 그리고 다음날 전화로 인사하는 것을 잊지 말아야 한다.

5. 이메일 발송

최근 비즈니스에 없어서는 안 될 이메일(E-mail)은 상대방의 컴퓨터 환경을 배려하며 활용해야 한다.

1) 제목

이메일을 보낼 때는 반드시 제목을 붙이도록 한다. '알림', '연락사항' 등 일반적인 것으로부터 문서의 내용을 한눈에 알 수 있는 제목이 바람직하다.

2) 본문 쓰기

본문은 가능하면 간단하게 정리한다. 문장이나 내용이 달라지는 곳에서는 줄을 바꾸는 등 읽기 쉽게 쓰도록 한다. 편지와 같은 서두 인사말은 쓰지 않아도 되지만, 간단한 인사말을 쓰고 나서 본문에 들어가도록 한다. 문체 등은 편지에 비해 편하게 써도 무방하다.

3) 서명

이메일 끝에는 반드시 서명을 붙인다. 회사명 · 부서명 · 전화번호 등을 자동으로 설정해 두면 편리하다.

4) 상대방의 PC환경 배려

문서를 받는 상대방이 어느 정도의 빈도로 이메일을 확인하는지, 어느 정도의 데이터 크기까지 받을 수 있는지 확인한다. 왜냐하면 이메일 송수신의 컴퓨터 환경은 사용하는 사람에 따라 다르기 때문이다.

명함에 이메일 주소가 있어도 "이메일로 연락을 드려도 괜찮겠습니까?" 하고 확인하여 둔다. 또한 무턱대고 파일을 첨부하는 일은 피하도록 한다. 특히 용량이 큰 파일을 첨부할 때는 사전에 연락을 취하도록 한다. 첨부할 파일의 데이터 형식도 확인하도록 한다.

5) 회신하기

이메일의 답변은 가능한 한 빨리 한다. 결론이 금방 나오지 않더라도 그에 대한 뜻을 전달하는 답변을 해둔다. 이메일 프로그램에서 '회신'을 선택하면 자동으로 타이틀이 정해져 상대방의 이메일 본문이 남게 된다.

본문을 있는 그대로 남겨둔 채로 회신하는 것은 피해야 한다. 상대방 이메일의 내용 중 필요한 부분만을 남기고, 나머지는 삭제한 다음 회신을 쓰도록 한다. 제목도 내용을 알기 쉽게 바꿔 쓰도록 한다.

6) 바이러스 대책

이메일을 열기만 해도 감염되는 컴퓨터 바이러스(computer virus)와 바이러스 대책 소프트를 이용하고, 잘 모르는 첨부파일은 열지 않는 것이 중요하다. 만일, 자신의 컴퓨터가 바이러스에 감염된 것을 알고 있다면, 즉시 다른 관계자에게 연락하여 적절한 조치를 취할 때까지 인터넷과 이메일의 사용을 중지한다.

제 06 장
비즈니스매너

제1절 전화매너

1. 호감을 갖게 하는 전화

전화는 시각적인 요소를 배재한 채 고객과 만나게 되는 수단이 된다. 해서 전화는 음색과 음성의 크기 · 톤 · 속도 등의 청각적인 요인이 중요하게 작용한다.

자신의 음성으로 고객에게 좋은 이미지를 인식시키기 위해서는 음성을 다듬을 필요가 있다. 즉 전화를 걸거나 받을 때는 밝은 음색과 품위 있는 간결한 언어를 사용하거나, 정중한 태도를 통해 자신의 이미지를 전달해야 한다.

의사소통에 필요한 통신수단이 발달함에 따라 우리의 일상생활이 매우 편리해졌다. 특히 전화의 등장으로 인해 아무리 먼 곳에 있는 고객과도 대화를 할 수 있게 되어, 전화는 우리의 손과 발이 되어주고 있다.

그런데 전화는 고객의 얼굴을 직접 보지 않고, 대화를 하기 때문에 자칫 소홀해지기 쉽다. 게다가 전화는 보이지 않는 서비스로서, 고객과 목소리만으로 대하기 때문에 모든 정성을 기울여서 응대해야 한다. 다시 말해서 전화는 얼굴을 맞대고 이야기하는 언어 이상의 마음이 고객에게 전달되어야 하므로 말이 유일한 수단이 아님을 유념해야 한다.

1) 일방적인 전화는 상식에 어긋난다

고객에게 전화를 걸 때는 갑자기 용건을 꺼내지 말고, 우선 고객의 상황을 묻고 나서 자신의 용건을 말해야 한다.

❶ 고객이 바쁜 것 같으면, "나중에 다시 전화드릴까요?" 하고 의향을 확인한다.

❷ 바쁜 시간대에 전화를 했을 때는 "지금 이야기해도 좋습니까?" 하고 상황을 물어본다.

❸ 전화가 길어질 것 같으면, 이야기 중에 "전화가 길어질 것 같은데, 시간이 괜찮겠습니까?" 하고 상황을 물어본다.

❹ 전화는 거는 쪽에서 먼저 이야기를 해야 한다. 그러나 아무런 말이 없을 경우에는 "○○○씨댁 맞습니까?" 하고 확인을 해야 한다.

❺ 아침 일찍 전화를 걸었을 경우에는 "아침 일찍 죄송합니다." 밤 9시 이후라면, "밤늦게 죄송합니다." 휴일이라면, "쉬고 계신데 죄송합니다" 등 한마디 양해를 구하는 것이 좋다.

2) 결론을 먼저 이야기하고 짧게 마친다

전화를 걸기 전에 용건을 메모해서 빠트리지 않도록 요령 있게 말한다. 용건을 말할 때는 처음에 "○○건으로 전화드렸습니다"라고 말하고 나서 결론부터 이야기를 한다. 그 다음에는 메모를 보면서 요령 있게 결론과 이유를 설명한다.

3) 고객이 부재중일 때는 이쪽에서 다시 건다

고객이 외출 중이면 몇 시에 돌아오는가를 묻고, "그렇다면 ㅇㅇ시에 다시 전화드리겠습니다." 하고 약속한 뒤, 반드시 그 시간에 전화를 다시 한다. 한 번 더 걸었는데도 불구하고 부재중일 경우에는 "죄송합니다만, ㅇㅇ시쯤에 전화를 받고 싶다고 전해주십시오" 하고 말한 뒤, 자신의 이름과 전화번호를 알려준다.

4) 메시지를 부탁할 때는 정중히 한다

고객이 부재중일 때 다시 전화하기도 여의치 않을 경우에는 "죄송합니다만, 메시지를 부탁해도 괜찮겠습니까?" 하고 의향을 묻고 나서 메시지 내용을 간결하게 전한다. 단, 용건이 복잡할 경우에는 "메모해 주시면 감사하겠습니다만…" 하고 정중한 어조로 부탁하고, 메모가 끝나면 반드시 메시지 내용을 확인한다.

5) 전화를 건 쪽이 먼저 끊는다고 단정할 수는 없다

전화는 건 사람으로부터 "그럼, 실례하겠습니다"라고 말하고 먼저 끊는 것이 원칙이지만, 상대방이 고객이거나 윗사람일 경우에는 먼저 끊는 것을 확인하고 나서 끊는 등 그때그때 상황에 따라 대응한다.

6) 실례가 되는 전화

전화는 편리한 만큼 불편할 수도 있다. 전화매너는 편리함을 최대로 이용하고, 불편함을 최소로 줄이기 위해 꼭 필요한 것이다. 고객에게 실례를 범할 수 있는 전화는 다음과 같다.

실례가 되는 전화

실례가 되는 전화	불필요한 일이나 하찮은 일에 통화를 오래 끄는 경우
	고객 앞에서 턱과 어깨에 걸치고 통화하는 경우
	다른 사람의 전화를 받아주지 않는 경우
	전화 건 고객의 용건을 무시하는 경우
	고객이 한마디 하면 열 마디를 하는 경우
	고객 앞에서 개인적인 일로 통화를 길게 하는 경우
	고객이나 윗사람에게 전화할 때 본인이 직접 걸지 않는 경우
	자신의 이름을 밝히지 않고 "○○○씨 부탁합니다"라고 말하는 경우
	고객의 이름도 확인하지 않고, 자신의 이야기만 하는 경우
	고객의 상황을 듣지도 않고, 장시간 통화해 고객의 생활을 침해하는 경우
	일반적으로 전화를 건 쪽이 먼저 끊는 것이 보통이지만, 고객의 인사가 끝나지도 않았는데 끊는 경우

7) 사적인 통화는 금물

개인적인 통화는 업무시간 중에는 자제하도록 한다. 친구나 가족으로부터 전화가 오면 짧게 끝마친다. 만약 상대방이 길게 통화하길 원하면 "점심시간에 제가 전화드리겠습니다." 하고는 전화를 일단 끊는다.

만약, 급한 용무 같으면 조용히 휴게실이나 복도에서 휴대폰을 이용해 전화를 하는 것이 좋다. 고객 앞에서 사적인 전화를 자주 하면, 서비스의 본질이 흐려지게 된다.

8) 전화 거는 요령

표 6-1 전화 거는 요령

순 서	요 점	대화방법
번호를 누른다.	신호를 확인한다.	
자신을 밝힌다.	천천히, 확실하게	○○(사명) 영업부입니다. ○○의 ○○○입니다.
상대방을 확인한다.	상대방이 이름을 밝히지 않았을 때…	○○○씨 되십니까? ○○의 영업부입니까?
지명을 부탁한다.		죄송합니다만, 영업부의 ○○○씨를 부탁합니다.
인사를 한다.	성의를 다해서, 명랑하게	안녕하십니까? 항상 신세를 많이 지고 있습니다. 감사합니다.
용건을 이야기한다.	요령 있게, 순서대로	부탁(드릴 말씀)이 있습니다만…
내용이 잘 전달되었는지 확인한다.	상대방이 복창하지 않을 경우에는 복창해 주든가, 이쪽에서 요점을 반복한다.	다시 한 번 확인해 주셨으면 합니다만… 그럼, 잘 부탁드립니다.
마지막 인사를 한다.	이야기의 내용에 맞게	폐가 많았습니다. 연락을 기다리겠습니다. 죄송합니다. 실례가 많았습니다.
전화를 끊는다.	상대방이 전화를 끊으면 조용히 수화기를 내려놓는다.	

2. 호감을 주는 전화

전화는 고객서비스의 커뮤니케이션(communication) 도구로서 중요한 위치를 차지하고 있다. 따라서 호감을 주는 전화매너는 사업의 성패를 좌우할 만큼 중요하다.

전화를 받을 때나 걸 때의 좋은 음성과 자신감, 그리고 말하는 것이 차분하고 조리가 있으면 거래하고픈 마음이 생길 것이고, 신경질적이고 짜증스런 투로 말한다면, 고객이 주문하기 위해 전화를 했다가도 주문하고 싶은 마음이 달아날 것이다. 이렇듯 전화는 거는 방법과 태도에 따라 실례가 되거나, 고객의 기분을 상하게 할 수도 있다. 호감을 주는 전화매너는 다음과 같다.

1) 전화벨이 3번 이상 울리지 않도록 한다

전화가 걸려오면 일단 하던 일을 멈추고, 가능한 전화벨이 3번 이상 울리지 않도록 한다. 만약 전화벨이 5회 이상 울렸을 경우에는 "기다리게 해서 죄송합니다"라고 한 다음에, 자신의 이름을 밝히고 고객을 확인한다.

2) 직원이 부재중일 때는 어느 쪽에서 전화를 걸 것인지 확인한다

"공교롭게도 ㅇㅇㅇ씨는 지금 자리에 없습니다만…" 하고 대답한 다음, 다시 전화를 걸 것인지, 아니면 이쪽에서 전화를 할 것인가의 판단을 고객에게 확인한다.

3) 1분이 넘을 경우에는 전화를 일단 끊는다

고객이 잠깐 자리를 비웠거나 전화를 받을 수 없는 상황일 때가 있다. 이러한 경우 기다리게 하는 시간이 길어도 1분을 넘지 않도록 한다. 만약, 그 이상 길어질 경우에는 일단 끊고, 이쪽에서 다시 걸겠다고 이야기한다.

4) 메시지를 받을 때는 반드시 메모한다

전화기 옆에는 반드시 메모지와 펜을 준비해 두고 '누구에게', '누구로부터', '일시', '장소', '용건' 등을 간단히 적어서, 전화 받은 시간과 받은 사람의 이름을 적어 놓는다.

메시지를 메모했으면 정확을 기하기 위하여 반드시 중요한 '고유명사', '시간', '장소' 등을 복창하며 확인한다. 그리고 용건을 받은 자신의 이름을 밝히고, 고객이 전화를 끊는 것을 확인한 후에 수화기를 내려놓는다.

5) 자동응답전화

고객의 전화가 자동응답전화(answering machine)일 경우 그대로 끊지 않도록 한다. 수화기를 든 채로 이름과 용건을 간단하게 녹음한다. 항상 업무의 원활한 진행을 염두에 두는 것이 좋다.

6) 전화 받는 요령

표 6-2 전화 받는 요령

순 서	요 점	대화방법
수화기를 든다.	벨이 울리면 곧 왼손으로 받는다. 메모지와 펜을 준비한다.	
자신을 밝힌다.	교환을 통했을 땐 과명을 밝힌다. 다이얼 직통이면 사명을 밝힌다.	○○과입니다. ○○회사입니다.
상대방을 확인한다.	상대방이 이름을 밝히지 않았을 때…	죄송합니다만, 어느 분이십니까?

인사를 한다.		안녕하십니까? 항상 신세를 많이 지고 있습니다. 감사합니다.
용건을 묻는다.	요점을 메모한다.	
복창을 한다.	5W1H로 질문점을 확인한다.	확인하겠습니다. 복창하겠습니다. 반복하겠습니다.
마지막 인사를 한다.	용건에 맞는 인사를 한다.	잘 알았습니다. 감사합니다. 실례했습니다.
전화를 끊는다.	상대방이 전화를 끊으면 조용히 수화기를 내려놓는다.	

3. 스마트한 전화

전화는 여러 사람이 사용하는 기기(器機)이므로 자기만의 편의를 위한 전화 응대를 하기보다는 고객의 편의도 생각해서 전달내용을 간결하고 명확하게 해야 한다. 전화를 받을 때는 얼굴표정뿐만 아니라 자세 또한 중요하다.

전화는 어떻게 앉아 있느냐에 따라서 음성의 명확함 · 감도 · 생동감이 달라진다. 그러므로 고객에게 보이지 않는다고 해서 축 늘어지지 말고, 밝은 얼굴과 바른 자세로 말하는 연습을 해야 한다.

1) 다른 사람에게 전화를 돌릴 때

"잠시만 기다려주십시오. ○○○씨에게 전화를 돌리겠습니다"라고 말하고, 보류로 하거나 전화기를 손으로 눌러 소리를 막는다. 그리고 본인에게 "고객으로부터 전화입니다." 하고 누구로부터의 전화인지를 확실하게 전달한다.

혹시 고객이 이름을 밝히지 않을 경우에는 "실례합니다만, 성함이 어떻게 되십니까?" 하고 정중히 물어본다.

2) 전화가 도중에 끊어졌을 때

이야기 중에 무언가의 문제로 전화가 끊어졌을 때는 전화를 걸었던 쪽에서 다시 거는 것이 원칙이지만, 분명히 받는 쪽에서의 잘못일 경우에는 받은 쪽에서 다시 걸어 "저희 쪽의 문제로 전화가 끊어졌습니다. 죄송합니다." 하고 양해를 구한다.

3) 고객의 전화소리가 잘 들리지 않을 때

잘 들리지 않을 때는 "좀 멀게 들립니다." 하고 완곡히 표현한다. 그러나 "들리지 않는데요?"라든가, "크게 말씀해 주십시오." 등의 직접적인 표현은 고객의 이야기를 원망하는 것처럼 들릴 수도 있으므로 주의한다.

4) 본인이 다른 전화를 받고 있을 때

먼저 걸려온 전화를 먼저 받는 것이 예의이기 때문에 "지금 ○○○씨는 통화중입니다만, 잠시만 기다려주십시오" 하고 양해를 구한다. 전화가 금방 끝나지 않을 것 같을 때는 "통화가 길어질 것 같은데, 이쪽에서 전화를 드리라고 할까요?" 하고 고객의 의향을 묻는다.

5) 접객 중에 전화가 걸려 왔을 때

손님에게 "실례합니다." 하고 양해를 구한 뒤 전화를 받는다. 긴급한 용건이 아닌 경우에는 "죄송합니다만, 지금 고객이 와 계십니다. 잠시 후에 제가 전화를 드리겠습니다." 하고 양해를 구한 다음 전화를 끊는다.

6) 잘못 걸려온 전화를 받았을 때

잘못 걸려온 전화를 받았을 경우에는 번호를 잘못 누른 것만이 아니라, 전화번호 그 자체를 잘못 알고 있는 경우가 많다. 따라서 "잘못 걸었어요" 하고 불쾌한 듯이 끊지 말고, "몇 번으로 거셨어요?"라고 물어본 뒤 "전화를 잘못 걸은 것 같군요"라고 말하고, 고객의 잘못을 지적해 주는 것이 좋다. 전화에서 사용하는 경어는 〈표 6-3〉과 같다.

표 6-3 전화에서 사용하는 경어

바람직하지 않은 표현	바람직한 퓨현
그래요	그렇습니다.
알고 있어요.	알고 있습니다.
그대로예요.	바로 그렇습니다.
무슨 일이지요?	무슨 용건이십니까?
예, 뭐라고요?	죄송합니다만, 다시 한 번 말씀해 주시겠습니까?
잠깐 기다리세요.	잠시 기다려주십시오.
물어보고 오겠습니다.	여쭈어보고 오겠습니다.
자리에 없어요.	자리를 비우셨습니다.
나중에 전화 주세요.	나중에 전화를 주시겠습니까?

스마트한 전화매너

- 미리 메모를 준비한다.
- 전화는 필요할 때만 건다.
- 애매한 답변을 하지 않는다.
- 고객을 확인하고 인사를 한다.

제2절 대화매너

1. 말은 인격의 척도

모든 인간관계는 말로써 이루어진다. 말은 인간관계를 풍부하게, 마음을 여유롭게 해주는 윤활유인 것이다. 가족이나 교우관계는 물론 이성교제를 할 때나 사회생활을 할 때, 말은 사람의 마음과 마음을 맺어주는 다리 역할을 한다.

우리는 매일매일 타인과의 대화 속에서 살아간다. 그런데 그 대화라는 것이 항상 즐겁고 유쾌한 것만은 아니다. 때로는 서로 싸우고 헐뜯는 대화를 할 수도 있고, 또 때로는 다른 사람을 불행에 빠뜨리는 대화를 하기도 한다.

말은 상대방을 기쁘게 할 수도 있고, 자신의 적으로 만들 수도 있다. 즉 서로 사랑하고, 미워하고, 시기하고, 원망하는 모든 감정이 말을 통해서 생겨나는 것이다. 그러므로 말은 세상에서 가장 조심스럽고 신중하게 다뤄야 할 우리들 인격의 거울 같은 것이다. 특히 직장이라는 조직사회는 말도 많고 탈도 많은 곳이다.

무심코 뱉어낸 말 한마디 때문에 고객이나 동료 간에 오해가 생길 수도 있고, 상사와 부하직원과의 관계가 거북해질 수도 있다. 말은 그 사람의 인격이나 사회성을 나타내는 척도(尺度)가 되므로 다음과 같은 사항에 유념해야 한다.

실례가 되는 전화

실례가 되는 전화	상대방의 말을 잘 들어주는 사람이 말을 잘 하는 사람이다.
	말은 인간관계를 맺는 데 윤활유 역할을 하며, 상대방에 대한 배려로부터 시작된다.
	한자리에서 한 사람이 2분 30초 이상 이야기를 하지 않는 것이 좋다.

실례가 되는 전화	보통 1분 30초에서 1분 45초 이내에 490~500자가량으로 이야기를 끝내는 것이 좋다.
	말에도 맛과 멋이 있다. 같은 말을 하더라도 좀 더 호소력 있게 말할 수 있어야 한다.
	말을 조리 있게 잘 하는 것도 중요하지만, 상황에 따라 순발력과 융통성을 발휘해야 한다.

훌륭한 연사는 어떻게 말하는가?

- 서두를 힘 있게 시작하고, 긍정적으로 얘기한다.
- 항상 활기 있게, 신시하게, 자신 있게 말을 한다.
- 알기 쉬운 단어, 짧은 문장 등으로 구어체를 많이 쓴다.
- 청중에게 골고루 시선을 주면서, 시각적으로 묘사한다.
- 기쁘게 편리하게 말하며, 경험·사건·사례를 많이 든다.

2. 경어매너

예로부터 사람의 인품을 평가하는 기준으로 '인측신언서판(人測身言書判)'이라는 말이 있다. 즉 몸가짐 · 말씨 · 필체 · 판단력으로 사람을 평가하는 기준으로 삼는다는 말이다. 서양에도 말에 관한 격언이 많이 있다.

영국의 시인 · 극작가인 셰익스피어(Shakespeare)는 "인생을 망치지 않으려면 자신의 말에 신경을 써라"고 했다. 또한 말은 지위나 권력을 얻는 데만 필요한 것이 아니라 사교생활이나 비즈니스에도 큰 도움이 된다.

직장인의 스피치매너(speech manner)는 실력 · 외모와 함께 승진을 결정하는 중요한 요소로써 국제화 · 세계화 시대에 이러한 추세는 더 강화될 것이다. 따라서 당신이 어떻게 말하는가는 당신 자신의 성공과 회사의 번영을 좌우할 만큼 중요한 것이지만, 말을 정말 잘 한다는 것은 직장생활뿐만 아니라 불필요한 마찰을 피하고, 효과적인 커뮤니케이션(communication)을 하는 데 매우 중요하다고 본다.

1) 고객을 높여주는 존경어

존경어는 고객과 고객의 동작 · 상태 그리고 그 고객에게 속하는 것을 높여 표현하는 말이다. 표현의 방법은 다음과 같은 경우가 있다.

예) ○○○ 고객님, ○○○ 선생님, 잡수신다, 말씀하신다.
☞ 무턱대고 '어머님', '아버님'이라 부르는 것은 삼가야 한다.

2) 자신을 낮추는 겸손한 표현

자신의 동작 · 태도를 낮추어 표현함으로써 상대적으로 고객을 높이는 표현이다.

예) 저희, 저희들, 제가, 여쭙다, 뵙다, 드리다

3) 정중한 말은 품위 있는 아름다운 말

정중한 말은 격식 있는 분위기로 이야기할 때 사용하는 말로서 품위 있는 아름다운 말이다. 말끝에 '~ㅂ니다'를 붙인다.

예) 안녕하십니까? 보고 드립니다, 말씀해 주십시오.

4) 과잉 경어 사용은 오히려 해가 됨

경어(敬語)의 사용은 신중해야 한다. 자칫 고객을 기분 나쁘게 할 수 있으며, 잘못된 경어를 사용함으로써 오히려 사용하지 않은 것만 못한 경우가 생길 수 있으므로 매우 주의해야 한다. 경어에 익숙하지 않은 사람에게서 가끔씩 나타나는 과잉 경어 사용이 있다.

예) 주문하신 식사가 나오셨습니다. 환불이 안 되십니다.
☞ 여기서 '물건'은 높임의 대상이 아니다.

5) 자신의 상사는 대외적으로는 존경어를 사용하지 않는다

상사라고 해도 같은 회사의 사람은 사내사람이기 때문에 대외적인 사람과 자기의 상사에 대해 이야기할 때에는 존경어를 사용하지 않는다.

예) "김 부장님은 지금 자리에 안 계십니다", "저희 사장님께서 말씀하셨습니다" 라고 말하는 것은 온당치 않다.

즉 "김 부장은 지금 자리에 없습니다"라는 표현이 맞다. 다만, 상사의 가족이나 친지들과 이야기할 때는 존경어(尊敬語)를 사용한다.

6) 사장이 자신의 직속상관을 부를 때

윗사람에게 사용하는 단어는 주의해야 한다. 즉 윗사람에게는 "수고하세요"라는 말을 쓰면 안 된다. 또한 회사의 사장이 자신의 직속상관(예 : 김 부장)을 찾을 때는 '~십니다'를 붙여 서술어를 높이는 것도 무난하다.

예) "김 부장은 외출 중이십니다."

직장인이 지켜야 할 언어 에티켓은 다음과 같다.

언어 에티켓

언어 에티켓	부르면, '예'라고 대답하고, 그 사람 쪽을 본다.
	농담하거나 천한 말씨를 쓰지 않는다.
	상사와 동료의 호칭을 통일한다.
	항상 바른 경어를 사용한다.
	감사와 위로의 말을 자주 사용한다.
	업무 중인 사람에게 말을 걸 때는 기회를 봐서 한다.

3. 대화매너

자신의 생각을 어떻게 명확하고, 힘 있게 말하여 상대방을 움직이게 하는가에 따라 일의 성패가 나눠는 경우가 많다.

대화(conversation)를 어렵게 생각하다 보면, 사람 만나는 자리를 피하게 되고, 또 자주 피하다 보면 자기를 알릴 기회도 없이 고립됨으로써, 중요한 정보를 놓치는 경우는 물론 세인들로부터 점점 잊혀지는 사람이 되고 만다. 사실 편안하고 자연스럽게 대화한다는 것은 사람의 기본심리를 적용하면, 그렇게 힘든 것만은 아니다.

매력적인 말이란 바로 고객의 마음을 끄는 말을 뜻한다. 다시 말하면 진정어린 마음으로 고객의 관심을 자극하는 쪽으로 화제를 진행시키는 것을 의미한다. 인간은 자기 중심적이기 때문에 남의 일보다는 자기 일에 관심이 더 많고, 남의 얘기를 듣는 것보다는 자기 얘기를 하는 것을 더 좋아한다.

질문을 할 때는 진지하게 하고, 고객의 답변이 좀 장황해지더라도 끝까지 성실하게 들어주는 자세가 필요하다. 말을 시켜놓고 딴청을 하는 것은 결례

(缺禮)가 된다. 대화는 가장 느린 형태의 의사소통 방법이라는 말처럼 고객의 얘기를 충분히 듣고 이해하여 적절한 반응을 보인 후, 그다음 질문으로 들어가야 한다.

그러나 흔히 말하듯 말재주가 좋기만 하면 되는 것은 아니다. 어디까지나 예의 바른 태도로 올바른 생각을 알기 쉽게 전해야만 되는 것이다. 대화를 할 때 지켜야 할 주의사항은 다음과 같다.

대화 시 주의사항

대화 시 주의사항	말은 풍부한 화제와 화술을 쓰되, 거짓이 되지 않게 해야 한다.
	무언가에 쫓기는 듯 급하게 말하는 것은 피한다.
	애매하고 추상적인 언어 사용은 자제한다.
	말은 침착하고 간결하게 한다.
	말하는 자세를 바르게 한다.
	혼자서 아는 척해서는 안 된다.
	남의 말을 가로채서는 안 된다.
	외국어나 어려운 말은 삼간다.
	기분 좋은 말투를 사용한다.
	말을 하기보다는 듣기를 잘 해야 한다.
	항상 고객의 눈을 바로 보고 말한다.
	남의 비밀이 되는 것이나 싫어하는 것은 묻지 않는다.
	말을 할 때는 적당한 유머가 필요하다.
	고객의 기분에 동조할 수 있는 대화의 일치점을 찾는다.
	친한 사이에는 농을 해도 괜찮으나, 너무 지나친 농은 삼간다.

고객을 사로잡는 화술

- 첫마디는 재치와 유머 있게 하라.
- 짧게 설명하고 반응을 관찰한다.
- 얼굴에 미소를 띠면서 대화를 한다.
- 여럿이 대화할 때 순서를 지켜라.
- 고객을 이기려거든 칭찬을 해주어라.
- 고객의 말을 열심히 귀담아 들어준다.
- 개성 있는 대화, 개성 있는 얼굴을 한다.
- 소극적인 대화보다는 적극적으로 대화를 한다.
- 고객의 감정을 공유하는 방법으로 대화를 이끌어낸다.
- 핵심적으로 언급하고자 하는 내용을 가끔씩 반복해서 말해준다.

4. 발표매너

발표자는 발표를 할 때 적극적인 태도를 취하되, 듣는 고객에게 이롭지 못한 내용은 피하는 것이 좋다. 또한 흥미가 없어 보이는 이야기는 오래하면 바람직스럽지 못하며, 항상 상황에 알맞은 화제를 선택해야 한다. 발표 시 올바른 자세와 옳지 못한 자세는 다음과 같다.

발표 시 올바른 자세

올바른 자세	시선은 참가자 한 사람 한 사람을 향한다.
	상의의 단추는 채워서 복장을 단정히 한다.
	참가자에게 뒷모습을 보이지 않도록 한다.
	앞에 책상이 없는 경우에는 다리를 단정히 모은다.

발표 시 옳지 못한 자세

옳지 못한 자세	자료 등을 말아 쥐고 탁탁 치면서 발표할 때
	책상 등에 기대어 서서 발표할 때
	뒷짐을 지고 발표할 때
	몸을 움직이며 발표할 때
	위를 보면서 발표할 때
	단추 등을 만지작거리면서 발표할 때
	머리를 긁적이거나 입에 손을 대며 발표할 때

제3절 타사 방문매너

1. 타사를 방문할 때

21세기 기업경영의 책임을 맡은 비즈니스맨은 다양한 환경, 다양한 국가, 다양한 기능에 능동적으로 대처할 수 있는 능력을 갖춰야 한다. 그리고 비즈니스 관계로 세계적인 실력자가 당신의 기업을 방문했을 때 그들이 자기 집처럼 편안함을 느끼게 할 수 있어야 한다.

우리는 외국인에게는 친절하면서도 우리나라 사람끼리는 불친절하다는 말을 종종 듣고 있다. 매너는 이러한 편견을 버리고 만나는 사람 누구에게나 실례를 범하지 않고, 인간존중을 바탕으로 대화를 하면, 인간관계나 비즈니스를 할 때 좋은 성과를 얻을 수 있을 것이다.

1) 사전 약속 없는 방문은 비즈니스매너에 위배된다

고객의 상황을 확인하지 않고, 갑자기 방문하는 것은 매우 무례한 행위이므로 반드시 사전에 약속을 해야 한다. 거래에 관한 중요한 용건인 경우에는 우선 문서로 방문취지를 알리고, 그 뒤에 전화를 해서 약속을 확인한다. 특히 전화로 약속을 할 때는 다음과 같이 다섯 가지의 항목을 유념하고, 상호 간에 오해가 없도록 메모를 하면서 〈표 6-4〉와 같이 확인하는 것이 중요하다.

표 6-4 약속에 필요한 메모 항목

목적	어떠한 목적으로 만날 것인가?
면담상대	면담하고 싶은 상대는 누구인가?
일시	몇 월, 며칠, 무슨 요일, 몇 시에 만날 것인가?
소요시간	면담에 필요한 시간은 어느 정도인가?
장소	면담하는 장소는 어디로 정할 것인가?

2) 방문일까지 만전을 기한다

타사(他社)를 방문할 때는 여러 가지 목적이 있겠지만, 어떠한 경우라도 고객과의 면담을 효과적으로 성사시키기 위해서는 만전의 준비를 하고 면담에 임해야 한다. 면담에 필요한 준비사항은 다음과 같다.

면담에 필요한 준비사항

준비사항	대화내용과 질문사항을 메모해 둔다.
	수첩과 필기도구도 잊지 않고 준비한다.
	면담에 필요한 서류와 자료를 준비해 둔다.
	자신의 명함이 매수가 충분한지를 확인해 둔다.
	방문 회사까지의 가는 길과 소요시간을 체크한다.
	처음으로 방문하는 회사는 경영진·경영방침·주요 거래선·상담자의 직책 등에 대해서 조사를 해둔다.
	방문 전날에는 "내일 몇 시에 방문할 예정이니 잘 부탁드리겠습니다." 하고 확인의 의미로 전화를 한다.
	혹시 전일에 연락이 없을 경우에는 당일 아침이라도 반드시 전화로 확인을 한다.

3) 약속시간 5분 전에는 도착한다

비즈니스의 경우에는 시간 엄수가 철칙이다. 약속시간 5분 전에는 반드시 도착하도록 한다. 방문시간이 너무 이르면, 고객에게 폐가 되므로 너무 일찍 도착한 경우에는 근처에서 시간을 보내고 시간에 맞춰 약속장소로 이동한다.

4) 늦었을 경우에는 전화로 연락을 한다

교통체증이나 사고로 약속시간에 늦을 경우에는 고객을 마냥 기다리게 하지 않도록 반드시 전화로 연락을 한다. 만약 약속장소에 약속시간 내에 도착하지 못했을 경우에는 구두(口頭)로 사과를 하는 것만이 아니라 사무실에 돌아와서 정중한 사과문을 보낸다. 특히 거래관계에 있는 중요한 용건의 경우에는 이러한 배려를 확실히 하는 것이 중요하다.

실패하는 비즈니스맨의 유형
- 웃지 않는 사람 - 단점에 민감한 사람 - 과거에 집착하는 사람 - 음주 매너가 좋지 않은 사람 - 묵묵히 일만 하는 사람

2. 면담에 임할 때

서양매너는 '중세의 기사도정신과 기독교정신에 근거를 둔 것'이라 할 수 있고, 동양예절은 '유교정신에 바탕을 둔 것'이라 할 수 있을 것이다. 이러한 서양의 매너와 우리의 예의범절은 그 의의를 같이한다고 할 수 있으나, 여성우위의 서양문화와 남성위주의 동양문화는 상이한 점도 있음을 알아야 한다.

1) 코트는 접수창구에 가기 전에 벗는다

접수안내를 청하기 전에 코트(coat)와 머플러(muffler) 그리고 장갑을 벗고 단정한 차림인지를 확인한다. 땀이 많이 나는 여름철에는 땀을 깨끗이 닦고 접수하러 간다. 만약 접수창구가 없는 경우에는 사무실 문밖에서 노크를 한다.

2) 품위 있는 말을 사용한다

비즈니스로 방문할 때는 '회사의 대표자로 왔다'는 것을 인식하고, 호감을 가질 수 있는 품위 있는 말을 사용하도록 한다.

3) 응접실에 들어가서는 입구 가까운 자리에 착석한다

안내하는 사람에 따라 응접실(drawing room)에 들어간다. 담당자가 올 때까지 실내를 왔다 갔다 하지 말고 바로 서서 인사할 수 있도록 마음의 준비를 하고 기다린다. 응접실에서는 다음과 같은 사항에 유념한다.

❶ 자리가 정해지지 않았을 경우 문에서 가까운 곳에 앉는다. "이쪽으로 앉으세요." 하고 상석을 권하면 사양하지 않고 자리를 옮긴다.
❷ 서류가방 이외의 물건은 소파(sofa) 위에 두지 않고 의자 옆에 놓는다. 소파에 앉을 때는 살짝 앉아 다리를 꼬거나 뒤로 눕지 않도록 한다.
❸ 자료나 서류 등을 지참했을 때는 테이블에 잘 정리해서 놓고 필기준비를 해둔다. 명함을 전할 때는 주저하지 말고 바로 꺼낼 수 있는 상태로 해둔다. 차를 권하면 "고맙습니다." 하고 인사한 후에 마신다.

4) 담배는 피우지 않는다

요즘은 실내에서 담배를 피우는 경우가 극히 드물다. 혹시, 재떨이가 있어도 임의로 흡연하는 것은 금물이다. 만약, 상대방이 "한 대 피우세요." 하고 권해도 사양하는 게 좋다.

5) 담당자가 입실하면 바로 일어서서 인사를 한다

담당자가 나타나면 소파에 앉은 채로 인사하는 것은 실례이다. 빨리 일어나서 정중하게 인사를 한다. 그리고 다음 사항에 유념한다.

❶ "바쁘신 중에 시간을 내주셔서 감사합니다." 하고 인사를 한다.
❷ 첫 대면의 경우에는 명함을 교환한다.
❸ "앉으시죠." 하고 권하면 착석한다.
❹ 담당자에 따라서는 본론으로 들어가기 전에 잡담을 하는 경우도 있으나, 이러한 경우에는 용건을 꺼내지 않고 응대를 해준다.

6) 회의를 매끄럽게 진행하기 위한 이야기법

본인의 용건을 고객에게 충분히 이해시키는 것이 최대의 포인트이다. 일방적으로 이야기하는 것은 바람직하지 않다. 다음과 같은 점에 유의해서 능숙한 회의를 진행한다.

❶ 사전에 이야기의 요점을 정리해서 간결하게 전한다.
❷ 필요에 따라서 자료를 제시하고, 구체적인 사례와 수치를 들어 설명한다.
❸ 보통 사용하는 사내의 용어와 전문용어는 피하고 고객이 잘 알 수 있는 말로 설명한다.
❹ 이야기를 할 때는 물론 들을 때에도 고객의 눈을 보는 것이 중요하다. 가급적 입 주위와 넥타이의 매듭부분에 시선을 두는 것도 좋다.
❺ 고객의 이야기가 잘 이해되지 않았을 경우에는 그냥 넘어가지 말고 반드시 질문을 해서 바르게 이해한다.
❻ 혼자서 판단하기 어려운 경우에는 "회사에 돌아가 검토를 한 후에 답변해 드리겠습니다"라고 말하고 즉시 답하는 것을 피한다.
❼ 고객이 그 자리에서 결론을 짓지 않을 듯한 경우에는 내용이 상세히 적힌 자료를 건네주고 검토해 줄 것을 부탁한다.

7) 일어날 때의 인사법

용건이 끝나면 타이밍을 봐서 이야기를 마치고, 다음 사항에 유념하면서 인사를 한다.

❶ 자료와 필기도구를 정리하여 가방에 넣는다.
❷ 자세를 바르게 하고 "바쁘신 중에 시간을 내주셔서 감사합니다. 그럼, 이만 실례하겠습니다." 하고 인사를 한다.
❸ 의자는 테이블 아래 조용히 넣는다.
❹ 코트와 가방을 갖고 "앞으로도 잘 부탁드립니다." 하고 정중히 인사를 한다.

8) 밖에 나와서도 자세를 흐트러뜨리지 않는다

방문회사를 나오자마자 방심하고 넥타이를 느슨하게 하는 등의 행동을 하면 안 된다. 어디에 관계자의 눈이 있는지 알 수 없기 때문에 주의해야 한다.

제4절 문서의 규칙

1. 사외문서

사외문서(社外文書)는 경어 사용을 원칙으로 한다. 본문은 가능한 한 간결하게 쓰도록 한다. 인사말 등 업무상의 인사로부터 시작해서 끝맺는 인사말 등을 잘 마무리하는 것이 기본이다. 그리고 애매한 표현은 가급적 피하고, 다 쓰고 나면 여러 번 읽어보고 체크하도록 한다.

1) 사외문서의 종류

사외문서는 〈표 6-5〉와 같이 ① 의례적인 문서, ② 거래에 관한 문서, ③ 법적인 문서 등의 세 가지로 나누어진다.

표 6-5 사외문서

구분	내용
의례적인 문서	연하장 · 안내장 등과 같은 경조사에 관한 문서
거래에 관한 문서	조회서 · 의뢰서 · 독촉장 · 송장 등의 문서
법적인 문서	계약서 · 각서 등 상거래의 법적 효력을 갖는 문서

2) 사외문서의 정형 스타일

비즈니스 문서가 일반문서와 크게 다른 것은 〈표 6-6〉과 같이 서두에 ① 문서번호, ② 발신일자, ③ 수신자, ④ 발신자명, ⑤ 제목이 붙는 것이다.

표 6-6 사외문서의 정형 스타일

문서번호	파일을 정리해 놓은 곳에서 찾기 쉽게 기록해 둔다. 일 년마다 연번호로 하는 방법과 문서의 종류에 따라 관리하는 방법이 있다.
발신 연월일	서기로 나타낸다.
수신자	고객의 정확한 명칭을 사용한다. 주식회사를 줄여, ㈜라고 쓰는 식의 표현은 피하는 것이 좋다.
발신자명	더욱 정중한 스타일은 주소와 전화번호도 기입하고, 성명 다음에 도장을 찍는다.
제목(건명)	모든 문서에 반드시 필요한 것은 아니다. 정확한 내용을 대표하는 제목이 붙어 있는 문서는 내용을 한눈에 알 수 있어 효율적이기 때문에 가능하다면 붙이도록 한다.

2. 사내문서

사내업무를 원활하게 하기 위하여 사내정보를 전달하는 것으로 효율적으로 작성하는 것이 최우선이다. 그러기 위해서는 서두나 맺는 인사 등 의례적인 부분을 생략한다. 문서의 끝에는 '이상'이라고 표시한다. 회사의 소정양식이 있을 경우에는 사내양식을 사용한다.

1) 사내문서의 종류

사내문서(社內文書)는 일상의 업무를 효율적으로 진행하기 위한 사내에서 사용하는 문서이다. 간단 명료하게 만드는 것이 기본이다. 여기에는 의례적인 표현이나 존칭어 등은 불필요하다. 사내문서는 사내업무에 수없이 많다고 해도 과언이 아니다.

사내문서는 정형화할 수 있는 것이 많기 때문에 서식을 만들어놓으면, 필요한 때 필요한 사항만 바꾸어 쓸 수 있어 편리하다. 사내문서는 〈표 6-7〉과 같이 ① 부하가 상사에게 제출하는 문서, ② 상사가 주는 문서, ③ 연락이나 조정을 위한 문서, ④ 기록보존을 위한 문서 등의 네 가지로 나누어진다.

표 6-7 사내문서

부하가 상사에게 제출하는 문서	보고서 · 기획서 등의 각종 제출서류
상사가 주는 문서	지시서 · 통보서 · 의뢰서 등
연락이나 조정을 위한 문서	조회서 · 회답서 · 통지서 등
기록보존을 위한 문서	의사록 · 각종 데이터 · 자료 등

2) 사내문서의 정형 스타일

사외문서가 대외적 의례를 중요시하였다면, 사내문서는 효율성이 요구된다. 사외문서와 다른 점은 인사말 등의 서두는 필요가 없다는 것이다. 바로 본론으로 들어간다. 말문에 있어서도 식상한 인사말 등은 생략하고 문서의 마지막에 '이상' 또는 '끝'이라고 표기한다.

제5절 국제비즈니스매너

글로벌(global) 시대의 지구촌은 세계화 · 정보화로 인해 날로 치열해지는 무한경쟁 속에 놓여 있다. 사회가 복잡해지고 다양한 부류의 사람들을 접하는 국제교류와 비즈니스가 빈번해지면서 상대방에게 쾌적한 느낌을 줄 수 있는 올바른 매너야말로 국제비즈니스를 하는 데 기본이 된다고 하겠다. 따라서 문화와 전통이 다른 세계인을 접할 때 〈표 6-8〉과 같은 사항에 유의해야 한다.

표 6-8 국제비즈니스매너 시 유의점

국가	유의점
일본	- 일본인에게 선물할 때는 흰 종이로 포장하지 않으며, 흰 꽃도 선물하지 않는다. - 일본인에게 칼(자살, 단절)은 선물하지 않는다. - 일본인에게 적당한 선물을 하기가 곤란할 때는 골동품을 선물한다. - 약속을 중시하며, 약속을 지키지 않는 것은 명예를 훼손하는 것이다. - 개인의 신상(결혼여부, 가족관계, 나이)에 대한 질문은 결례가 된다. - 상대방에게 자기 젓가락을 사용하여 음식을 건네는 것은 결례가 된다.
중국	- 박쥐는 행운을 전해주는 것으로 여긴다. - 괘종시계는 장례식의 의미가 있으므로 선물하지 않는다. - 자기가 사용하던 젓가락으로 음식을 집어주는 습관이 있다. - 손수건은 슬픔과 눈물을 상징하므로 선물하지 않는다. - 꽃은 생명이 짧고, 장례용으로 사용하므로 선물하지 않는다. - 현금을 줄 때 축의금과 선물은 짝수의 금액으로, 부의금은 홀수의 금액으로 줘야 한다. - 백색과 청색은 장례식의 의미가 있으므로 사용하지 않는다.
홍콩	- 두 개는 행운을 뜻하므로 선물할 때는 두 개의 선물을 하면 좋다. - 접시에 놓인 생선은 뒤집지 않는다(배를 뒤집는다는 의미).

대만	- 흰색과 숫자 4를 싫어한다. - 중국대륙과 관련된 얘기는 피하는 게 좋다. - 초대를 받았을 때는 아이들을 위한 선물을 가져간다. - 선물을 받았을 때, 준 사람 앞에서 열어보지 않는 것이 매너다.
몽골	- 티베트 불교인 라마교를 신봉하며, 타 종교에 배타적인 편이다. - 우호적인 관계를 가지려면 관습적으로 권유하는 마유주를 나눠 마셔야 한다. - 몽골인들은 물고기를 먹지 않는다. - 불길한 일에 대해서는 언급하지 않으며, 칭찬을 많이 한다.
베트남	- 정이 많은 민족이므로 외국인에게 우호적이다. - 숫자 9를 좋아하고, 13을 액운의 숫자로 생각한다. - 체면을 중시하고, 자존심이 강해서 사과 대신에 변명을 많이 한다.
태국	- 아이가 귀엽다고 머리를 만지면 안 된다(신체에서 가장 높은 부분). - 발로 사물이나 물건을 가리키지 않는다(신체에서 가장 낮은 부분). - 사원을 출입할 때 반바지, 짧은 스커트, 민소매 차림은 금물이다. - 여성관광객은 승려와 악수를 하거나 물건을 건네는 것은 금물이다.
싱가포르	- 법률과 규정이 많고 엄격하게 집행한다. - 체면을 중시하고, 약속시간에 늦는 것을 모욕이라고 생각한다. - 길거리에서 침을 뱉거나 휴지를 버리면 벌금을 부과한다. - 아주 친하지 않으면 선물하지 않는다. - 애완동물을 데리고 차에 탈 수 없다.
인도네시아	- 왼손은 부정한 것으로 간주하므로 사용하지 않는다. - 돼지고기나 술은 입에 대지 않는다. - 노출이 심한 복장은 결례가 된다. - 무의식중에 사람을 툭툭 치는 행위를 해서는 안 된다. - 머리를 신성시하므로 함부로 만지지 않는다.
필리핀	- 영어를 사용하며, 악수가 보편적인 인사다. - 필리핀 가정에 방문했을 때 연장자 순으로 인사한다. - 음식은 개인접시에 덜어 오른손으로 먹는다. - 식사 후 트림을 하는 것은 음식이 매우 맛있다는 뜻이다. - OK사인은 돈을 의미한다.

인도	- 외모로 사람을 판단하는 관습이 있으므로 복장에 신경을 써야 한다. - 힌두교도는 쇠고기를 먹지 않으며, 소를 신성시한다. - 음식을 전할 때는 오른손을 쓴다. 왼손은 화장실에서만 사용한다. - 차도르 차림을 한 여성의 사진을 찍는 것은 실례이다(사전에 양해를 구함).
터키	- 사전에 약속을 해야만 상담이 가능하다. - 손님에게 항상 차를 대접한다. - 음식을 식힐 때 입으로 불지 않는다. - 음식에 코를 대고 맡지 않는다.
이스라엘	- 전쟁과 종교 얘기는 하지 않는다. - 대화 중에 여성을 언급하지 않는다.
영국	- 줄 서서 기다리는 것에 익숙해져야 한다. - 저녁 약속은 적어도 1개월 전에 해야 한다. - 식사 매너가 엄격한 편이다. 음식을 권하면, 처음 한 번은 사양하는 것이 에티켓이다. - 소리 내어 웃는 것은 신사가 아니라고 여긴다. - 집으로 초대를 받으면 초콜릿 등을 준비해 가면 좋다.
프랑스	- 남의 물건에 손대는 것은 실례다. - 관공서나 공공장소에 갈 때는 정장을 한다. - 와인에 대한 상식을 가지고 있으면 좋다. - 사전에 약속을 해야만 사람을 만날 수 있고, 초대받았을 때 특별한 언급이 없으면 부부동반이 상식이다.
스페인	- 신발을 벗어 발을 보이는 것을 실례다. - 우정, 의리, 신뢰를 중시한다. - 약속하면 1, 2시간을 기다리는 것은 기본이다. - 옷을 잘 입어야 대접을 받는다. - 점심식사는 2~4시, 저녁식사는 9~11시 사이에 한다.
이탈리아	- 내용보다는 형식을 중시한다. - 식사 도중 팔을 식탁 밑으로 내리지 않으며, 팔꿈치는 식탁 위에 올리지 않는다. - 악수할 때는 팔꿈치를 붙잡고 한다.

그리스	- 머리를 끄덕이는 것이 'No'의 표시이고, 좌우로 흔드는 것이 'Yes'의 표시다. - 작별할 때 손을 흔드는 동작은 멸시와 모욕을 의미한다. - 오후 4~6시 사이에는 낮잠을 즐기므로 방문이나 전화를 삼간다.
독일	- 악수는 강하고 짧게 흔들고, 고개를 숙이는 경우는 없다. - 꽃을 선물할 때는 홀수로 하되, 13송이는 삼간다. - 장미는 구애를 뜻한다. - 선물할 때 흰색, 검은색, 갈색 포장은 실례다. - 여성이 방에 들어오면 연령이나 지위에 관계없이 일어선다.
러시아	- 면담 약속은 금요일과 월요일은 피한다. - 경로사상이 강하고, 가부장적인 사회다. - 향수, 게신기, 지갑 등의 선물을 좋아한다.
네덜란드	- 물과의 싸움을 통해서 생존의 지혜를 터득해 온 만큼 근면성실이 몸에 배어 있다.
스웨덴	- 예술을 사랑하는 사람이 많고, 주말에는 화랑이나 미술관을 찾는다.
핀란드	- 사우나의 원조인 핀란드에서는 사우나가 자연스런 일상생활이다.
오스트리아	- 음악을 유산으로 물려받은 나라여서 많은 국민이 음악을 사랑한다. - 돈 문제가 생기면 함부로 '미안하다'라는 말을 하지 말아야 한다. 왜냐하면, 본인이 금전적인 모든 책임을 지겠다는 뜻이기 때문이다.
미국	- 공공장소에서 여성을 배려한다. - 엘리베이터에 여성이 타고 있으면 남성은 모자를 벗어야 한다. - 신발 신는 것을 옷의 연장으로 생각하기에 신발을 벗지 않는다. - 약속시간은 1주일 전에 하는 것이 좋다. - 비즈니스를 할 때는 정장을 입어야 한다. - 택시를 탈 때 운전자 옆자리는 절대 앉지 말아야 한다. - 선물을 받았으면 즉시 풀어보는 것이 매너다. - 미국은 팁 문화가 발달된 나라다(금액의 10~15%를 팁으로 건넨다). - 남성이 실내에서 모자를 쓰는 것은 실례다. - 점심은 간단히 하고 저녁을 풍성하게 먹는다. - 백합은 선물하지 않는다.

국가	내용
캐나다	- 언어나 정치적인 이야기는 피한다. - 상대방의 가정에 대한 질문도 피한다. - 팁 문화가 일반화되어 있다. - 백합은 선물하지 않는다.
멕시코	- 회사나 관공서를 방문할 때는 비서를 통해 약속한다. - 노란색 꽃은 선물하지 않는다. - 은제품의 선물은 피하는 것이 좋다. - 관공서는 3~5시까지 점심시간이다.
브라질	- 식사 중에는 이야기를 하지 않는 것이 매너다. - 검은색이나 자주색의 선물은 피한다. - 넥타이 착용은 신분이나 지위를 나타낸다. - 비즈니스할 때는 편안한 복장을 좋아한다. - 'OK'라는 제스처를 취하지 않는다.
호주	- 공공장소에서 음주, 방뇨, 성적 행동은 위법이다. - 대부분의 건물과 공공장소는 금연구역이다.
뉴질랜드	- 원주민인 마오리족은 코를 맞대고 비비는 인사를 한다. - 외국인에게 우호적이고, 사람 만나는 것을 좋아한다.
이집트	- 이슬람 여성들과는 대화를 자제한다. - 공공장소에서 날고기나 돼지고기를 먹는 것을 자제한다. - 남자가 금반지를 끼는 것은 금물이다. - 여성에게 사진을 찍자고 요청하는 것은 금물이다.
남아공	- 음악회나 교회에서는 정장을 입는다.

제 07 장
사교매너

제1절 선물 · 명절인사매너

1. 선물매너

선물(present)은 마음속 깊이 느끼는 고마움이나 그리움의 표시로서 보내는 물건이다. 비록 작고 하찮은 선물이라 해도 남에게 준다는 데서 보람과 행복감을 느끼게 하는 인간의 공통된 감정이라고 할 수 있다.

평소에 신세를 졌거나 자신을 이끌어주었거나, 또는 친하게 교류해 왔던 사람에게 고맙다는 뜻으로 위문을 하거나, 격려하기 위해서 선물을 하게 된다. 선물은 가능한 이미 널리 알려진 회사의 로고가 붙은 것일수록 좋다.

선물은 보낼 만한 이유가 있어야 하며, 동시에 돌아올 것을 기대해서는 안 된다. 고마웠던 사람과 멀리 떨어져 있는 고객, 윗사람에게는 축하와 위로, 그리고 보답의 뜻으로 정성을 모아 보내는 선물이야말로 무엇보다도 귀중한 것이 된다.

1) 말로써 표현하지 못하는 마음을 선물로 대신한다

경조사에 대한 선물은 말로써 표현할 수 없는 자신의 마음을 선물에 담아서 전하는데, 이때 축하나 격려의 마음을 100% 전하기 위해서는 다음과 같은 마음가짐이 중요하다.

❶ 자신의 취향이 아니라 받는 사람이 좋아할 선물을 준비한다.
❷ 선물의 목적에 따라 걸맞은 금액의 선물을 한다.
❸ 고객의 경사를 진심으로 축하하는 마음으로 한다.
❹ 고객의 슬픔과 불행에 대해 함께 나누어 가지는 마음으로 한다.

2) 시기를 맞추지 못하는 선물은 본래의 의미가 반감된다

선물을 보낼 때는 적절한 시기가 있다. 예를 들어 출산 축하의 선물이라면, 출산 후 1개월 이내가 좋듯이 선물을 하는 데도 적절한 시기가 있다. 이러한 타이밍을 놓치면, 아무리 마음을 담은 선물이라고 해도 받는 사람의 입장에서는 마지못해 주는 듯한 느낌이 들어, 기쁘지 않을 수도 있다.

3) 선물은 목적과 고객의 취향을 고려해서 준비한다

선물할 때는 ① 언제, ② 누구에게, ③ 무슨 목적이라는 것을 고려해 고객의 취향과 연령에 어울리는 것을 준비하는 것이 중요하다. 최근에는 현금과 상품권이 통용되어 편리하지만, 가급적이면 고객이 원하는 것을 선물하는 것이 최선이다. 그것이 어려울 경우에는 문제되지 않는 실용적인 것이 좋다.

4) 꺼리는 사항이 있는지를 고려한다

고객의 취향에 맞는 것이라고 해서 무엇이든 좋다고 할 수는 없다. 선물을 하는 데 있어서도 삼가는 것이 있다. 그것을 알지 못하고 선물을 하게 되면, 아무

것도 아닌 것이 괜한 오해를 받게 될 수도 있다. 예를 들면 결혼축하에 칼 · 가위 등은 '자르다', '가르다' 등의 의미가 있으므로 절대로 해서는 안 된다.

5) 배송할 때는 간단한 메모를 첨부한다

백화점 등으로부터 직접 배송(拜送)할 경우에는 별도로 인사를 겸한 메모를 보내는 것이 예의이다. 직접 가지고 갈 경우에는 사전에 방문일정을 연락한 뒤에 방문한다.

6) 선물을 받으면 보낸 사람에게 알린다

만약 선물을 받았으면, 그날 안에 인사를 보내는 것이 이상적이지만, 바빠서 펜을 잡을 시간이 없을 때는 우선 전화나 팩스, E-mail로 인사를 하는 것도 좋다.

7) 선물 매너

남의 집을 방문할 때 값비싼 선물은 상대방에게 부담을 줄 수 있다. 가급적이면 저렴하고 받는 사람이 좋아할 만한 것을 갖고 가는 것이 좋다. 선물을 전할 때 지켜야 할 매너는 다음과 같다.

❶ 서양 사람들은 받은 선물은 그 자리에서 펴본다.
❷ 무엇을 부탁하러 갈 때 고가품의 선물을 가져가도 실례가 된다.
❸ 자기가 선물로 받은 것을 다시 남에게 선물해서는 안 된다.
❹ 바겐세일 등에서 싸게 산 것을 포장만 잘해서 보내는 것은 실례이다.

8) 선물해서는 안 되는 것들

선물을 주고받을 때 고객이 싫어하는 것이 무엇인지를 알아둘 필요가 있다.

일반적으로 선물해서 안 되는 것은 다음과 같다.

❶ 결혼하는 사람에게 흑색 옷감을 주는 것은 미망인을 연상케 하므로 피해야 한다.
❷ 이성 간에 내의와 잠옷을 선물하는 것은 오해를 부를 수 있다.
❸ 깨지기 쉽거나 상하기 쉬운 물건은 선물하지 않는다.
❹ 출산한 집이나 신경이 예민한 병자를 위문할 때 물건을 네 개로 가져가지 않는다.
❺ 호흡기 질환을 가진 환자에게는 꽃을 가져가지 않으며, 다른 환자에게도 흰 꽃은 가져가면 안 된다.

9) 포장

조그마한 선물이라도 포장해서 주는 것과, 그냥 있는 그대로 주는 것에는 차이가 있다.

❶ 조사에는 흑 · 백 · 회색을 사용한다.
❷ 포장할 경우 글이 담긴 카드를 첨부하면 좋다.
❸ 선물할 때에는 포장하는 것이 좋고, 또한 리본을 곁들이면 더욱 좋다.

2. 명절인사매너

선물은 되도록이면 보내는 사람이 직접 가지고 가는 것이 좋지만, 경우에 따라 인편(人便) · 우편(郵便) 등으로 보낼 때는 서신이나, 명함을 넣는 것이 매너이다. 특히 명절선물은 적절한 날짜에 전해지도록 사전에 준비를 철저히 한다.

1) 명절 선물은 2~15일 전에는 전해지도록 한다

오늘날은 신세 진 고객 · 은인에게 마음을 전하는 형태가 조금씩 바뀌긴 했지만, 명절 선물을 보내는 시기는 예나 지금이나 동일하다. 명절 선물은 2~15일 전에는 전해지도록 준비한다.

2) 물건만 전해지는 것은 실례, 꼭 인사편지를 첨부한다

추석과 설 선물은 받는 사람의 집까지 가지고 가서, 후의(厚意)에 감사하는 인사를 전하는 것이 예의지만, 현재는 택배나 소포배달이 일반적이다. 하지만 이러한 배달의 경우도 인사를 겸한 메모 없이 물건만 보내는 것은 실례이므로 별도로 메모를 꼭 첨부한다.

3) 이유 없는 선물을 전하는 경우 고객을 당황하게 할 수도 있다

추석이나 설에 이렇다 할 이유도 없이 선물을 보내는 것은 의미가 없다. 받는 사람에 따라서는 당황할 수도 있다. 따라서 이유 없는 선물은 삼가는 것이 좋다. 직장의 상사, 거래처의 사람에게는 혼자서 임의로 행동하는 것은 금물이다. 이럴 때는 회사의 관습과 룰에 따라 행동하는 것이 좋다.

또한 결혼 중매인, 결혼식 등에서 수고를 해준 사람에게는 가능하면 정기적인 감사의 마음을 표한다. 그 밖에 뭔가 배우고 있는 스승에게는 단체로 선물을 한다.

4) 비싼 것만이 고객을 기쁘게 하는 것은 아니다

선물은 고객이 받아서 부담이 되지 않도록 하며, 자신의 수입에 맞추어서 하되 무리하지 않도록 한다. 선물을 꺼리는 사람도 있으니 주의해야 한다.

5) 명절 선물을 받았을 경우

추석이나 설 등의 명절에는 답례의 선물은 하지 않아도 좋다. 마음으로부터 고맙다고 생각하는 것이야말로 보낸 사람에 대한 최고의 매너이다. 그리고 선물을 잘 받았다고 메모 또는 전화로 연락을 한다. 식료품을 받았을 경우 얼마나 맛있게 먹었는지, 의료품이라면 얼마나 마음에 들었는지 등의 마음을 구체적으로 표현한다.

6) 윗사람으로부터 받았을 경우에는 답례를 하도록 한다

추석이나 설에는 답례를 하지 않아도 좋지만, 윗사람으로부터 선물을 받았을 경우에는 바로 정중한 인사말과 함께 답례품을 준비한다. 원래는 아랫사람이 먼저 보내는 것이 예의지만, 받기만 하고 가만히 있는 것은 좋지 않다. 한동안 교류가 없는 사람에게서 받은 경우에는 윗사람이 아닐 경우라도 답례로서 같은 가격 선에서 선물을 보내는 것이 좋다.

7) 받고 싶지 않은 곳으로부터의 선물은 거절해도 좋다

선물에 거부감이 느껴질 때는 소포를 열지 말고, 거절의 편지를 첨부하여 돌려보내는 것은 실례가 아니다. 예를 들어 뇌물성의 금품인 경우에는 받을 수 없는 이유를 분명히 하여 돌려보낸다.

제2절 출산 · 병문안 · 문상매너

1. 출산

직장인으로서 사회생활을 하게 되면, 여러 가지 모임이 자주 열리게 되어 참석하는 일이 많아진다. 직장에서는 크고 작은 회의와 사우회 · 창립기념회 · 회식모임 등이 있으며, 사회생활에서는 결혼식 · 장례식 · 동창회 등 사회활동이 넓어질수록 여러 모임에 참석하게 된다.

모임은 여러 사람이 어떤 목적을 위하여 한곳에 모이는 것이다. 따라서 예절을 잃지 않고 공정하고 규율이 있는 태도로 임하지 않으면, 뜻있고 보람된 모임을 이룰 수 없다. 또 여러 모임에는 각계각층의 사람이 참석하게 되므로 많은 정보도 얻을 수 있고, 사람도 사귈 수 있으므로 업무에 지장이 없는 범위에서 적극 참석하는 것이 바람직하다.

1) 축하는 산모와 아기가 퇴원 후에 한다

출산 후에는 무엇보다도 산모의 회복이 가장 중요하다. 아기의 출산소식을 들어도 바로 달려가는 것은 피하는 것이 좋다. 출산 축하 시 다음 사항에 유념한다.

❶ 출산 직후에 병원으로 병문안을 하는 것은 친인척 등 가까운 사람에게만 한정된다. 친구나 아는 사이의 경우 우선 꽃을 보내는 등 간접적으로 축하를 한다.

❷ 직접 축하를 하는 것은 퇴원 후 20일~1개월 정도 뒤에 방문한다. 이때 반드시 사전에 전화해서 아기와 산모의 상태가 어떠한지를 확인하고 방문하는 것이 좋다.

❸ 방문하는 사람의 상태가 좋지 않을 경우에는 방문일정을 연기한다. 특히 감기 기운이 있을 때는 아기에게 옮길 수 있으므로 피하는 게 좋다.

2) 개인이 축하할 때는 선물이 좋다

출산 축하는 한 집안의 경사이므로 너무 비싼 것을 선물하면 오히려 받는 사람에게 부담을 줄 수도 있다. 의류 등의 경우에는 조금 커서도 입을 수 있는 것이 좋다. 아이를 낳은 엄마의 마음을 위로하는 뜻으로 샴페인과 글라스 세트를 준비하는 것도 좋고, 상대방이 좋아하는 꽃을 보내는 것도 좋다.

3) 단체로 선물할 때는 현금이 좋다

친구나 회사의 동료가 단체로 축하할 경우에는 어느 정도의 현금이 준비될 수 있으므로 "정말 필요한 것을 준비하세요." 하고 현금으로 축하하는 것이 좋다. 출산을 하면 여기저기서 많은 물건이 들어올 수도 있으므로 맘대로 필요한 것을 구입할 수 있는 현금이 유용하게 쓰일 수 있기 때문이다.

4) 출산 축하에 대한 답례

부부에게 있어서 아기는 최고의 기쁨일 것이다. 양가 부모와 형제자매, 가까운 사이의 사람들에게 빨리 알려서 기쁨을 함께 나눈다. 그 외의 분들에게는 퇴원 후 안정된 후에 계절의 인사를 겸해서 알린다.

출산 시 병원의 의사와 간호사에게도 감사의 마음을 잊지 않는다. 그리고 친정에서 산후조리 등으로 비교적 장기간 보살핌을 받았을 경우에도 현금이나 상품권 등으로 감사의 마음을 꼭 표하도록 한다.

2. 병문안

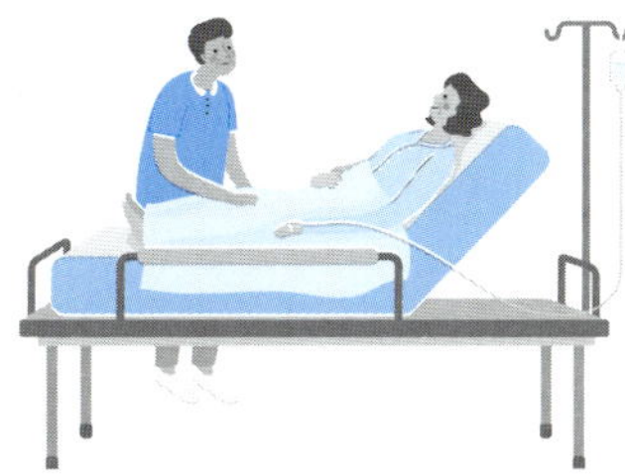

병문안은 방문할 시기를 잡는 것이 중요하다. 입원 직후, 고통이 심할 때는 피하는 것이 좋다. 소식을 받았다고 바로 병문안을 가기보다는 우선 가족에게 연락해서 상태를 확인한다. 이때 먹지 못하는 음식이 있는지를 확인한다.

1) 환자의 상태를 확인한 후에 방문한다

면회 사절의 상황에 있을 때 또는 본인이 면회를 피하고 있으면 격려의 편지와 위문품을 가족에게 맡기고, 나중에 상태가 호전되었을 때 다시 방문한다. 회사의 상사나 동료의 경우에는 개인적으로 판단하지 말고 회사의 관례에 따른다. 위문품도 회사의 동료들과 상의해서 결정한다. 입원이 길어질 경우에는 친한 정도에 따라 개인적으로 병문안을 하여도 상관이 없다.

2) 면회할 때 주의할 사항

자신이 병들어 입원했을 때를 생각하면, 병문안 시 해서는 안 될 일을 자연스럽게 알 수 있다. 환자에 대한 배려야말로 최고의 위로이다. 면회할 때 주의할 사항은 다음과 같다.

❶ 너무 화려한 복장이나 향이 짙은 향수는 피하는 것이 좋다.
❷ 환자의 상태와 관계없이 아이를 동행하지 않는다.
❸ 오래 있는 것은 실례이다. 10~30분 정도가 적절하다.
❹ 환자를 흥분시키거나 불안하게 하는 화제는 피한다.
❺ 면회시간은 점심식사 후, 오후 2~3시 사이가 좋다.
❻ 병문안 시 여럿이 한꺼번에 밀어닥쳐 소란하게 해서는 안 된다.

3) 심려해 준 사람들에 대한 감사의 표시를 한다

병이나 상처가 완전히 나았을 때는 건강해졌음을 알림과 동시에 심려해 준 사람들에게 감사의 인사를 한다.

3. 문상

사랑하는 가족을 잃은 사람의 심정은 아무도 이해하지 못한다. 상심한 사람의 마음을 되돌리기는 매우 힘든 일이다. 따라서 이처럼 마음의 평정을 잃은 사람에게는 그 어느 때보다 더 예의에 어긋나지 않게 신경을 써야 할 것이다.

1) 부의 · 헌화 등의 준비

상을 당한 유가족에게 조의를 표하고, 마음을 조금이나마 위로하기 위하여 애도의 뜻을 담아 금일봉, 물건을 보내는 것을 '부의(賻儀)'라고 한다. 상가에 부의를 보낼 때는 단자(單子)를 써서 봉투에 넣어 전한다. 문상을 갈 경우 부의금

이나 꽃을 준비한다.

조의의 표시는 물건으로 해도 좋고, 돈으로 해도 좋으나, 모두 깨끗한 흰 종이에 싸서 흰색 겹봉투에 넣어 보내고, 조물(弔物)을 보낼 때는 물품은 따로 싸고 단자만 봉투에 넣는다. 헌화(獻花)를 보낼 때는 리본에 붙이는 이름을 회사명으로만 하는지, 아니면 상사의 이름을 넣는지를 확인한다.

2) 문상매너

문상은 별세한 사람을 애도하고, 살아생전 고인의 뜻을 추모하는 슬프고도 엄숙한 의식이다. 부고(訃告)를 받으면 가능한 한 빠른 시간에 조문(弔問)하는 것이 도리이다. 문상 때 지켜야 할 매너는 다음과 같다.

❶ 상가에 도착하면 코트 등은 벗어들고 들어간다.
❷ 여성의 경우 화장은 짙게 하지 않고, 액세서리도 하지 않도록 한다.
❸ 고인의 영정에 절을 할 때 남성은 2번, 여성은 4번 절한다.
❹ 분향 시 향은 입으로 불어서 끄지 않고 왼손으로 가볍게 흔들어 끈다.
❺ 고인의 사망 원인이나 경위 등을 유족에게 상세하게 묻는 것은 실례가 된다.
❻ 상제와 잠시 애도의 이야기를 나누다가 일어서서 목례를 한 다음, 조객록(弔客錄)에 이름을 쓴다.
❼ 문상시간은 편리한 시간을 택하여도 좋으나, 가급적이면 입관이 끝난 다음에 가는 것이 좋다.
❽ 문상 시에는 슬픈 마음을 억누르면서 먼저 고인의 영좌(靈座) 앞에 꿇어앉아 분향한다.
❾ 분향 후 일어서서 큰절을 하거나 기도 · 묵념을 올리고 나서 상제에게 절을 하고 슬픈 마음을 위로하여 준다.
❿ 복장은 화려한 색상의 옷은 피하고, 검은색이나 감색 등 짙은 계열 또는

흰색의 옷을 입고, 넥타이는 가급적 검은색으로 한다.

3) 조문인사의 순서

(1) 남성의 앉은 절

❶ 오른손이 위로 가도록 두 손을 맞잡는다.
❷ 맞잡은 손을 가슴높이까지 올린다.
❸ 맞잡은 손으로 땅을 짚고 꿇어앉는다.
❹ 이마를 손등에 대고 몸을 숙여 절한다.
❺ 오른쪽 무릎을 먼저 세우면서 일어난다.
❻ 맞잡은 손을 가슴 높이까지 올렸다가 내린다.
❼ 약간 뒤로 물러나면서 목례를 한다.
❽ 영전에서는 그대로 앉지 않고 물러난다.
❾ 상주와 절을 마치고 서로 무릎을 꿇은 상태에서 인사말을 나눈다.

(2) 남성의 서서 하는 절

❶ 자세를 바로 하고 선다.
❷ 두 손을 양옆에 둔 채 몸을 30도 정도 굽힌다.
❸ 자세를 바로 하고 목례를 하면서 뒤로 물러난다.

(3) 여성의 큰절

❶ 왼손이 위로 가도록 두 손을 맞잡고 선다.
❷ 맞잡은 손을 눈높이까지 올린다.
❸ 무릎을 꿇고 앉는다.
❹ 몸을 깊이 숙여 절한다.
❺ 평상시에는 다시 앉아야 하지만 영전에서는 그대로 물러난다.

(4) 여성의 평절

❶ 공손한 자세에서 두 손을 자연스럽게 양옆에 둔다.

❷ 무릎을 꿇고 앉는다.

❸ 허리를 20도 정도 굽히고 양손을 앞으로 향하여 바닥을 짚는다.

❹ 자세를 바로 하고 일어난 다음 목례하면서 뒤로 물러난다.

❺ 앉은 상태에서 인사말을 나눈다.

(5) 여성의 서서 하는 절

❶ 왼손이 위를 향하도록 공수하고 선다.

❷ 양손을 앞으로 모으며 허리를 30도 정도 숙여 설을 한다.

❸ 허리를 펴고 자세를 바로 한 다음 목례를 하고 물러난다.

4) 올바른 인사말

슬픈 일을 당했을 때 서로 찾아보고 위로하는 것은 좋은 일이지만, 흉사일수록 상대방의 마음을 상하지 않도록 배려하는 마음가짐이 필요하다. 문상 시 올바른 인사말은 〈표 7-1〉과 같다.

표 7-1 올바른 인사말

상황	내용
상제가 부모인 경우	- 얼마나 망극하십니까? - 상사에 무어라 드릴 말씀이 없습니다.
상제의 어른인 경우	- 얼마나 애통하십니까? - 얼마나 마음이 아프십니까?
상제의 형제인 경우	- 백씨 상을 당하여 얼마나 비참하십니까?
상제의 남편인 경우	- 위로할 말씀이 없습니다.

상제의 아내인 경우	- 위로할 말씀이 없습니다. - 얼마나 상심이 되십니까?
자식의 경우	- 얼마나 상심하십니까?
기타의 인사말	- 천수를 다하셨습니다. - 춘추는 얼마나 되셨습니까? - 장지는 어디로 정하셨습니까?

제3절 스포츠매너

1. 복장과 태도

현대인에게 스포츠(sport)는 건강생활에 없어서는 안 될 만큼 생활 깊숙이 자리 잡고 있는 실정이다. 현대의 스포츠는 경기목적보다는 즐기기 위한 스포츠 또는 건강을 목적으로 하는 스포츠로서 현재 각종 스포츠교실, 헬스클럽(health club) 그리고 지역주민이 주체가 된 스포츠 활동이 크게 유행하고 있는데, 스포츠는 ① 신체적 건강, ② 심리적 · 사회적인 측면에도 크게 기여하고 있다.

스포츠에서 가장 중요한 부분이 매너와 룰이다. 자신만 즐기면 좋다는 이기적인 생각으로 매너와 룰을 지키지 않으면, 동료와 함께 스포츠를 즐길 수도 없을 뿐만 아니라 스포츠맨(sportsman)으로서의 자격 상실인 것이다. 따라서 스포츠를 위한 올바른 매너로서 경기에 임하는 태도나 경기관전 태도에 대한 에티켓이 절실히 요구된다.

1) 운동을 할 수 있는 복장

스포츠를 하기 위해서는 그 종목에 알맞은 옷을 입어야 한다. 스포츠 웨어(sports wear)는 땀을 충분히 흡수할 수 있는 면 종류의 소재를 선택하는 것이 좋다. 색상과 디자인은 자유롭게 선택할 수 있으나, 주위 사람들의 인상을 찌푸리게 하거나 경기를 하는 데 불편한 옷은 피해야 한다.

스포츠화도 운동종목에 알맞은 것이 좋다. 테니스(tennis)를 할 때는 테니스 전용화를, 그리고 골프(golf)를 할 때는 골프화를 신어야 한다. 또한 여름철에 테니스 또는 골프를 할 때는 반드시 모자를 쓰는 것이 좋다. 장시간 직사광선을 쬐게 되면 일사병은 물론이고, 피부미용에도 좋지 않다.

2) 경기에 임하는 태도

경기를 시작하기 전에는 반드시 준비운동을 충분히 해야 한다. 준비운동을 하고 경기에 임할 경우와 그렇지 않을 경우 지구력(sustaining)이나 테크닉(technique)을 구사하는 데 있어 큰 차이가 난다. 준비운동은 안전사고를 예방하기 위해서 꼭 필요하다.

또한 경기를 하는 도중 자신이 없다고 해서 포기하거나, 기권해 버리는 것은 스포츠를 즐기려는 자세가 아니다. 이기고 지는 것보다 그 경기에 임하는 자세가 더욱 중요하다. 그리고 경기가 끝나면 게임의 승패와 관계없이 상대편 선수와 인사를 나누는 것도 하나의 매너이다. 게임에 졌다고 해서 인사를 나누지 않는 것은 다음 게임에서도 이길 자신이 없다는 것과 마찬가지다.

2. 경기관전

경기장에는 그 경기에 적당한 경기장 분위기가 있다. 야구 · 축구 · 농구의 경우에는 응원석이 양편으로 나누어져 있어 때로는 고함을 지르기도 하고 야유를 보내기도 한다. 그러나 골프 · 테니스 · 사격 등을 관전할 때는 고함을 지르거나 소란을 피워서는 안 된다.

테니스의 경우 다른 스포츠와 달리 경기를 조용히 관전하는 것이 매너이다. 시합 중에 소리를 지르거나 박수를 쳐서는 안 되고, 일어나거나 걸어 다니는 것도 금물이다. 왜냐하면 실내 코트의 경우에는 작은 소리에도 선수의 집중력이 흩어지기 때문이다. 골프의 경우도 테니스와 마찬가지이다. 선수가 어드레스를 할 때는 정신을 집중하고 있기 때문에 잡담은 물론이고 주위를 어슬렁거려서도 안 된다.

1) 관전을 위한 준비

규모가 큰 경기장에서 축구 · 럭비 · 야구 경기를 관전하려면 먼저 무엇을 위주로 볼 것인가를 생각해야 한다. 만약 결승점을 올리는 순간을 보고 싶다면, 골라인 부근에 자리 잡는 것이 좋고, 경기의 전체적인 흐름을 관전하고 싶다면, 하프라인 선상에 위치한 관람석이 좋다.

그러나 맨 앞줄에 자리를 잡는다고 해서 선수의 표정까지 모두 읽을 수는 없다. 이럴 경우 쌍안경을 준비해 가면, 관전의 흥미를 더할 수 있다. 또한 계절에 따라 적절한 준비를 해가면, 경기를 관전할 때 도움이 된다.

특히 여름철에 관전할 때는 땀을 닦는 데 필요한 수건과 챙이 넓은 모자를 준비하는 것도 좋고, 겨울철에는 방한 대책을 완전하게 하고 경기장에 들어가는 것이 좋다. 또한 따뜻한 음료나 커피를 준비해서 마시는 것도 추위를 이기는 한 방법이다.

2) 응원은 산뜻하게

선수가 좋은 경기를 펼칠 때는 박수를 보내는 것이 당연하지만, 멋진 경기라

해서 무턱대고 박수를 치는 것은 올바른 매너가 아니다.

테니스의 경우 아무리 멋진 플레이를 펼친다고 해도 게임이 끝날 때까지 박수를 보내서는 안 된다. 왜냐하면 경기경험이 적은 선수는 작은 소리에도 제 페이스를 찾지 못하는 경우가 있기 때문이다. 그러나 산뜻한 응원은 오히려 선수의 심기일전에 크게 작용하기도 한다.

3. 골프

골프는 규칙을 지키는 것이 무엇보다 중요하다. 기량이 뛰어나도 규칙을 무시하는 행동을 일삼다 보면, 라운드 중 얼굴을 붉히는 일이 발생하고, 나중엔 동반자가 하나둘 떨어져 나가게 된다. 기량과 매너를 겸비한 '멋진 골퍼'로 대접받으려면, 다음과 같은 행동은 하지 말아야 할 것이다.

1) 타인에게 폐를 끼치지 않는다

골프는 '신사의 스포츠'라고 일컬어지고 있다. 경기를 하는 데 있어서 너무 스코어(score)를 얻는 것에만 마음을 뺏기지 말고, 오히려 타인에게 폐를 끼치지 않는 플레이를 한다는 마음가짐이 필요하다.

2) 플레이는 신속하게 한다

골프는 일정한 스타트 시간에 따라 플레이를 진행해 나간다. 누군가가 여분의 시간을 소비하게 되면, 그 여파가 조금씩 파급되어 그날의 스타트 시간이 전체적으로 뒤로 미루어지게 된다. 따라서 플레이는 신속하게 진행하는 것이 중요하다.

3) 타인의 플레이를 방해하지 않는다

골프는 정신적인 것에 크게 좌우되기 때문에 타인이 어드레스(볼을 치기 위한 준비)를 하거나 플레이를 할 때는 뒤에서 말을 걸거나 이야기하는 것은 삼가야 한다.

4) 1홀 이상 떨어지면 패스한다

플레이를 하다가 불의의 사고로 진행이 늦어져 앞의 조와 1홀 이상 벌어지게 되면 뒤따라오는 후속 조에게 패스하는 것이 매너이다. 이러한 경우를 '코스상의 선행권'이라고 하는데, 골프에서 특히 강조되는 부분이다.

5) 코스 보호에 힘쓴다

골프는 일정한 흐름에 따라 플레이를 하기 때문에 가장 상처받기 쉬운 것이 티 그라운드(tee ground : 제1타를 쳐내는 곳)와 그린의 손상이다. 따라서 플레이어는 다음 사항을 준수하면서 코스를 보호하는 데 힘써야 한다.

❶ 쇼트로 깎은 잔디는 반드시 원래 위치로 되돌려 밟아주어야 하고, 티 그라운드상에서는 고의로 잔디를 손상시키지 말아야 한다.

❷ 그린상에서 신발을 질질 끌지 않도록 하고, 특히 새 신발을 신었을 때는 조용히 걷는 습관을 길러야 한다.

❸ 벙커 내에서 쇼트가 끝난 다음에 생긴 자국이나 발자국은 반드시 레이키로 고르게 해두는 것을 잊어서는 안 된다.

❹ 플레이 후 깃대를 세울 때는 홀의 중심에 적립시켜 꽂는 것을 잊어서는 안 된다. 깃대를 뽑을 때와 볼을 주워 올렸을 때는 홀 주변의 잔디를 손상시키지 않도록 주의한다.

6) 기동에는 세심한 배려를 한다

최근에는 기동사고가 늘고 있다. 따라서 티 그라운드 근처나 인도어(indoor)에서도 기동을 할 때는 세심한 배려가 필요하다.

골프매너 '꽝'

- 'OB티'에서 티업하는 행위
- 퍼트라인을 툭툭 누르는 행위
- 수시로 볼을 건드리는(터치 플레이) 행위
- 티잉그라운드 밖에서 티오프를 하는 행위
- 해저드에서 클럽헤드를 치기 전에 땅이나 수면에 대는 행위
- 구제 받거나 언플레이어블 선언 후 볼을 페어웨이로 던지는 행위

4. 접대골프

게임에 너무 집중해서 고객을 접대하고 있다는 생각을 잊지 않도록 한다.

1) 준비

골프장 선정은 고객의 핸디캡(handicap : 경기에서 플레이어의 역량을 균등하게 하기 위해 파를 기준으로 해서 산출된 것), 익숙한 코스 등의 정보를 모아 참고해서 결정한다. 자택에서 가기 쉬운 장소를 선택하는 것도 좋다. 시작시간은 천천히 할 수 있도록 예약해 두는 것이 무난할 것이다. 과자 · 수건 등의 선물을 준비하는 것도 좋은 방법이다.

2) 만남

자택까지 마중을 가는 경우에는 시간을 엄수하고, 골프장에서 만나기로 한 경우에는 일찍 도착하여 고객을 현관 앞에서 맞이한다. 플레이 전 마스터 등록 등의 작업은 고객이 눈치채지 못하게 마무리해 놓는다.

3) 플레이매너

골프의 기본매너를 지키는 것은 당연하다. 너무 몰두한 나머지 자신의 입장을 잊지 않도록 해야 한다. 단, 고객의 플레이 상태가 나쁠 때 어드바이스 하는 것은 금물이다. 반대로 고객의 플레이가 좋을 때는 칭찬하면서 분위기를 띄운다.

4) 플레이 후 매너

샤워나 식사 등의 준비는 매끄럽게 준비해 둔다. 선물을 준비한 경우에는 귀가할 때 전달하고, 현관 앞에서의 인사는 간단하게 하는 것이 매너이다.

제 08 장
테이블매너

제1절 레스토랑매너

1. 호텔레스토랑을 이용할 때

현대인은 직장의 상사나 동료와의 회식, 그리고 국내외의 거래처 사람이나, 고객과 식사를 같이하는 경우가 많다. 동서양을 막론하고 식사를 하는 데는 여러 가지 습관과 방법이 있다. 식사 시 예기치 않은 실수로 상대방에게 혐오감을 주거나, 예의가 없다는 소리를 들을 수도 있다.

물론 최고급 레스토랑에서 음식을 먹는 것도 중요하지만, 올바른 식사매너로 자기 자신을 돋보이게 하는 좋은 기회가 될 수도 있다. 테이블매너(table manner)는 한마디로 '자기 보호와 안전'이라고 할 수 있다. 따라서 음식을 탐내듯 먹는 것은 좋지 못한 행동이므로 삼가야 한다. 음식은 서둘지 말고 천천히 먹는 습관이 중요하다.

1) 사전에 예약이 필요하다

호텔레스토랑(hotel restaurant)에서 식사를 하고 싶을 때는 반드시 예약을 해야 하며, 이때 성명 · 일시 · 인원 등을 정확하게 알려주어야 한다. 예약할 때 유념해야 할 사항은 다음과 같다.

❶ 예약 시 인원 수 · 일시 · 식사의 목적(생일 · 환갑 등)을 알려주면, 업무처리가 쉬워진다.
❷ 예약해 놓고 못 가게 되거나, 약속시간보다 늦어질 경우에는 반드시 알려주어야 한다.
❸ 식당 내에 들어서면 지배인(manager)이나 그리트리스(greetress)의 안내에 따라 행동한다. 핸드백 등 기타의 휴대품을 테이블 위에 올려놓는 것은 금물이다.

2) 호텔 레스토랑에서 정장을 하는 곳도 있다

일부 호텔이나 고급 레스토랑인 경우 정장을 해야만 출입이 가능한 곳이 있다. 예약할 때 정장을 해야 하는지를 확인하는 것이 바람직하다. 그리고 자기나라의 전통의상은 무방하나 너무 화려한 복장은 삼가야 한다.

3) 지배인이나 그리트리스 등의 안내를 받는다

사전에 예약을 했어도 마음대로 아무 좌석에 앉는 것은 금물이다. 레스토랑에 들어가면, 지배인 또는 그리트리스 등이 좌석을 안내해 준다. 이때 안내받은 테이블의 위치가 마음에 들지 않을 경우, "저쪽 자리는 안 될까요?"라는 식의 희망을 표시하는 것도 무방하다.

지배인 또는 그리트리스 등이 맨 먼저 빼주는 좌석이 상석이므로 그날의 주빈(主賓)이 앉는다. 상석을 지정받았을 때 지나친 사양은 오히려 실례가 될 수 있다.

4) 여성이 좌석에 앉을 때는 남성이 도와준다

서양에서는 여성존중사상이 에티켓의 기본으로 되어 있다. 따라서 레스토랑에서 여성이 앉는 좌석을 빼주는 것은 훌륭한 매너가 된다. 그리고 윗사람이나 여성이 동참해 있으면, 이들이 먼저 착석한 뒤에 앉아야 한다. 자기 좌석만 빼고 먼저 앉는 것은 실례가 된다. 마음속으로 상석이 어디라는 것도 알고 있어야 한다.

2. 회식할 때

회식(dining together)은 즐거운 분위기에서 맛있게 먹기 위한 것이다. 그러기 위해서는 주위 사람에게 불쾌감을 주지 않으면서 서로가 기분 좋게 즐겨야 한다는 마음가짐이 필요하다. 테이블매너라고 하는 것은 나이프와 포크 사용법이라고 하는 형식보다는 이러한 마음가짐이 핵심이 된다는 사실을 잊어서는 안 된다.

1) 팔꿈치를 올리거나 다리를 꼬는 것은 금물이다

식사할 때에는 자세를 바르게 하고, 손은 무릎 위, 또는 테이블의 가장자리에 가볍게 올려놓는다. 테이블 위에 팔꿈치를 올린다든지 턱을 받친다든지 하는 것은 매너에 반하는 행동이다. 그리고 다리를 꼬는 것도 단정치 못한 행동이므로 의자에 허리를 붙여 반듯이 앉아서 다리를 모으도록 한다.

2) 식사 중에는 불쾌한 소리를 내지 않는다

수프(soup)를 후루룩 마시거나, 음식을 씹을 때도 짭짭 소리를 내는 것은 동석한 사람에게 불쾌감을 줄 수 있다. 특히 음식을 씹을 때는 입술을 다물고, 맛을 음미하며 씹으면 불쾌한 소리가 나지 않는다.

3) 음식이 입안에 있는 채로 이야기하지 않는다

식사를 하면서 환담을 나누는 것도 매너의 하나이다. 단지 입안에 음식을 넣은 상태로 우물우물하면서 말하는 것은 보기에 흉하다. 품위 있게 이야기하면서 식사를 즐기려면, 다음과 같은 점에 유념해야 한다.

❶ 음식물을 한입에 너무 많이 넣지 않도록 하고, 상대방이 음식을 입안에 넣었을 때는 말을 시키지 않는다.

❷ 여유를 가지고 대화하고, 어려운 화제나 상대방에게 부담을 주는 질문은 가급적 피하는 것이 좋다.

❸ 한참 먹는 중에 누군가가 말을 걸면, 일단은 고개를 끄덕이며 제스처를 취하고, 음식을 다 삼킨 다음에 대답을 한다.

4) 주위 사람들과 먹는 속도를 맞춘다

먹는 속도가 다른 사람보다 빠르거나, 너무 느리지 않도록 주위 사람과 페이스(pace)를 맞춘다. 동석자와 대화를 즐기면서 우아하게 먹을 수 있도록 한다.

5) 테이블 위에는 아무것도 놓지 않는다

테이블에서 손가방의 위치는 등 뒤에 놓으면 가장 좋고, 테이블 위에는 가능한 아무것도 놓지 않는다.

6) 재채기와 하품에 주의한다

식사 중에 큰 소리를 내거나 웃는 것은 매너에 위배된다. 또한 실수로 재채기와 하품을 했을 때도 반드시 옆 손님에게 "미안합니다." 하고 사과를 한다. 테이블에서의 트림(belching)도 큰 실례가 된다.

7) 화장실은 식사 전에 다녀온다

식사 중에 화장실을 가는 것은 동석한 사람에 대한 실례이며, 품위 없어 보일 수 있다. 그러므로 자리에 앉기 전에 반드시 볼일을 보고, 머리나 복장에 흐트러짐이 없는지를 확인한다.

올바른 테이블매너

- 식사 시 테이블과 가슴의 간격은 약 10~15cm 정도가 이상적이다.
- 웨이터를 부를 때는 오른손을 가볍게 든다.
- 웨이터를 부를 때 캔들을 흔드는 행위는 삼간다.
- 아무런 말없이 묵묵히 식사만 하는 것도 실례다.

제2절 서양요리매너

서양요리는 일반적으로 코스로 이루어졌기 때문에 테이블매너가 까다롭다. 특히 윗사람의 초대를 받은 경우에는 윗사람이 포크나 나이프를 잡은 후에 먹는 것이 매너이다.

1. 풀코스와 알라카르테

서양요리에는 ① 풀코스(full course)와 ② 알라카르테(à la carte)가 있다. 첫째, 풀코스 요리는 다음과 같은 순서대로 나오는 것이 일반적이지만, 실제로는 조금씩 생략되어 10가지 정도가 나오는 것이 보통이다. 코스의 내용은 레스토랑에 따라 다른데, 그 레스토랑의 추천요리와 계절의 소재를 사용해 요리를 조합하는 등 천차만별이다.

둘째, 알라카르테는 일품요리로서 메뉴 중에서 코스 순서에 자신이 좋아하는 것을 골라 주문한다. 수프와 육류요리에 아이스크림을 첨가하기도 하는 등 선택은 자유롭지만, 요리의 양이 많기 때문에 적당히 감안해서 주문하지 않으면, 음식을 남길 수 있다.

1) 풀코스 정식메뉴

❶ 식욕촉진주(aperitif, cocktail, wine)

서구인은 식사 전에 타액이나 위액의 원활한 분비를 위해 쌉쌀한 맛을 지닌 식욕촉진주를 마신다. 대표적인 식욕촉진주로 셰리(sherry)와 버무스(vermouth)를 꼽는다. 일반적으로 식사 전에 마시는 칵테일은 마티니(martini)와 여성용인 맨해튼(manhattan) 등이 있다. 식욕촉진주는 대개 차갑게 제공된다.

❷ 전채요리(appetizer)

식사 순서 중 제일 먼저 제공되어 식욕촉진을 돋우어주는 소품요리로서, '오르되브르(hors-d'oeuvres)'라고도 하며, 메인요리가 나오기 전에 먹는 '엑스트라 요리'라는 의미다.

❸ 수프(soup)

고기 뼈나 조각에 야채와 향료를 섞어서 끓여낸 국물로 스톡을 기본으로

하여 각종 재료를 넣어 만든 것을 말한다.

❹ 빵과 버터(bread & butter)

빵은 요리와 함께 시작해서 디저트를 먹기 전에 끝내는 것이 좋고, 먹을 때는 나이프와 포크를 사용하지 않으며, 손으로 한입 크기로 뜯어 버터를 발라먹는다. 빵은 테이블 왼쪽에 놓여 있는 것을 먹으면 된다.

❺ 생선요리(fish)

생선요리를 먹을 때는 뒤집지 말고 먹어야 하며, 가시가 입에 들어가면 포크를 이용해서 받아낸 후 접시의 구석에 놓으면 된다.

❻ 소르베(sorbet)

생선요리와 육류요리 사이에 제공되는 것으로 단맛이 적고 알코올 성분이 있는 셔벗(sherbet)을 말한다. 특히 소르베는 다음 코스의 식사를 위해 입안을 산뜻하게 하고, 미각을 새롭게 해주는 요리로 디저트용 스푼을 이용해서 먹는다.

❼ 육류요리(meat)

메인코스의 기본은 쇠고기이다. 쇠고기의 참맛은 붉은 육즙에 있으므로 살짝 구울수록 고기의 참맛을 즐길 수 있다. 스테이크는 한번에 썰어놓고 먹기보다는 잘라가며 먹어야 한다.

전부 잘라놓고 먹으면, 육즙이 흘러내려 스테이크의 맛이 떨어질 뿐 아니라 금방 식어버린다. 스테이크를 자를 때는 왼쪽에서부터 자른다. 쇠고기는 주로 ① rare, ② medium rare, ③ medium, ④ medium well-done, ⑤ well-done으로 굽는다.

❽ 샐러드(salad)

육류와 야채는 맛에서도 조화를 이루지만, 육류는 산성이 강한 음식이므로 알칼리성이 강한 생야채를 샐러드로 먹음으로써 중화시킬 수 있다. 샐러드는 샐러드용 나이프와 포크가 제공되지만, 포크만을 사용해서 먹어도 무방하다.

❾ 디저트(dessert)

디저트는 주로 치즈 · 과자 · 케이크 · 과일 등이 나온다.

❿ 식후주(digestif)

식후주는 소화 촉진주이다. 식후에 커피를 마실 때 웨이터가 식후주 주문을 받는다. 식후주는 남성이 즐기는 ① 브랜디와 여성이 즐기는 ② 리큐어가 있다.

그림 8-1 풀코스의 테이블 세팅

① 자리 접시(plate of place) ② 냅킨(napkin)
③ 애피타이저용 나이프(knife and fork for appetizer)
④ 수프 스푼, 샐러드 포크(soup spoon and salad fork)
⑤ 생선용 나이프, 포크(knife and fork for fish)
⑥ 육류용 나이프, 포크(knife and fork for meat)
⑦ 버터 나이프(Butter knife) ⑧ 빵 접시(bread plate)
⑨ 버터 접시(butter plate) ⑩ 잼 접시(jam plate)
⑪ 물컵(water glass) ⑫ 백포도주 컵(white wine)
⑬ 적포도주 컵(red wine) ⑭ 샴페인 컵(champagne glass)
⑮ 기타 주류용 컵 ⑯ 조미료(salt and paper)
⑰ 디저트용 스푼, 포크, 나이프(spon, fork, and knife for desserts)

빵 먹는 법

아침식사에는 흔히 토스트 빵이나 크루아상이 나온다. 아침식사에 나오는 토스트는 노르스름하게 구워서 바구니에 냅킨으로 싸서 나오는데 우선 그 향기에 취하게 된다. 아침의 토스트는 나이프로 잘라서 네 쪽이 되면 한쪽을 쥐고 버터나 잼을 발라서 먹는 것이 매너이다. 프랑스빵 크루아상이나 롤빵은 손으로 한입 크기로 떼어서 먹는다. 절대 치아로 잘라서 먹으면 안 된다.

2. 올바른 식사매너

1) 나이프 · 포크의 사용법

가운데 접시를 중심으로 나이프와 포크는 각각 오른쪽과 왼쪽에 놓이게 된다. 따라서 있는 그대로 나이프는 오른손에, 포크는 왼손에 잡으면 된다. 양식에서의 나이프와 포크는 하나만을 계속해서 사용하는 것이 아니라 코스에 따라 각각 다른 것을 사용한다. 나이프와 포크는 ① 바깥쪽부터 ② 안쪽으로 순서대로 사용하면 된다.

2) 냅킨의 올바른 사용법

의자에 앉자마자 냅킨(napkin)부터 펴는 것은 너무 성급한 행동이다. 냅킨은 손님이 착석하고, 옆 손님과 한두 마디 이야기를 나눈 다음 천천히 자연스럽게 펴는 것이 좋다. 또한 냅킨은 두 겹으로 접힌 상태에서 접힌 쪽이 자기 앞으로 오게 하며, 무릎 위에 놓는 것이 상식이다.

냅킨은 입술을 닦거나 핑거볼(finger bowl)을 사용하였을 때, 손가락을 가볍게 닦는 정도로 사용한다. 만약 식사 전에 냅킨을 가지고 나이프나 포크 · 접시 등을 닦거나, 얼굴이나 목 · 손의 땀을 닦는 것은 매너에 어긋난다.

냅킨을 테이블 위에 놓아두면 식사가 끝났다는 의미로 해석되어 웨이터가 요리 접시를 가져갈 염려가 있으므로 냅킨은 의자 위에 놓고 나가는 것이 좋다. 그리고 식사가 다 끝나 일어날 때는 냅킨을 자연스럽게 접어 테이블 왼쪽이나 앞에 놓는다.

3) 요리는 모든 음식이 나온 뒤에 먹는다

풀코스나 일품요리가 자신의 앞에 나오자마자 급히 음식에 손을 대는 것은 매너에 위배된다. 동석자 전원에게 요리가 나온 것을 확인한 뒤에 나이프와 포크(knife and fork)를 사용해 음식을 먹는다.

나이프와 포크 사용 매너

- 밖에 놓인 것부터 안쪽으로 들어가며 하나씩 사용한다.
- 나이프는 오른손으로 사용하며, 포크로 찍은 것은 한입에 먹는다.
- 스테이크를 먹을 때 포크는 왼손, 나이프는 오른손을 사용한다.
- 음식을 자른 뒤 나이프는 접시에 걸쳐두고, 포크를 오른손에 바꿔 들고 먹어도 무방하다.
- 상대방이 식사 중일 때는 접시 중앙이나 테두리에 '八'자형으로 놓고 나이프의 날은 안쪽을 향하도록 한다.
- 식사가 끝나면 나이프는 뒤쪽에, 포크는 자기 앞쪽에 오도록 가지런히 모아서 접시 중앙의 오른쪽에 비스듬히 정열해 놓는다.

4) 떨어트린 집기는 줍지 않는다

식사 중 나이프와 포크를 떨어트렸을 경우 당황하지 말고, 다음과 같은 요령으로 행동한다.

❶ 동석자에게 "실례했습니다." 하고 사과한다.
❷ 스스로 줍지 않고, 웨이터에게 가볍게 손을 흔들어 신호를 보낸다.
❸ 웨이터가 오면 "나이프를 떨어트렸습니다. 바꿔주시겠어요?" 하고 정중히 부탁한다.
❹ 새것으로 가져왔으면, "고맙습니다." 하고 인사를 한다.

5) 자리에서 일어날 때는 각별히 주의한다

요리를 다 먹었다고 해서 혼자만 자리에서 일어나면 안 된다. 주최 측에서 인사한 후에 일어서는 것이 예의이다. 만약 볼일이 있어 먼저 일어나야 할 경우에는 미리부터 출입구 가까이에 앉았다가 기회를 봐서 눈에 띄지 않도록 자리를 떠난다.

6) 이쑤시개를 요구하면 안 된다

식사가 끝나자마자 이쑤시개(toothpick)를 찾는 사람이 있는데, 서양에서는 정식만찬 때 이쑤시개를 놓지 않는다. 따라서 손님도 테이블에서 이쑤시개를 요구하면 안 된다. 만약 이쑤시개가 테이블에 준비된 경우에도 테이블에 앉아서는 사용하지 않는 것이 매너이다.

7) 테이블에서의 화장은 금물이다

식후 테이블에서 립스틱(lipstick)을 꺼내 입술연지를 바르거나, 콤팩트(compact)를 꺼내 화장을 고치는 행위는 삼간다.

8) 화장은 연하게 한다

강한 향수는 요리의 냄새와 맛에 영향을 미칠 수 있다. 회식 자리에서의 향수는 약간 연하게 하는 것이 매너이다. 그리고 진한 입술의 루주(rouge), 즉 립스틱(lipstick)도 글라스 등에 자국이 남는다는 점에 주의해야 한다. 입술을 바르고 티슈페이퍼(tissue paper)를 입술로 물어 기름기를 제거하면, 입술에 자국이 남는 것을 예방할 수 있다.

제3절 동양요리매너

1. 일본요리

일본은 도쿄(東京)를 중심으로 세계의 모든 요리가 집합되어 있다. 일본은 4면이 바다로 둘러싸여 있고 남북으로 길게 뻗은 지형의 영향으로 재료의 종류가 많고 해산물을 풍부하게 사용한다는 점이 요리의 특징이다.

특히 쌀을 주식으로 하고 풍부한 농산물 및 해산물을 부식으로 한 식생활문화가 형성되었는데, 일반적으로 색채와 모양이 아름다우면서도 맛이 담백하여 향기 · 감촉 · 씹는 맛 등 풍미가 뛰어나다.

또한 일본요리는 '눈으로 보는 요리'라고 불리듯 외형의 아름다움을 중시하므로 그릇은 물론, 계절에 따라 재료나 음식 담는 방법 등에 세심한 주의를 기울여 미각(味覺)을 한층 자극한다.

1) 혼젠요리와 가이세키요리

가이세키(懷石)는 차를 마시는 자리에 나오는 간단한 요리이고, 가이세키(會席)는 일본의 정식 연회요리이다. 일식의 형식은 시대와 함께 변화되어 왔는데, 〈표 8-1〉과 같이 식사의 유형에 따라 ① 혼젠요리, ② 가이세키(懷石)요리,

③ 가이세키(會席)요리로 나누어진다.

표 8-1 혼젠요리와 가이세키요리

구분	내용
혼젠(本膳)요리	최근에는 접할 기회가 그다지 많지 않지만, 예로부터 관혼상제에 사용되어 왔다. 전통적인 일본요리
가이세키(懷石)요리	차를 마시는 자리에 나오는 요리
가이세키(會席)요리	혼젠요리가 약식화된 것으로 결혼 피로연 등에서는 일반적인 요리

(1) 일반적인 일본요리 메뉴

❶ 젠사이(ぜんさい)

식전에 내는 안주요리로, 서양 전채요리의 영향을 받아 생겨났으며, 3품과 5품의 모리쓰케(もりつけ)가 주로 쓰인다. 젠사이 그릇에 세 가지 또는 다섯 가지의 음식을 조금씩 낸다.

❷ 스이모노(すいもの)

스이모노(맑은국)는 주로 생선회를 먹기 전에 나오는데, 이는 생선회의 참맛을 즐길 수 있도록 입을 가셔주는 역할을 한다.

❸ 쓰쿠리(つくり)

쓰쿠리(생선회)는 일본의 대표적인 요리로 '사시미(さしみ)'라고도 한다. 일반적으로 어패류를 사용하는데, 무채를 썬 겡(けん) 위에 시소(しそ)를 얹고, 3~5종의 생선회를 낸다.

❹ 야키모노(やきもの)

야키모노(생선구이)는 생선이나 육류 등도 사용했으나, 현재는 거의 생선 소금구이, 간장구이, 된장구이, 꼬치구이 등이 나온다. 일반적으로 직화로

구우며, 구이 옆에 곁들임으로 나오는 요리를 아시라이(あしらい)라고 한다.

❺ 아게모노(あげもの)

아게모노(튀김요리)는 다량의 기름에 재료를 넣어 튀겨낸 요리로서, 주로 식물성을 사용하고 요리 밑에는 창호지나 당면 튀긴 것을 깔고, 그 위에 요리를 담아내는 경우가 많다.

❻ 니모노(にもの)

니모노(조림요리)는 식사 때 찬의 역할도 하며, 때에 따라서는 가이세키(會席料理)에서 식사 바로 전에 나오기도 한다.

❼ 스노모노(すのもの)

주로 해초나 해물 등의 재료에 식초 · 설탕 · 간장 · 청주 등으로 만든 삼바이즈(さんばいず)나 아마스(あます) 같은 소스를 곁들인 요리로서, 새콤달콤한 맛으로 입맛을 개운하게 해준다.

❽ 쇼쿠지(しょくじ)

쇼쿠지(식사)는 보통 밥과 된장국을 내기도 하지만, 주먹밥을 구운 야키메시(やきめし)나 차즈케(ちゃづけ), 죽 · 초밥 등 변화스럽게 식사를 내는 경우도 있다. 또 메밀국수 · 우동 · 소면 등을 주문받기도 한다.

❾ 구다모노(くだもの)

최종적으로 나오는 디저트로서, 보통은 계절과일이 나오는 경우가 많고, 맛차나 아이스크림 또는 커피가 나오기도 한다.

그림 8-2 혼젠요리풍의 가이세키(會席) 요리 상차림

① 과일 ② 초무침 ③ 튀김 ④ 찜요리
⑤ 삶은 요리 ⑥ 생선회 ⑦ 맑은국 ⑧ 전채 ⑨ 구이류

2) 젓가락 사용법은 일식 매너의 기본이다

일식에서는 '젓가락으로 시작해서 젓가락으로 끝난다'고 할 정도로 젓가락 사용이 중요하다. 아름답고 품위 있게 먹기 위해서는 〈그림 8-3〉과 같이 젓가락을 바르게 사용해야 한다. 항상 바른 젓가락 잡기 · 들기 · 놓기 · 움직이기 등을 몸으로 익히도록 한다.

젓가락 사용에는 여러 가지 금기시하는 사항이 있다. 금기시하는 이유는 단지 보기 흉한 것만이 아니다. 예를 들어 젓가락으로 서로가 음식을 전달하는 것은 매우 나쁜 이미지를 갖게 한다. 젓가락 사용 시 금기사항은 다음과 같다.

젓가락 사용 시 금기사항

금기사항	그릇 위에 젓가락을 가로질러 올려놓는 행위
	젓가락으로 그릇을 돌리는 행위
	젓가락으로 음식을 찔러보는 행위
	젓가락 끝을 입으로 빠는 행위
	젓가락으로 음식을 주고받는 행위
	반찬을 앞에 두고 젓가락으로 망설이는 행위

그림 8-3 젓가락 사용법

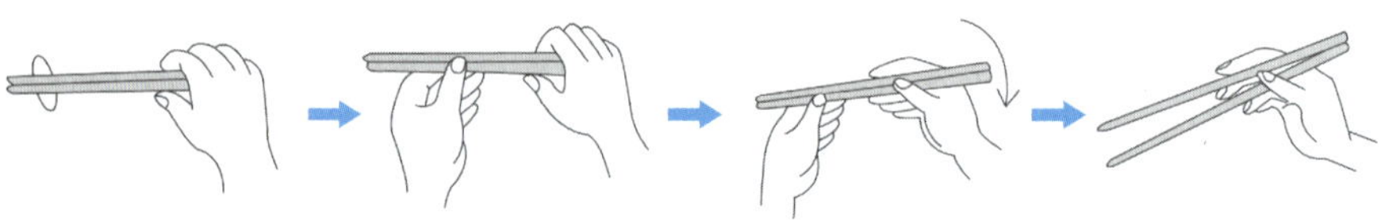

3) 냅킨 대신에 별도의 가이시(종이티슈 · 손수건)를 준비한다

서양요리에는 냅킨이라고 하는 편리한 것이 있지만, 일식에는 그것에 해당하는 것이 가이시(懷紙)이다. 가이시는 다음과 같이 여러 가지 용도로 사용된다.

❶ 국물이 떨어지기 쉬운 요리의 받침대로 사용한다.
❷ 상에 떨어뜨린 국물을 닦을 때 사용한다.
❸ 사용한 젓가락을 닦아서 깨끗이 한다.
❹ 식사가 끝난 후 생선의 뼈 등을 싸놓을 때 사용한다.

4) 전채요리는 왼쪽부터 먹는다

계절요리를 3가지 · 5가지 · 7가지로 색깔 좋게 만들어둔 전채는 어느 부분부터라는 규정은 없지만, 일반적으로 왼쪽부터 젓가락을 대서 점차 오른쪽으로 먹으면 보기에도 좋다.

5) 마시는 음식은 소리가 나지 않도록 한다

마시는 음식은 먼저 향을 음미하고, 국물을 한입에 넣고서 내용물을 조금 먹은 다음 국물과 건더기를 교대로 먹는다. 또한 국물을 마실 때는 젓가락을 든 채로도 상관없지만, 젓가락은 반드시 가지런히 모아져 있어야 한다.

6) 국물이 있는 음식과 밥은 한 숟가락씩 교대로 먹는다

처음에 국물, 다음엔 밥을 한입씩 교대로 먹는다. 향이 있는 음식을 먹을 때는 밥 위에 뿌려서 먹으면 안 된다. 밥을 더 먹을 때는 한 스푼 정도 남기고, 그릇을 두 손으로 들어 그릇을 건넨다.

식전 음주는 2잔까지만

서구에서는 습관적으로 식사 전에 마시는 술은 식욕을 돋구어준다고 알려져 있다. 그중에서도 특히 인기 있는 것이 셰리와인 · 버무스 · 마티니이고, 다음이 진토닉 · 캄파리 소다 순이다. 이 밖에도 글라스 샴페인 등도 자주 이용되고 있다. 그러나 식사 전에 마시는 술이 아무리 식욕을 돋우어준다고 하지만, 2잔 이상 마시는 것은 바람직하지 않다. 식전에 너무 많이 마시면 나중에 포도주를 마실 수 없게 되고, 요리의 맛도 느끼지 못하게 된다.

2. 중국요리

중국여행의 가장 큰 매력은 싸고 맛있는 요리를 맛보는 데 있다. 원래 중국대륙은 영토가 광대하여 지방마다 서로 다른 독특한 맛과 조리법이 있어 다양한 것이 특색이다. 레스토랑이란 말은 ① 찬팅, ② 판디엔, ③ 주러우, ④ 차이관 등 여러 가지 명칭이 있다.

일반적으로 음식점 이름의 일부, 또는 음식점 이름 옆에 베이핑(北平), 지앙처(江浙), 상차이(湘菜), 촨차이(川菜), 아오차이 등의 문자가 들어 있어 이것으로 요리의 종류를 알 수 있다. 즉 ① 베이핑은 베이징(北京)요리, ② 지앙처는 상하이(上海)요리, ③ 상차이는 후난(湖南)요리, ④ 촨차이는 스촨(四川)요리, ⑤ 아오차이는 광둥(廣東)요리를 말한다.

1) 지역별 음식

❶ 베이징요리

베이징(北京)요리는 중국 북부지방의 요리로 한랭한 기후 탓에 높은 칼로리가 요구되어 강한 불로 짧은 시간에 만들어내는 튀김요리와 볶음요리가 많다. 오랫동안 중국의 수도로서 황궁이 있었던 관계로 궁중요리의 계보를 이은 중국요리의 정수를 간직하여 섬세하고 세련미가 있으며, 미적 감각이 탁월한 것이 큰 특징이다. 대표적인 요리로는 베이징덕 · 양통구이 · 물만두 등이 있다.

❷ 상하이요리

상하이(上海)요리는 중국의 중부지방을 대표하는 요리로 일명 '남경요리'라고도 하며, 남경 · 소주 · 항주 · 상해 · 영주 등의 요리가 이에 속한다. 일찍이 지역적 여건 탓에 해산물과 미곡이 풍부해 식문화가 발달하였으며, 맛이 진하며 간장과 설탕을 많이 사용한다. 특히 상하이는 바다에 접해 있어

해물요리와 게요리 등이 유명하다.

❸ 후난요리

후난(湖南)의 서부와 남부는 산이 많아 산에서 나는 음식이 풍부하며, 북부는 평원이 있어 '물고기와 곡식의 고향'이라 불리고 있다. 후난요리는 간단히 샹차이(湘菜)라 부르며 원료 선택이 다양하여 맛은 물론 요리 종류가 다양하다.

특히 불조절을 통해 요리의 맛을 창출하는 부분을 중요하게 여기며, 칼 사용법이 색다르고 모양과 맛이 모두 훌륭하다는 점이다. 대표적인 요리는 이장치엔쿤(一掌前坤) · 지아오위토우(椒魚頭) 등이 유명하다.

❹ 스촨요리

스촨(四川)은 황하와 장강의 중간에 위치하고 있으며, 광둥요리와 더불어 국외로 진출하여 중국을 대표하는 요리가 되었다. 특히 스촨은 바다가 먼 분지여서 추위와 더위가 심한 악천후를 이겨내기 위해 향신료를 많이 사용하였다.

또한 고추 · 후추 · 산초를 많이 사용하여 맛과 향이 진하고 매운맛이 강하다. 대표적인 요리는 마파두부(麻婆豆腐) · 과파삼선(鍋巴三鮮) · 궁보계정(宮寶鷄丁) 등이 있다.

❺ 광둥요리

광둥(廣東)은 중국의 최남단에 위치하며, 전 지역이 아열대 또는 열대성 기후에 속한다. 특히 광둥은 풍부한 식재료를 이용한 요리로 유명하다. 일찍이 외국과의 교류가 활발한 탓에 서양의 음식문화가 가미되면서 화려하고 국제적인 감각을 겸비한 중국요리의 최고봉으로 인식되고 있다.

음식의 색과 장식을 중요하게 여기며, 맛이 담백하고 부드러우면서도 시원한 맛을 강조한다. 대표적인 요리는 구운 돼지고기 · 새끼 통돼지구이 · 딤섬 · 상어지느러미 등이 있다.

2) 메뉴를 읽을 때의 포인트

중국요리의 메뉴는 보통 4문자 · 5문자 · 6문자로 쓰여 있는데, 그중에 가장 일반적인 것은 4문자 메뉴이다. 메뉴에는 소재, 요리법, 자르는 법, 모양 등으로 구성되어 있으므로 자주 사용하는 한자를 암기하면, 메뉴를 보는 것만으로도 대체로 어떠한 요리인지 알 수가 있다.

(1) 일반적인 중국요리 메뉴

❶ 첸차이(前菜)

첸차이는 냉채를 많이 내는데, 식사 전에 술을 함께 곁들이면 좋다. 일반적으로 찬 요리 2가지와 뜨거운 요리 2가지를 내는 것이 보통이다. 그리고 첸차이의 하나로 더운 요리 중에 러차이(熱盤)를 낸다. 러차이는 주된 요리와 연결시켜 주는 역할을 하며 상어지느러미 등이 있다.

❷ 탕차이(湯菜)

탕차이는 일정한 규칙이 있는 것이 아니라 요리의 중간이나 나중에 나올 수도 있다. 연회 시 탕차이는 러차이가 나온 뒤에 나오는 것이 순서이다. 고급재료로 만든 탕차이는 연회 중간에 나오기도 하며, 일명 '두채(頭菜)'라고도 한다.

❸ 주차이, 따차이(主菜, 大菜)

주차이는 탕 · 튀김 · 볶음 · 유채(조미한 물녹말을 얹은 요리) 등의 순서로 나오는 것이 일반적이나, 순서 없이 나오기도 한다. 대규모의 연회에서는 찜, 삶은 요리 등이 추가된다.

기타 중국요리

- 차오차이(炒菜)는 볶음요리로 해삼전복과 새우칠리소스 등이 있다.
- 지엔차이(煎菜)는 기름에 볶거나 지져서 수분 없이 만드는 요리를 말한다.
- 자차이(炸菜)는 닭고기 튀김, 갈비 튀김 및 쇠고기 튀김을 말한다.
- 먼차이(燜菜)는 마파두부, 해삼게살 요리를 말한다.
- 리우차이(熘菜)는 류산슬, 야채요리를 말한다.
- 뚠차이(炖菜)는 약한 불에서 장시간 끓이는 요리를 말한다.
- 카오차이(烤菜)는 뜨거운 공기와 복사열로 직접 익히는 조리법을 말한다.

❹ 텐신(點心)

코스의 마지막을 장식하는 요리로 요리의 맛이 남아 있는 입안을 단맛으로 전환해 주는 의미가 포함되어 있다. 일반적으로 복숭아조림 · 중국약식 · 사과탕 등이 나온다.

(2) 수프 먹는 방법

수프를 먹을 때는 젓가락을 놓고, 〈그림 8-4〉와 같이 사기 숟가락을 오른손에 쥐고 먹는다.

그림 8-4 수프 먹는 방법

그림 8-5 중국요리의 테이블 세팅

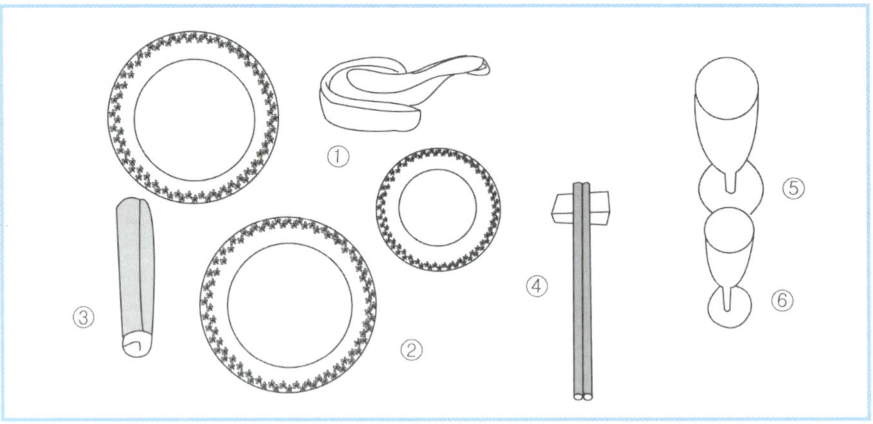

① 사기 숟가락　② 요리를 덜어 먹는 접시　③ 물수건
④ 젓가락　⑤ 와인용 글라스　⑥ 곡주용 글라스

3) 중국요리의 주문 요령

❶ 세트메뉴가 있는 경우에는 요리를 일일이 주문하는 것보다 세트메뉴를 주문하면 훨씬 경제적이다.

❷ 술과 차의 종류를 확실히 안 뒤 주문하고, 4명 이상인 경우에는 요리 중에 수프류를 넣는다.

❸ 처음 이용할 때는 웨이터에게 자신의 취향을 알려주고, 도움을 받는 것이 좋다.

❹ 재료와 조리법 · 소스 등이 중복되지 않도록 주문하고, 해물 · 상어지느러미 · 제비집 등은 일단 가격이 비싸다는 것을 알아둔다.

4) 원탁에도 상석이 있다

요리는 우선 상석의 손님 앞에 먼저 준비하고, 다음과 같은 순서로 식사를 시작한다.

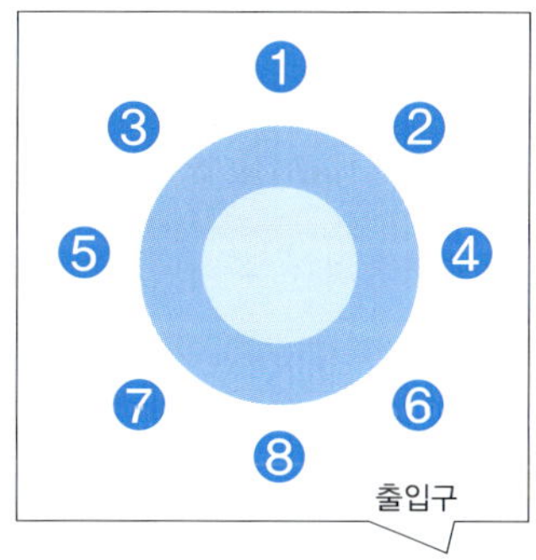

❶ 원형의 회전탁자는 넓은 궁중문화에서 생겨난 문화이며, 음식을 여유 있게 즐기는 중국 특유의 식탁이다.
❷ 회전음식이 자기 앞에 오면, 남아 있는 다른 사람의 수를 고려하여 음식을 적당히 덜어 먹는다.
❸ 새로운 요리가 나올 때마다 맛이 섞이지 않도록 주의하고, 요리는 새로운 접시에 담아서 먹는다.
❹ 회전탁자의 회전방향은 시계방향이 원칙이고, 다음 사람이 요리를 덜 때는 테이블을 돌리지 않는다.
❺ 요리를 먼저 덜 때는 “먼저 실례합니다.” 하고 요리를 던 후, 옆사람에게 테이블을 돌려놓는다.
❻ 자신의 앞에 요리가 돌아왔을 때, 옆사람에게 “먼저 드십시오.” 하고 양보하는 것은 바람직하지 않다.
❼ 자신의 접시와 컵 등은 회전탁자에 올려놓지 않으며, 한 번 돌아간 음식이 아직 남아 있으면 더 들어도 좋다.

5) 개인접시는 요리 종류에 따라 바꾸는 것이 좋다

요리가 나올 때마다 개인접시는 새로운 접시를 사용하는 것이 맛이 섞이지 않아 요리를 더욱 맛있게 먹을 수 있다. 그러나 접시에 다른 음식이 그다지 많이 묻어 있지 않을 때는 계속해서 사용해도 아무 상관이 없다.

6) 요리는 먹을 수 있을 만큼만 덜어 먹는다

좋아하는 요리가 자신의 앞에 왔다고 해서 너무 많이 덜어버리면, 마지막 사람이 그 요리를 맛볼 수 없는 경우도 있기 때문에 다음 사람을 생각해 가면서 자신의 몫을 요령껏 덜도록 한다.

7) 개인접시를 손으로 들고 먹는 것은 금물이다

개인접시는 손에 들지 않고, 원탁에 놓은 상태로 먹는 것이 바람직하다. 요리를 덜 때도 개인접시를 요리접시 가까이에 두고, 테이블 위에 놓은 상태로 요리접시에 있는 서비스 숟가락과 포크를 사용하도록 한다. 개인접시가 모자라면 웨이터에게 새로운 접시를 요구한다.

테이블의 종류
- 정사각형 테이블 : 공식적이고 딱딱하여 폐쇄적인 느낌을 준다. - 원형 테이블 : 캐주얼하고 개방적이다. - 직사각형 테이블 : 여럿이 앉을 경우에 다소 권위적일 수 있다.

제4절 파티매너

1. 파티의 기본매너

'파티(party)'란 그것이 어떤 형식으로 열리든 그 목적은 서로가 허물없이 마음을 터놓고 이해하고 즐기면서 친밀한 인간관계를 더욱 깊게 하는 데 있다. 또한 파티는 많은 사람이 다 같이 즐기기 위한 것으로 어느 정도의 룰이 정해져 있다. 예를 들면 형식 · 시간 · 복장 등이 정해져 있는 것이다.

파티에서는 매너도 소홀히 할 수 없다. 매너란 ① 자기 본위의 행동을 삼가고, ② 상대방의 입장이나 기분을 생각하고, ③ 화제는 다 같이 즐길 수 있는 것을 찾는 것이다.

이와 같은 태도는 일상적인 사회생활에서도 항상 그 사람을 매력적으로 보이게 할 것이다. 또한 평소부터 좋은 인상을 주는 사람이라면 파티석상에서도 좋은 인상을 여러 사람에게 줄 것이다.

따라서 파티석상에서는 항상 사람들의 기분을 소중히 생각하고, 극히 자연스러운 태로도 임해야 할 것이다.

1) 파티의 종류

파티에는 창업 · 신사옥 낙성 · 신입사원 피로연 등의 기념식과 단골 거래처 초대회의와 같이 사은(私恩)을 목적으로 하거나, 그 밖에 업계의 총회와 신년축하회 · 영전 · 서훈 · 장수축하회 등 개인적인 것까지 여러 가지가 있다.

파티매너는 점차 간소화되는 경향이지만, 때에 따라서는 아직도 그 형식이나 격식이 까다로운 것이 있다. 따라서 매너를 익혀놓는 것은 단순히 창피함을 면하는 것뿐만 아니라, 자신의 명예를 높인다는 점에서 매우 중요한 일이다.

2) 주최 측에 대한 인사

파티장에 도착하면 우선 주최 측에 인사를 하고, 초청에 대한 감사의 말을 전하도록 한다. 그러나 시간을 오래 끄는 것은 금물이다. 파티장을 떠날 때는 주최 측에 감사의 뜻을 표시하는 것이 예의지만, 주최자가 바쁘거나 대화 중일 때는 특별히 인사를 하지 않아도 상관이 없다. 오히려 살짝 빠져 나오는 편이 더 낫다고 본다. 특히 개인이 주최하는 파티인 경우에는 다음날 잊지 말고 감사의 전화를 하는 것이 예의이다.

3) 파티에 참가할 때의 복장

일반적인 친구끼리의 파티라면 평상복 차림이 무방하겠지만, 특정한 사람을 위한 파티라면 다소 격식을 갖춘 복장을 해야 한다.

❶ 남성의 경우 경사(慶事)의 복장은 턱시도(tuxedo), 모닝코트(morning coat), 약식예복 등이 있다. 격식 있는 파티의 안내장에 '블랙타이(black tie)'로 되어 있으면 턱시도를 입는다. 안내장에 '평복'이라고 되어 있을 때는 다크셔츠(dark shirt)를 입는다.

❷ 여성의 경우 예복은 이브닝드레스(evening dress)가 정상이지만, 자사가 주최하는 파티와 상사 자녀의 결혼식 등은 원피스(one piece)나 다크셔츠에 코사지 등으로 악센트를 주는 정도가 무난하다. 장소에 따라 한복을 입는 것도 좋다.

4) 바른 몸가짐

꾸밈 없는 순박한 몸가짐은 그 사람의 얼굴표정, 몸매에서 나타난다. 단정하고 우아한 몸가짐을 가진 사람에게서 인품이 저절로 드러나 보이며, 몸가짐이 바르고 정중한 사람과 함께 생활하면, 편안하고 안정감이 들게 마련이다. 파티에 참가할 때 다음 사항에 유념한다.

❶ 머리와 구두를 손질한다.
❷ 옷(상의 · 바지)을 손질한다.
❸ 약간 화려한 넥타이를 맨다.
❹ 손톱이나 치아의 청결 등에 유의한다.

❺ 깨끗한 와이셔츠(백색이 무난함)를 입는다.

5) 식사는 풀코스의 순서에 따라 먹는다

먹는 순서는 전채로 시작해 생선요리 · 육류요리 순서로 먹는 것이 좋다. 사람이 붐비면 생각대로 먹기가 쉽지 않지만, 가능하면 풀코스의 순서대로 먹도록 한다.

6) 접시 하나에 여러 가지 요리를 올리지 않는다

자주 요리를 가지러 가는 수고를 줄이기 위하여 하나의 접시에 몇 가지 요리를 산처럼 쌓는 사람이 있는데, 이것은 스스로 매너가 없음을 드러내는 것과 같은 것이다. 하나의 접시에는 2, 3가지의 요리만 올리고, 다 먹고 나서 다시 요리를 가지러 가도록 한다.

또한 따끈한 요리와 차가운 요리를 같은 접시에 올리는 것도 곤란하다. 이것은 모처럼 만든 요리의 제맛을 손상시키는 것이다. 그리고 소스(sauce)가 뿌려진 요리와 다른 요리를 섞어 먹는 것도 바람직하지 않다. 소스가 다른 요리의 맛을 다르게 할 수도 있기 때문이다.

7) 환담할 때에는 접시를 놓고 음료수만으로

입식 파티(standing party)는 많은 사람과 교류하고 친목을 도모하는 것이 목적이다. 먹고 마시는 것에만 몰두하지 말고 참석자와 대화를 즐기도록 한다.

사람들과 이야기할 때에는 음료수만을 들고, 접시는 테이블 위에 놓는다. 빈 접시는 테이블 한쪽에 놓고, 웨이터에게 치우도록 한다.

그림 8-6 입식파티의 매너

메인 테이블 앞에 멈추어 서지 않는다.

요리에 욕심내지 않는다.

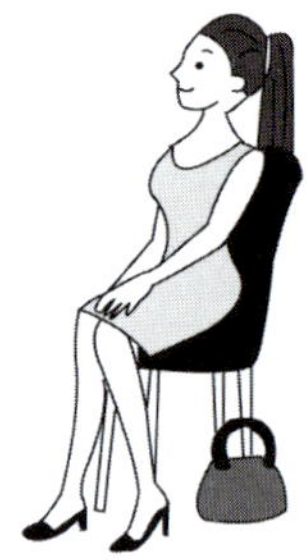

의자에 장시간 앉아 있지 않는다.

사용한 접시에 새로운 요리를 담지 않는다.

커피를 마실 때는 작은 접시를 사용한다.

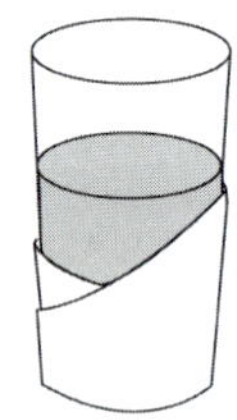

글라스에 감은 냅킨은 벗기지 않는다.

접시가 깨끗할 때는 접시 위에 글라스를 올려 놓아도 좋다.

접시는 한 사람이 하나만 사용한다.

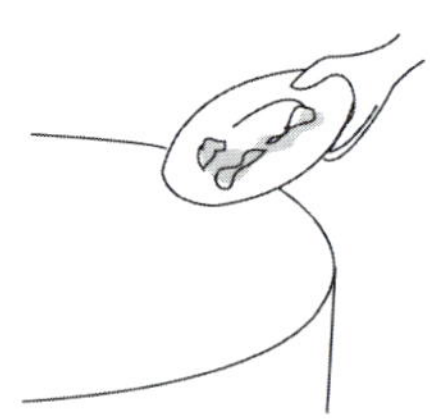

사용한 접시나 글라스를 메인 테이블 위에 놓지 않는다.

만찬매너

- 지정된 시간보다 5분 정도 전에 도착한다.
- 도착 후에는 다른 사람과 인사를 나눈다.
- 만찬이 끝나기 전에 자리를 뜨는 것은 예의에 어긋난다.
- 초대받았던 사람은 귀가 후 48시간 이내에 감사의 전화를 하는 것이 예의이다.

2. 파티의 형식

오찬 · 만찬 · 리셉션 등의 각종 연회는 사교상 매우 중요한 행사로서 주최측과 손님 모두가 매너를 준수해야만 비로소 성공적인 연회로 이끌 수 있다.

1) 디너파티(dinner party)

'연회'야말로 서양매너가 집약되어 나타나는 사교행사인 것이다. 그중에서도 만찬은 가장 중요하고 뜻깊은 사교행사로서, 그 격식과 절차가 엄격하다. 만찬은 그 형식에 따라 ① 공식(formal), ② 비공식(informal)으로 나눌 수 있다.

첫째, 공식 만찬에서는 초대 시 구두통보를 하거나 초대장을 이용하며, 복장은 연미복(tail coat)이나 턱시도를 착용한다.

둘째, 비공식 만찬에 대해 살펴보면, 영국의 상류사회에서는 반드시 디너 재킷인 턱시도나 이브닝드레스를 입고 참석한다. 그러나 이를 엄격히 지키지 않는 사회에서는 약식디너 초대 시 특별한 통지가 없는 경우 평복을 입고 참석해도 무방하다.

2) 런치파티(lunch party)

런치파티는 오찬회(午餐會)를 말하는 것으로 정오부터 오후 2시 사이에 개최

되며, 가벼운 식사가 나온다. 착석 파티에서는 좌석이 정해져 있으므로 지각과 중도의 퇴실은 실례가 된다. 복장은 평복도 상관없다. 오찬의 준비요령은 만찬과 같다.

그러나 만찬과 비교할 때 훨씬 간소하여, 호스티스(hostess)는 손님을 맞이할 때 굳이 입구에 서 있지 않아도 되며, 샴페인도 사용하지 않는다. 영어의 'Luncheon'은 격식을 차린 표현이고, 'Lunch'는 일반적인 표현이라 할 수 있다.

3) 칵테일파티(cocktail party)

'칵테일파티'란 이름에서도 알 수 있듯이 칵테일을 주로 하고, 안주로서 카나페(canapé) 정도를 곁들여 내어 손님을 접대하는 사교행사이다. 시간은 5시 이후에 시작하는 것이 보통이다.

'카나페'란 오르되브르(hors d'oeuvre)의 일종으로 식전(食前) 음료나 칵테일파티의 안주로 많이 제공된다. 오픈샌드위치(open sandwich)와 같이 다양한 모양으로 얇고 작게 자른 토스트 위에 거위간 · 캐비어 · 훈제연어 · 치즈 · 햄 등을 예쁘게 장식해 은쟁반에 담아 내놓는데 카나페는 손으로 집어 먹는다.

칵테일은 두 가지 이상의 술을 혼합해 만드는 American mixed drink이지만, 일반적으로 식전주(apéritif)로서, 카나페와 함께 내는 것으로도 잘 알려져 있다. 따라서 종류도 매우 다양하다.

그러나 칵테일파티에서는 예부터 인기가 높은 ① 드라이 마티니, ② 진칵테일, ③ 위스키칵테일, ④ 맨해튼 등을 주로 준비한다. 매우 친한 사람과의 파티에서는 호스트가 직접 셰이커(shaker : 칵테일 만드는 기구)를 흔들어가며 칵테일을 만들어 분위기를 돋워 친목을 다지기도 한다.

4) 뷔페파티(buffet party)

일정한 격식을 차리지 않고, 간편하게 손님을 접대할 수 있는 것이 뷔페이다. 따라서 특별한 의미를 부여하지 않고, 부담 없이 사람을 초대할 때는 뷔페가 좋다. 뷔페는 초청하는 사람이나 초청받는 사람 모두 가벼운 기분으로 식사를 할 수 있으며, 자신이 직접 음식을 덜어다 먹기 때문에 자기가 선호하는 요리 위주로 먹을 수 있다는 특징이 있다.

또한 주최자는 일손을 덜 수 있으며, 격식을 차린 파티와 달리 자유롭게 움직이며, 요리를 덜기 때문에 동시에 많은 사람의 접대가 가능하다. 오늘날과 같이 바쁘게 살아가는 사람에게는 매우 편리한 접대방법이다. 일반 가정에서도 쉽게 응용할 수 있어 각종 성격의 파티 시 뷔페식을 도입한다면, 사교에 도움을 줄 수 있을 것이다.

뷔페는 그 형식에 따라 ① sitting buffet(테이블에 앉아서 식사)와 ② standing buffet(선 채로 식사), 그리고 ③ cocktail buffet(식사보다는 안주 위주의 간단한 뷔페)로 나눌 수 있다.

5) 가든파티(garden party)

가든파티는 정원에서 하는 비교적 규모가 큰 티파티(tea party)의 하나이다. 일년 중 날씨가 쾌청하고 청명한 날을 골라 정원에서 베푼다고 하여 '가든파티'라고 하는데, 정원의 경치가 가장 훌륭한 계절에 주로 한다.

파티는 테니스나 크로케(croquet) 등의 스포츠도 함께 즐기는 소형 연회에서부터 오케스트라(orchestra)를 동원한 무도회에 이르기까지 목적에 따라 규모가 크게 달라진다.

그러나 보통 가든파티라 하면 수백 명에 달하는 사람을 초청, 각종 여흥을 즐기며 이에 필요한 기물, 요리를 정원으로 옮겨 음료카운터를 만들어 접대하는 사교적 행사를 말한다. 여흥으로는 야외연극 · 야외발레 등의 문화적인 행사와 테니스, 크로케 등의 스포츠 행사, 그리고 바자회 등이 있을 수 있다.

3. 파티에 초대하는 법

초대하는 사람은 적어도 일주일 전에 상대방이 받아볼 수 있도록 초대장을 보낸다. 초대장에는 목적 · 일시 · 장소 등을 기재한다. 그리고 초대장을 받은 사람은 참석 여부를 서신 · 전화 등으로 알려줘야 한다.

1) 파티장 선정

파티의 일시가 정해지면 빠른 시일 내에 장소를 예약한다. 장소는 파티의 목적 · 초대인원 · 예산 등에 맞추어 선정한다. 파티장을 선정할 때 유념해야 할 사항은 다음과 같다.

파티장 선정 시 주의사항

파티장 선정	격식과 분위기는 어떤가?
	초대객의 교통편은 어떤가?
	장소의 넓이는 적당한가?
	요리의 내용은 어떤가?
	주차대수와 시설은 어떤가?

2) 초대손님 인선

각 부서의 담당자로부터 초대하고 싶은 사람의 리스트를 모아 상사에게 제출하여 인선해 받는다.

3) 초대장

초대장에는 파티의 취지 · 일시 · 장소 · 형식 · 복장 등을 기입하도록 한다. 발송은 2~3주 전에 하고, 반송용 엽서로 참석 여부의 회답을 받도록 한다.

4) 파티장 설치

파티가 성공할 것인가 아닌가는 연출을 어떻게 하느냐에 달려 있다. 착석식의 파티에서는 좌석 순에 신경을 써야 한다. 원칙적으로는 사회적 지위를 우선하고, 연령도 고려하여 배치한다.

5) 당일업무

파티 당일 초대객을 환영하면서 접수 · 안내하고, 손님 중에 서로 모르는 사람이 있을 때는 소개를 한다. 또 돌아갈 때 기념품과 선물을 전달하고 배웅한다. 특히 접수 때 맡은 물건은 주의하고, 파티가 끝나면 뒤처리를 돕는다.

6) 요리준비

파티를 계획할 때 요리준비의 기준은 초대장을 100장 냈다고 가정하면, 80% 정도의 손님이 참석한다고 보고 참석자의 90%분의 요리를 준비하면 적당하다. 파티가 끝났을 때 20% 정도의 요리가 남는 경우가 가장 준비가 잘된 파티라고 한다. 이것은 파티 종료 후 남은 요리가 '0'인 경우에는 아무리 훌륭한 내용의 파티라도 빈상이 반영되는 것처럼 생각되기 때문이다.

요리와 와인

육류요리에는 적포도주, 생선요리에는 백포도주라고 하는 것이 규정처럼 되어 있지만, 사람에 따라 그 취향이 다르므로 육류요리에 백포도주를 주문하는 것도 전혀 이상하지 않다. 와인을 주문할 때는 자신의 취향에 따라 요리에 맞는 포도주를 선택하면 된다. 즉 불을 대지 않은 신선한 소재의 담백한 요리에는 상큼하고 진한 맛의 백포도주를, 스테이크에는 적포도주를, 그리고 크림시추에는 순한 맛의 백포도주가 최적이다.

memo

Tourism Manner
SERVICE

Tourism Manner
SERVICE

PART 3

고객서비스 테크닉

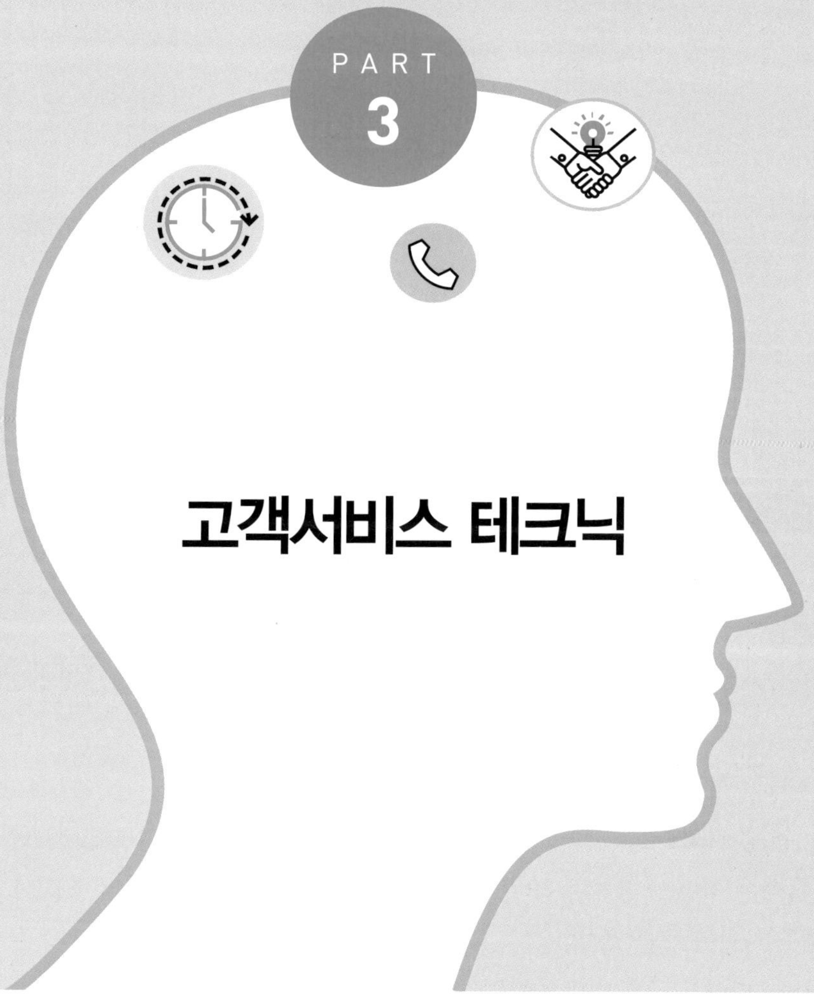

제 09 장 고객응대서비스

제1절 서비스맨의 기본정신

1. 서비스맨의 마음가짐

일반적으로 서비스맨(serviceman : 서비스 요원, 서비스 직원, 서비스 제공자 등) 하면, 호텔 · 레스토랑 · 항공사 · 여행사 등에서 근무하는 사람을 연상하지만, 오늘날에는 서비스 영역이 전 분야에 걸쳐 있어 모든 직업인이 '서비스맨'이라고 해도 과언이 아닐 것이다.

서비스업에서 중추적인 역할을 수행하는 서비스맨은 각자 자신이 근무하는 직장의 대표라는 마음가짐으로 강한 자주정신을 가져야 한다. 고객 마음의 문을 열기 위해서는 무엇보다도 호감을 주는 얼굴표정과 선한 마음을 갖는 것이 가장 중요하다.

특히 고객을 응대할 때는 ① 일에 대한 책임감, ② 센스 있는 감각, ③ 아름다운 성품도 함께 갖추어야 한다. 그리고 주의해야 할 사항은 ① 고객에게 무관

심하거나, ② 양해를 구하지 않은 채 고객을 마냥 기다리게 하면 안 된다. 고객을 맞이할 때 서비스맨이 갖추어야 할 마음가짐은 다음과 같다.

서비스맨의 마음가짐

마음가짐	고객을 존중하고, 자존심을 손상시키지 않으려는 마음을 갖는다.
	자사의 제품과 서비스에 대해 풍부한 지식을 쌓는다.
	고객의 이름을 기억해서 존재감을 높여준다.
	적극적인 태도로 고객의 의도를 알아채고 파악한다.
	항상 고객을 배려하고 감사하는 마음을 갖는다.
	고객과의 약속은 꼭 지키며, 고객에 대해 의심을 품지 않는다.
	고객의 성격을 먼저 파악한다.
	고객을 머리로 이해하지 말고, 가슴으로 이해한다.
	칭찬의 말로 고객 마음의 문을 연다.
	잘난 체하지 않는 겸허한 마음과 봉사하는 마음을 갖는다.
	매사에 감사하고 넉넉한 마음을 갖는다.
	최고의 서비스맨이 되려면, 연출력이 뛰어나야 한다.
	고객에게 제품을 판매하는 것이 아니라 서비스를 파는 것이다.
	모든 일에 정성스러운 마음을 갖는다.
	몸가짐을 조심스럽게 하고, 너그러운 마음을 앞세운다.
	남을 탓하기보다는 자신의 불찰을 반성하는 마음을 갖는다.
	모든 것을 사랑하는 어진 마음을 갖는다.
	고객의 요구를 정확히 파악하고, 충족시켜 주려는 마음을 갖는다.

2. 서비스맨의 기본정신

서비스는 단순히 제조업이나 타 산업의 부수적인 활동이 아니라, 현대사회에 절대적으로 필요한 부문으로서, 우리 경제의 중심부에 위치하고 있다. 따라서 '21세기는 서비스가 중심이 되는 시대'라는 점을 인지하고, 사명감과 책임감을 가지고 자신의 직무에 성실하게 임해야 한다.

자신의 역할에 따라 가정과 자신이 속한 기업, 더 나아가 국가와 국제사회의 윤택한 삶이 결정된다는 점을 바르게 깨달아야 한다. 서비스맨이 갖추어야 할 기본정신은 〈표 9-1〉과 같다.

표 9-1 서비스맨의 기본정신

구분	내용
사명감	서비스맨은 항상 자신감과 사명감을 가지고 자신의 직무에 성실하게 임해야 한다.
인내심	다양한 고객을 대하다 보면 인내심의 한계에 다다를 수 있지만, 그래도 서비스맨은 참아야 한다.
봉사성	항상 마음에서 우러나오는 최상의 친절과 미소로 고객서비스에 임해야 한다.
노력성	고객의 마음에 들도록 최대한 노력하라. 고객은 노력하고 애쓰는 직원을 좋아한다.
긍정성	고객에게 서비스를 제공할 때는 항상 긍정적인 자세와 사고를 가져야 한다.
청결성	공공위생과 개인위생에 고객이 불편을 느끼지 않도록 깨끗하게 유지해야 한다.
능률성	서비스맨은 매사에 적극적이고, 능동적인 자세로 업무를 수행해야 한다.
경제성	고정경비와 변동경비의 지출을 최대한 절감하여, 이익증대에 이바지해야 한다.
정직성	서비스맨의 정직한 행동은 회사의 명예와 지속적인 영업신장에 크게 기여해야 한다.
환대성	서비스맨은 항상 정중하고, 올바른 매너와 친절한 태도로 고객을 맞이해야 한다.

3. 서비스맨의 주요 역할

관광산업을 포함한 전통적인 서비스산업이 국가경제에서 차지하는 중요성이 그 어느 때보다 증대하고 있다. 제품판매와 관련된 서비스 부문의 비중이 증대되면서 서비스맨은 기업에 대하여 고객이 갖게 되는 이미지를 형성하는 데 필수적인 요인이 되었고, 기업의 성패를 결정하는 중심적인 역할을 하고 있다.

서비스맨은 고객의 욕구와 사고를 잘 이해하고 반응함으로써, 고객이 기업과 반응하는 과정에서 생기는 만족도를 증가시킬 수 있다. 고객만족도가 높아지면 반복구매활동이 증가하고, 긍정적인 구전이 발생해 결국 해당 서비스기업의 시장점유율과 순이익이 증가하게 된다. 일선에서 고객을 직접 대하는 서비스맨은 이처럼 중요한 일을 담당하고 있는 것이다. 서비스맨의 주요 역할은 다음과 같다.

서비스맨의 주요 역할

서비스맨의 주요 역할	서비스맨은 비즈니스의 매니저, 기업 이익의 대변자로서 업무를 수행하는 역할을 한다.
	서비스맨은 고객이 어려움에 처했을 때 문제를 해결해 주는 역할을 한다.
	서비스맨의 행동과 태도 여하에 따라 고객만족도의 유무가 결정된다.
	서비스는 회사 전체를 대표하기 때문에, 고객은 서비스맨을 회사의 대표자로 인식한다.
	서비스맨은 제품뿐만 아니라 서비스도 함께 판매하는 역할을 수행한다.
	서비스맨은 고객을 직접 대면하기 때문에 자사의 제품을 자연스럽게 홍보할 수 있다.
	서비스맨의 고객 응대매너, 제품관련 지식, 올바른 자세 등이 기업의 성공에 이바지한다.

4. 버려야 할 의식과 과제

고객을 스스로 존중하는 마음은 직장생활이나 삶에서 반드시 필요한 요소이지만, 쓸데없는 자존심은 그야말로 몸과 마음의 독이 될 수 도 있다. 직장생활을 하는 데 있어서 '반드시 그렇게 해야 한다'는 것은 없지만, 나쁜 습관이나 고정관념에서 탈피하고, 시대의 흐름과 변화를 잘 감지하여 상황에 따라 융통성 있게 대처하는 것이 중요하다. 따라서 서비스맨이 버려야 할 의식과 과제는 다음과 같다.

버려야 할 의식과 과제

버려야 할 의식과 과제	
	눈치만 보며, 자기 의견을 주장하지 않는 소극적인 태도
	책임이 두려워 도전하지 않는 태도
	무사안일주의와 주인의식 결여
	시대의 흐름에 대처하지 못하고 옛것만 고집하는 태도
	책임회피, 책임전가, 권위주의, 적당주의, 기회주의 등
	자기 방식만을 고집하는 태도
	수동적이며, 진취적인 사고의 결여
	자기만 잘 되면 된다는 의식과 협동정신 결여
	나 하나쯤이야 하는 생각, 몸조심 풍토, 공동체의식 결여
	윗사람에게 무조건 복종하고 아부하는 태도
	자기 부서의 일(자기의 일)이 아니면 무관심한 태도
	규정에 얽매여 융통성 없는 업무처리나 규정만 고집하는 태도

제2절 서비스맨의 기본자세

1. 서비스 3S

맹자(孟子 : 기원전 372~289)는 "몸가짐이 바르고 행동이 도의에 어긋나지 않아야 세상 사람들의 지지를 받게 된다"고 하였고, 또한 "문제의 원인을 타인에게 찾을 것이 아니라 항상 자기 자신을 먼저 성찰(省察)해야 하며, 스스로의 몸과 마음가심을 바르세 하면, 사람들로부터 인정을 받을 수 있다"고 주장하였다.

서비스맨은 항상 자신을 엄하게 꾸짖고, 자신의 성찰에 부지런해야 하며, 고객의 잘못을 들추지 말아야 한다. 특히 고객을 대면할 때는 '이 고객은 우리 회사에 커다란 영향을 끼치는 사람이다'라고 생각하고, 그 기회를 소중하게 여겨야 한다.

모처럼의 기회를 내것으로 하려면, 평소 몸가짐을 바르게 하고 고객의 마음을 사로잡아야 한다. 고객과의 좋은 만남으로 인생이 풍요로워질 수 있다.

일선현장에서 고객을 직접 접촉하는 서비스맨은 회사의 얼굴이라고 할 수 있다. 고객을 대하는 서비스맨은 모든 고객에게 호감을 주는 방법과 사랑을 받을 수 있는 서비스 테크닉이 필요하다. 즉 아름다운 서비스란 고객을 기분 좋게 만족시키는 것을 말한다. 고객을 보다 즐겁게 모시기 위한 서비스 3S는 〈표 9-2〉와 같다.

표 9-2 서비스 3S

서비스 3S	내용
스마일(smile)	건강한 얼굴, 환한 얼굴, 단정한 용모, 정중한 태도, 평소 상황에 따른 대응 훈련

서비스(service)	친절한 응대, 고객 입장의 이해, 정중한 자세, 세심한 배려, 고객과의 약속 이행, 사후 점검
스피드(speed)	민첩한 행동, 신속한 일처리, 업무의 표준화, 고객의 일을 우선시함

2. 표정관리와 시선처리

1) 표정관리

"어서 오십시오. 반갑습니다" 등 아무리 좋은 인사말이라도 얼굴표정이나 태도에 진정으로 반가움이 나타나지 않으면, 고객에게 좋은 이미지를 심어줄 수 없게 된다. 그리고 딱딱하고 어두운 표정으로 고객을 응대하면, 나중에 좋은 인상을 심어주는 데, 많은 시간이 소요된다. 따라서 고객을 응대할 때는 항상 밝은 표정으로 자연스럽게 맞이하는 것이 중요하다.

❶ 고객에게 처음부터 호감을 주는 것이 중요하다.
❷ 상냥하고 웃는 표정으로 고객을 맞이한다.
❸ 고객에게 친절을 베풀면 갑절이 되어 돌아온다.

2) 의사소통

의사소통에는 크게 ① 언어적 커뮤니케이션, ② 비언어적 커뮤니케이션의 방법이 있다. 여기서 '언어적 커뮤니케이션의 중요성이 7%'라면, '보디랭귀지(body language) 등 비언어적 커뮤니케이션은 93%'의 중요성을 갖는다고 한다.

▸ 비언어적 행동

<table>
<tr><td>비언어적 행동</td><td>- 얼굴표정, 몸동작
- 손으로 넥타이를 만지는 행동
- 손으로 코를 만지는 행동
- 손으로 턱을 괴는 행동
- 팔짱을 끼는 행동
- 눈동자를 움직이는 행동
- 고개를 끄덕이는 행동
- 고개를 좌우로 흔드는 행동 등</td><td></td></tr>
</table>

3) 시선처리

고객이 찾아오면, “어서 오십시오” 하면서 자신의 눈을 다른 곳으로 돌리는 서비스맨이 있다. 즉 인사는 힘차게 하면서도 얼굴을 숙이거나, 시선을 돌리는 경우를 말한다. 고객의 눈을 바라보지 않고 하는 인사는 큰 실례가 된다. 고객을 대면할 때 올바른 시선처리는 다음과 같다.

❶ 항상 고객의 눈동자에 시선을 맞추고, 가끔씩 입언저리 부분을 바라본다.
❷ 고객의 눈 위치보다 높거나 낮으면, 거만한 인상을 줄 수 있다.
❸ 고객의 말을 들을 때는 고객의 눈을 보면서 경청한다.
❹ 고객의 말에 맞장구를 칠 때는 고객의 눈동자에 시선을 맞춘다.
❺ 한번에 두 명의 고객과 대화할 때는 두 사람을 번갈아 보면서 말한다.

3. 금기사항과 올바른 자세

1) 금기사항

서비스맨은 대충 시간만 때우는 자세로 근무에 임하면 안 된다. 고객에게 친절과 정성을 베푸는 일에 보람을 느끼고 자부심을 가져야 한다. 그러기 위해서는 서비스 자체가 몸에 배야 하고 생활화되어야 한다. 고객을 대면할 때 반드시 조심해야 하는 금기사항은 다음과 같다.

❶ "그건 제 소관이 아닙니다."
❷ "저는 잘 모릅니다."
❸ "그건 제 잘못이 아닙니다."
❹ "저는 지금 바쁩니다."
❺ "나중에 이야기하십시오."
❻ "고객님이 실수한 겁니다."
❼ "고객님! 진정하십시오."
❽ "전화가 잘 안 들립니다."
❾ "다시 전화 주십시오."
❿ "저의 매니저에게 이야기해 보세요."

2) 올바른 자세

서비스맨은 자기 취향에 맞는 고객에게만 관심을 가지면 곤란하다. 오히려 그렇지 않는 고객에게 더욱 신경을 써서 친절하게 대해주어야 한다. 서비스라는 것은 단순히 친절만을 의미하지 않는다.

또한 고객 중에는 자기 주장을 강하게 내세우는 사람도 있고, 반면에 극히 내성적이어서 말수가 적은 고객도 있다. 이때 자기 주장이 강한 고객에게는 적당히 기분을 맞추어주고, 오히려 말수가 적은 고객의 의견을 적극적으로 유도해서 고객 간의 팀워크(teamwork)를 맞추는 것도 중요하다.

따라서 서비스맨은 항상 적극성과 성실성을 바탕으로 봉사정신을 발휘하고, 매너가 좋고, 청결하고, 안전하고, 신속하고, 정확하게 고객을 응대해야 한다. 즉 최고의 서비스를 제공하기 위해서는 고객의 눈 · 귀 · 입 · 마음까지 만족시키는 정성과 노력을 기울여야 한다. 서비스맨의 올바른 자세는 다음과 같다.

올바른 자세

<table>
<tr><td rowspan="17">올바른 자세</td><td>당면한 문제를 회피하기보다는 적극적으로 해결하려는 사람이 되어야 한다.</td></tr>
<tr><td>책임과 의무를 다하고, 주어진 역할에 최선을 경주하는 사람이 되어야 한다.</td></tr>
<tr><td>남에게 잘 보이려 하기보다는 진솔하고, 꾸밈없는 사람이 되어야 한다.</td></tr>
<tr><td>삶과 생활에는 윤기가 있어야 하고, 걸음걸이는 사뿐사뿐 걸어야 한다.</td></tr>
<tr><td>남의 것을 모방하기보다는 새롭게 창조하는 사람이 되어야 한다.</td></tr>
<tr><td>귀로써 일하고 손으로 웃고, 눈으로 말하고 가슴으로 경청한다.</td></tr>
<tr><td>자신의 일을 사랑하고, 하나를 배우면 열을 행하는 사람이 되어야 한다.</td></tr>
<tr><td>자신의 과오를 감추기보다는 인정하는 사람이 되어야 한다.</td></tr>
<tr><td>항상 몸가짐을 바르게 하고, 용모와 복장을 단정히 한다.</td></tr>
<tr><td>고객을 편안하게 대해주며, 고객에게 관심을 갖고 칭찬을 많이 해준다.</td></tr>
<tr><td>말은 침착하고 조용히 해야 하고, 음성은 맑아야 한다.</td></tr>
<tr><td>얼굴은 화색이 넘쳐야 하고, 행동은 여유가 있어야 한다.</td></tr>
<tr><td>인간미 · 도덕성 · 예절을 갖추고, 끊임없이 노력하는 사람이 되어야 한다.</td></tr>
<tr><td>고객의 입장에서 이해하고, 도와주려는 자세를 지녀야 한다.</td></tr>
<tr><td>남이 보이지 않는 곳에서도 묵묵히 노력하는 사람이 되어야 한다.</td></tr>
<tr><td>고객과 눈높이를 같이하고, 밝은 표정과 얼굴 전체의 미소를 잊지 않는다.</td></tr>
<tr><td>현재에 만족하지 말고 미래를 위해 계획하고 준비하는 사람이 되어야 한다.</td></tr>
</table>

제3절 서비스맨의 기본용어

고객을 상대하고 대면하는 서비스맨은 고객이 듣기 거북한 언어를 사용하면 절대 안 된다. 언어는 고객이 듣기에 좋고, 본인도 기분 좋게 말할 수 있는 최고급 서비스 용어를 사용해야 한다. 항상 고객에게는 공손하게 허리를 굽혀서 친절하게 맞이하고, 올바른 언어를 사용하며 정성을 다해 응대해야 한다.

1. 고객을 맞이할 때와 용건을 받아들일 때

1) 고객을 맞이할 때

❶ "어서 오십시오." "어서 오세요."
❷ "안녕하십니까?" "안녕하세요?"
❸ "고객님! 어떻게 오셨습니까?"
❹ "고객님! 무엇을 도와드릴까요?"
❺ "저희 매장에 오신 것을 환영합니다."

2) 용건을 받아들일 때

❶ "감사합니다." "정말 감사합니다."
❷ "네, 잘 알겠습니다."
❸ "네, 말씀하신 대로 처리해 드리겠습니다."

2. 감사의 마음을 나타낼 때와 부탁을 할 때

1) 감사의 마음을 나타낼 때

❶ "매번 감사합니다."
❷ "진심으로 감사드립니다."
❸ "멀리까지 찾아주셔서 감사합니다."
❹ "항상 저희 매장을 이용해 주셔서 감사합니다."

2) 부탁이나 질문을 할 때

❶ "죄송합니다만, 성함(존함)이 어떻게 되십니까?"
❷ "죄송합니다만, 차량번호를 알려주시겠습니까?"
❸ "죄송합니다만, 전화번호와 주소를 말씀해 주십시오."

3. 고객을 기다리게 할 때와 자리를 뜰 때

1) 고객을 기다리게 할 때

❶ "고객님! 잠시만 기다려주십시오."
❷ "죄송합니다만, 5분만 더 기다려주십시오."
❸ "저희 매니저와 상의해서 곧 처리해 드리겠습니다."

2) 고객 앞에서 자리를 뜰 때

❶ "고객님! 잠깐 실례하겠습니다."
❷ "죄송합니다만, 잠시 기다려주십시오."

4. 고객을 번거롭게 할 때와 재촉을 받을 때

1) 고객을 번거롭게 할 때

❶ "죄송합니다."

❷ "정말 죄송합니다."

❸ "대단히 송구스럽습니다만…"

❹ "불편을 끼쳐서 죄송합니다만…"

❺ "번거롭게 해드려서 죄송합니다."

2) 고객으로부터 재촉을 받을 때

❶ "죄송합니다만, 곧 처리해 드리겠습니다."

❷ "죄송합니다만, 잠시만 더 기다려주십시오."

❸ "음식이 곧 나옵니다. 잠시만 기다려주십시오."

5. 불평을 할 때와 용건을 마칠 때

1) 불평을 할 때

❶ "네, 옳으신 말씀입니다."

❷ "네, 그렇게 생각하시는 것이 당연합니다만…"

❸ "다시 확인해 보겠습니다. 잠시만 기다려주십시오."

2) 용건을 마칠 때

❶ "감사합니다.(감사드립니다.)"

❷ "정말(대단히) 감사합니다."
❸ "진심으로 감사드립니다."
❹ "오래 기다리셨습니다."
❺ "기다리시게 해서 정말 죄송합니다."

6. 계절인사와 거절할 때 등

1) 계절인사를 할 때

❶ "날씨가 참 좋습니다."
❷ "날씨가 선선합니다."
❸ "날씨가 정말 춥습니다."
❹ "날씨가 정말 무덥습니다."
❺ "길이 미끄럽습니다. 조심해서 가십시오."
❻ "궂은 날씨에 오시느라 고생이 많으셨습니다."

2) 거절할 때

❶ "정말 죄송합니다만…"
❷ "지금은 말씀드리기 어렵습니다만…"

3) 면담을 요청받을 때

❶ "죄송합니다만, 누구시라고 전해드릴까요?"
❷ "죄송합니다만, 어디시라고 전해드릴까요?"

제4절 방문객 응대서비스

예고 없이 고객이 찾아오는 경우가 있다. 그럴 경우 싫은 표정을 지어 고객을 무안하게 하는 일은 없어야 한다. 사무실은 항상 고객 맞을 준비를 하고 있어야 하며, 우선 고객이 오면 자리에서 일어나 반갑게 맞이한다.

그리고 무슨 일로 찾아왔는지 용건을 묻는다. 이럴 때 그 자리에서 해결할 수 있는 것은 바로 해결하고, 그렇지 못할 때는 응접실로 안내하여 담당자를 연결해 준다.

1. 방문객 응대요령

1) 어떠한 고객이라도 공평하게 대한다

안내(information)는 회사의 얼굴이라고 할 수 있다. 안내 응대의 태도에 따라 회사의 인상이 좌우된다. 자사를 방문한 고객을 언제나 기분 좋게 맞이하는 배려를 잊지 않도록 한다. 어떠한 고객에 대해서도 공평히 대하는 것이 안내의 철칙이다. 고객의 복장만을 보고 차별하여 대응하는 것은 금물이다. 고객을 맞이할 때는 다음 사항을 고려해야 한다.

❶ 고객이 방문했을 때 웃는 얼굴로 인사한다.

❷ "실례입니다만, 어디서 오셨습니까?" 하고 고객의 소속과 이름 · 용건을 묻는다.

❸ 예약되어 있는지의 유무를 확인하고, 예약되었을 경우 담당자에게 바로 연락을 한다.

④ 이름을 물었을 때 명함을 제시하는 경우에는 두 손으로 받는 것이 매너이다.

2) 사전 약속 없는 고객은 담당자의 의향을 묻고 나서 대응한다

고객 중에는 사전 약속이 없는 경우도 있지만, 어떠한 고객이라도 정중히 대해야 한다.

① 고객의 용건 · 회사명 · 이름을 묻는다.
② 담당자에게 돌리기 전에 사내 담당자에게 연락해서 지시를 받는다.
③ 담당자가 만나본다고 하면 고객을 안내한다.
④ 담당자가 거절하는 경우에는 "지금 담당자는 외출 중이므로 추후에 다시 연락한 뒤에 와주시기 바랍니다." 하고 완곡히 거절한다.

3) 방문객 응대서비스

① 방문객이 오래 있을 경우 차를 한 잔 더 갖다드린다.
② 다과를 대접할 경우 다과는 왼쪽, 차는 오른쪽에 놓는다.
③ 방문객을 기다리게 할 경우에는 신문이나 사보 등을 갖다드린다.
④ 방문객이 무거운 물건이나 부피가 큰 물건을 들었을 경우 같이 거든다.

2. 방문객 안내요령

1) 방문객을 대할 때의 마음가짐

고객과 면담할 때는 우선 고객이 어떠한 용건으로 방문했는지를 파악하는 것이 중요하다.

❶ 고객의 이야기가 잘 정리되지 않았을 경우에는 적당히 흘려듣지 말고 정확히 질문을 한다.
❷ 고객이 차를 마시지 않을 경우에는 "드십시오." 하고 권한다.
❸ 고객의 의뢰에 관해서는 경솔하게 받아들이지 말고 "사내에서 검토를 한 후 나중에 연락을 드리겠습니다"라고 답하고, 차후 회사의 승인을 얻고 나서 정식으로 답을 한다.
❹ 이야기를 들을 때는 고객의 얼굴을 보면서, 적절한 대응을 해가면서, 마지막까지 이야기를 듣는다. 도중에 고객의 이야기를 끊지 않도록 한다.

2) 응접실에 안내할 때는 앞에 서서 안내한다

담당자로부터 회의실로 가도록 지시가 있다면, 고객을 회의실로 안내한다. 안내할 때는 손님보다 2, 3보가량 비스듬히 앞서서 안내한다.

❶ 서 있는 채로 기다리게 하는 것은 실례이므로 자리에 앉아서 기다리도록 한다.
❷ 담당자가 늦을 경우에는 다시 한 번 연락해서 어느 정도 늦을 것인지를 확인한다.
❸ 다음 손님에게 몇 분만 더 기다려달라고 양해를 구하고, 오래 기다릴 경우에는 차를 대접한다.

3) 엘리베이터로 안내할 때는 먼저 타고 나중에 내린다

본래는 고객을 먼저 태우는 것이 매너이지만, 양보할 경우 먼저 들어가 문이 닫히지 않도록 엘리베이터를 조작하는 것도 좋다.

❶ 먼저, 버튼을 누르고 엘리베이터를 잡는다.
❷ 문이 열리면 "먼저 실례하겠습니다"라고 말씀드리고 나서 먼저 탄다.

❸ 안에서는 열림 버튼을 누르고 고객을 태운다.
❹ 원하는 층에 도착하면, 열림 버튼을 누르고 고객을 먼저 내리게 한다.

제5절 컴플레인 응대서비스

1. 불평 · 불만의 발생원인

1) 불평하는 고객이 귀한 고객

양질의 서비스나 제품을 제공하기 위해 최선을 다했음에도 불구하고, 고객은 너무도 태연하게 우리의 노력이 마음에 들지 않는다고 불평을 한다. 과연 이를 환영하고 또 고객의 어이없는 불평을 기분 좋게 받아들여야 하는가? 답은 '그렇다'이다. 그리고 이것이 바로 서비스의 핵심이다.

모든 기업은 고객의 불평 · 불만을 전략적으로 활용하여, 이전에 미처 생각하지 못했던 제품과 서비스의 문제점을 파악하는 계기로 삼아야 한다. 불평 · 불만은 성가시거나 기업에 손해를 입히는 것이 아니라, 바로 시장의 정보를 제공해 주는 정보의 원천인 것이다. 불평하는 고객을 대할 때는 다음 사항에 유념해야 한다.

❶ 서비스는 고객을 위해 필요한 것이다. 어떻게 해주든지 아무런 불평이 없는 고객만 있다면, 고객서비스는 필요 없을 것이다. 오히려 따지고 드는 고객과 충고를 하는 고객이야말로 진정 도움을 주는 사람이다.
❷ 꾸짖는 말을 하는 사람을, 보석이 있는 곳을 가르쳐주는 사람으로 생각해

야 한다. 아무리 사소한 것이라도 소중히 받아들이고, 앞으로는 똑같은 불평이 절대 일어나지 않도록 해야 한다.

❸ 고객의 불만을 불평으로 간주해서는 안 된다. 이것이야말로 고객이 우리 기업을 위해 시간과 돈을 들여가며 제공해 주는 귀중한 정보가 된다.

❹ 고객의 불평은 서비스의 품질을 높여주는 활력소가 된다. 또한 서비스의 개선과 기업의 발전에 활력소가 될 수 있다. 고객의 불평은 정말 고맙고 소중한 것이다.

❺ 고객의 불평으로 인해 오히려 자사 서비스 실패의 원인을 파악할 수 있고, 서비스를 복구하고 만회할 수 있는 기회를 얻게 된다.

2) 고객의 불평 · 불만 발생원인

① 불평은 '마음에 들거나 차지 않아 못마땅하게 여김. 또는 그 생각을 말로 드러냄'을 의미하고, ② 불만은 '만족스럽지 않아 언짢거나 불쾌함. 또는 그러한 마음'을 뜻한다. 불평 · 불만은 고객이 기대했던 서비스에 미치지 못했거나, 무언가 만족스럽지 못했기 때문에 발생한 것이다.

즉 고객의 불만이 발생하는 원인은 고객의 기대치에 대한 서비스 결과의 차이가 과다한 경우에 있다. 이러한 불평 · 불만은 표면으로 나타나지만, 고객의 의식에 잠재되어 있어 노출되지 않는 경우도 있다.

갤럽 조사에 의하면 고객서비스에 불만족을 느낀 고객 중 그것을 말로 표현하는 사람은 4%에 불과한 것으로 나타났고, 나머지 96%는 불만이 있어도 의사표시를 하지 않는 것으로 조사되었다. 고객 불평 · 불만의 발생원인은 다음과 같다.

▶ 고객 불평 · 불만의 발생원인

불평 · 불만 발생원인	서비스맨과 고객과의 인간관계가 원만하게 이루어지지 못했을 경우
	공평하고 올바르지 않은 불공정 거래, 불공정 보도 등을 느꼈을 경우
	열심히 설명하였으나, 고객이 오해나 오인할 소지를 남겼을 경우
	서비스맨이 고객의 요구나 불만사항에 대하여 설명하지 않았을 경우
	고객을 응대할 때 신속성 · 정확성 · 친절성 · 적극성 · 대응성 등이 미숙했을 경우

2. 불평 · 불만 응대요령

1) 불평 · 불만 응대요령

궁극적으로 좋은 서비스를 제공하기 위한 열쇠는 기업 내부에 있는 것이지, 전적으로 일선 서비스맨에게만 있는 것은 아니다. 즉 외부고객에게 지속적으로 양질의 서비스를 제공하는 것은 확실히 기업 내부 전체 즉 내부고객의 몫이 된다. 고객의 불평 · 불만 응대요령은 다음과 같다.

▶ 한발 양보하는 자세로 대처

한발 양보하는 자세로 대처	고객의 불평, 불만 사항을 메모하면 더욱 성의 있게 보일 수 있다.
	항상 겸허하고 성의 있는 태도로 고객을 대하고 맞이한다.
	고객의 불평, 불만의 전후 사정 등 전반적인 사항을 이해한다.
	'고객이 까다롭고, 트집을 잡는다'는 등의 선입관은 버린다.
	건성으로 듣거나, 좌우를 살피는 등 불성실하고 부주의한 자세는 버린다.

정확한 원인의 판단 및 분석

정확한 원인의 판단 및 분석	불평, 불만의 중심 문제, 그 핵심이 어디에 있는가를 찾는다.

불평 · 불만사항은 신속하게 처리

불평 · 불만사항은 신속하게 처리	일이 동료나 상사의 권한이라면 책임자에게 인계한다.
	해결이 빠를수록 미래의 고정 고객화에 도움이 된다.
	자기 권한 내의 일이라면, 해결해 주는 것을 원칙으로 한다.

성의 있게 해결책을 알려줌

성의 있게 해결책을 알려줌	권한 이외의 일일 경우 절차에 따라 조치할 것임을 분명히 알려준다.
	고객이 공격적이거나 예민하게 반응하지 않도록 부드러운 말로 성의를 다해 설명한다.

적극적으로 해결한 다음, 결과를 검토

적극적으로 해결한 다음, 결과를 검토	주위 다른 고객의 반응도 아울러 살핀다.
	불평 · 불만을 토로하는 고객의 반응을 읽는다.

2) 불평 · 불만 응대 시 유의사항

(1) 회사의 잘못인 경우

고객의 응대는 처음이 중요하다. 처음부터 불만사항을 제대로 접수하여 처리하면 별 문제 없이 일단락될 수 있으나, 접수방법이 서투르면 오히려 고객을 화나게 만든다. 뿐만 아니라 작은 불만이 크게 확대되어 해결이 어려워질 수도 있다.

고객의 불만사유가 정당할 때는 회사의 잘못을 솔직히 시인하고, 고객의 입장에서 빨리 성의 있는 태도를 보여야 한다. 따지거나 이 핑계 저 핑계로 변명하다가는 고객의 화를 돋우게 된다. 그리고 말만으로는 부족한 것이다. 즉 말에 앞서 미안해 하는 마음이 있어야 하고, 말에 이어지는 즉각적인 행동이 있어야 한다. 회사의 잘못인 경우 다음과 같이 응대한다.

회사의 잘못인 경우

회사의 잘못인 경우	신속하게 처리하고, 솔직하게 사과하고, 변명은 하지 않는다.
	적극적인 자세로 임하고, 사실 중심으로 명확하게 설명한다.
	몇 개의 대안을 제시하고, 고객의 입장이 되어 성의 있는 태도로 대한다.
	긍정적인 자세로 고객의 입장에 동조하면서, 처리기준을 이해시킨다.
	감정적 표현이나 노출을 피하고, 일보 후퇴하여 냉정하게 검토한다.

(2) 고객에게 문제가 있는 경우

오해로 인해 불만사항이 발생했거나, 그 내용이 사리에 맞지 않는다 해도 우리에겐 잘못이 없다는 고자세로 나가서는 안 된다. 오히려 세심한 주의를 기울여 오해를 풀어주는 진지한 태도가 필요하다.

오해의 원인이 무엇인지 고객의 입장에서 불만의 요소를 생각해 보고, 그 대응책을 세우는 것도 필요하다. 고객에게 문제가 있는 경우에도 우선 고객의 이야기를 잘 들어줄 수 있도록 한다. 고객에게 문제가 있는 경우에는 다음과 같이 응대한다.

▶ **고객에게 문제가 있는 경우**

고객에게 문제가 있는 경우	덮어놓고 반격하지 않으며, 고객의 이야기는 가능한 한 모두 들어준다.
	최대한 예의를 갖추고, 고객이 말하는 도중에는 절대 변명하지 않는다.
	고객이 무엇이든지 전부 이야기할 수 있도록 충분히 배려해 준다.
	고객의 부당한 이의신청에 대응하면서, 간접적으로 지적해 준다.
	고객이 빠져나갈 수 있는 길을 터주고, 자존심이 상하지 않도록 배려한다.

3. 불평 · 불만처리 MTP법과 부정적 효과

1) 고객 불평 · 불만처리의 MTP법

고객이 불평 · 불만이 있어도 모두 이야기하지는 않는다. 그렇다고 안심하면 안 된다. 어떤 고객은 말하지 않고 참는 경우도 있다. 이런 경우에는 오히려 실패한 서비스(service failure)라고 말할 수 있다.

따라서 고객의 표정을 잘 살피고, 고객의 불만에 관심을 가지고 불평에 귀를 기울이면서 서비스를 향상시켜 나가야 한다. '고객 불평 · 불만처리의 MTP법'은 〈표 9-3〉과 같이 ① Man, ② Time, ③ Place를 들 수 있다.

표 9-3 고객 불평 · 불만처리의 MTP법

MTP법	내용
Man	누가 처리할 것인가? 예) 서비스맨, 책임자
Time	언제 처리할 것인가? 예) 냉각시간이 필요한가? 책임자에게 중간보고를 한 후에 처리할 것인가?

Place	어느 장소에서 처리할 것인가? 예) 서서 이야기, 앉아서 이야기, 응접실에서 이야기

2) 불평 · 불만의 부정적 효과

고객의 노여움이 심하다고 해서 정색을 하면서 고객과 싸우면 문제는 더 악화된다. 이럴 때는 나이가 지긋한 연장자를 내세워 처리하는 것이 좋다. 그러면 고객도 태도가 부드러워진다.

그러나 이 같은 방법도 소용이 없을 때는 응접실에 안내하여 다과를 대접하고, 잠시 혼자 있도록 해본다. 2~3분 정도의 냉각시간이 흘렀으면, 매니저가 나와서 사과를 한 다음 해결의 실마리를 찾아야 한다. 그렇지 않으면 회사에 막대한 손상을 끼칠 수 있다. 불평 · 불만의 부정적 효과는 〈표 9-4〉와 같다.

표 9-4 불평 · 불만의 부정적 효과

구분	내용
회사의 이미지 손상	- 자신의 불만족 사례와 경험을 주변에 알려 회사의 이미지에 손상을 입힌다. - 방송 · 인터넷 등 대중매체를 통해 알려지게 되면, 매우 치명적인 손상을 입게 된다.
비용 및 손실 발생	- 고객의 불평 · 불만을 해결하려면, 다른 업무를 중단하고 즉각 처리해야 하기 때문에 영업손실이 발생한다. - 불평 · 불만을 처리하는 데 필요한 인건비, 통신비, 고객의 정신적 비용 등 많은 비용이 발생한다.

4. 심한 불만과 고객의 유형별 대응법

1) 고객의 불만이 심할 경우

고객을 대하다 보면, 언제나 좋은 일만 생기는 것은 아니다. 아무리 친절하고 정확하게 서비스를 해도 실수가 있게 마련이다. 항상 불만은 생각하지 못했던 곳에서 생기기 때문이다. 고객의 불만이 심할 경우에는 〈표 9-5〉와 같이 4가지의 원칙을 준수해서 대응하면 된다.

표 9-5 고객의 불만이 심할 경우

4원칙	내용
원인파악의 원칙	먼저 고객의 불만의 원인을 정확히 파악해 둔다.
신속해결의 원칙	가능한 빠른 시간 내에 해결해 준다.
우선사과의 원칙	고객이 화가 나 있는 상태라는 점을 잊지 말아야 한다.
불논쟁의 원칙	회사의 잘못이 아니라도 고객과 말다툼을 하지 말아야 한다.

2) 고객의 유형에 따른 대응법

고객의 유형을 세분하면, ① 빨리빨리형, ② 까다로운 형, ③ 거만한 형, ④ 명랑한 형, ⑤ 얌전한 형, ⑥ 의심이 많은 형, ⑦ 어린이 동반 고객 등으로 나눌 수 있다. 고객의 유형에 따른 응대요령은 〈표 9-6〉과 같다.

표 9-6 고객의 유형에 따른 응대요령

유형	내용
빨리빨리형	-말은 시원시원하게 하고, 행동은 빨리빨리하는 게 좋다.

까다로운 형	-고객의 이야기를 경청하고, 맞장구를 치는 방법이 효과적이다.
거만한 형	-거만형의 고객은 되도록 정중하게 대하는 것이 좋다.
명랑한 형	-일을 처리함에 있어서는 '예스'나 '노'를 분명히 하는 것이 좋다.
얌전한 형	-정중하고 온화하게 대해주고 일은 차근차근 빈틈없이 처리한다.
의심이 많은 형	-분명한 증거나 근거를 제시하여 스스로 확신을 갖도록 유도한다.
어린이 동반 고객	-어린이를 위하여 장난감이나 그림책 등을 준비하는 지혜도 필요하다.

제 10 장
고객만족 · 감동서비스

제1절 고객만족의 이해

1. 고객만족의 정의

고객만족(CS : customer satisfaction)이란 '고객이 기업이나 가게의 행위에 대하여 흡족하게 여김' 또는 '기업이나 가게가 여러 행위를 하여 고객을 흡족하게 함', '고객이 만족함', '고객이 기대한 것을 채우는 것'을 뜻한다. 즉 고객만족은 '소비자가 제품이나 서비스를 구매하기 이전에 기대했던 가치수준이 충족되는 정도'를 뜻한다.

코틀러(P. Kotler)는 "만족이란 사람의 기대치와 그 제품에 대해 자각하고 있는 성능과 비교해 나타나는 즐거움이나 실망감"이라 하였고, 앤더슨(Anderson)은 "고객의 포괄적인 감정의 프로세스"를 고객만족이라 정의(만족과 불만족을 하나의 과정으로 이해하며 고객의 전후 성과를 평가한 결과로 고객만족을 정의)하였다.

피터 드러커(P. Drucker)는 "기업의 목적은 이윤추구에 있는 것이 아니라 고객 창조에 있으며, 기업의 이익은 고객만족을 통해서 얻는 부산물"이라는 것을 강조하면서, 고객만족이 기업의 절대적인 사명이라고 강조하였다.

굿맨(J. A. Goodman)은 고객만족을 "고객의 니즈(needs)와 기대(expect)에 부응하여 그 결과로써 제품서비스의 재구입이 이루어지고, 아울러 고객의 신뢰감이 연속되는 상태"라고 정의하였다. 즉 고객만족은 '고객의 니즈와 기대에 부응하여 고객으로부터 신뢰감을 얻는 것'이다.

고객만족은 경영부문을 고객의 입장에서 생각하고, 진정한 의미에서 고객을 만족시켜 기업의 생존을 유지하고자 하는 신경영의 하나로, 1980년대 후반부터 미국 · 유럽에서 주목받기 시작했다.

오늘날 치열한 경쟁에서 기업이 살아남기 위해 반드시 실천으로 옮겨야 할 지상과제는 바로 고객만족서비스이다. 이것은 기업의 최고 목적이고, 절대적인 조건이라고 할 수 있다. 고객만족서비스는 기업의 이익과 성과로 이어져 매출을 신장시키고, 고객의 긍정적인 구전효과를 발생시키는 데 기여한다.

우선 고객만족을 높이기 위해서는 ① 고객의 기대를 충족시킬 수 있는 품질을 제공해야 하고, ② 고객의 불만을 효과적으로 처리해야 한다. 또한 고객만족 못지않게 ③ 내부고객 즉 직원의 만족이 필수적이므로 직원들의 복지향상 · 일체감 조성 등의 직원만족도 아울러 뒤따라야 한다.

따라서 일선현장에서 고객을 만족시켜 주는 서비스맨이 최상의 영업사원이고, 만족도가 높은 고객을 늘려 나가는 것이 기업이 주목해야 할 최상의 서비스 전략이다. 시장점유율 확대나 원가절감이라는 눈앞의 단기적인 목표보다는, 더 멀리 장기적으로 고객만족을 궁극적 경영목표로 추구해야 한다.

2. 고객만족 포인트

기업이 고객가치를 도외시한 기업가치의 추구만으로 고객을 만족시키는 것은 불가능하다. 따라서 고객만족을 우선하는 서비스 정신의 도입이 꼭 필요하게 되었는데, 그러한 일련의 경영방식을 '고객만족경영'이라고 한다.

고객만족은 소비경험을 통해 얻어진 결과물로서, 개인의 주관적인 경험이 작용한다. 그리고 고객은 보는 관점에 따라 의미와 범위가 달라질 수 있다. 따라서 고객만족은 고객감동을 통해 재구매율을 높일 수 있도록 만드는 것이다.

즉 고객만족에 관한 다양한 요소를 파악하여 타사와 차별화할 수 있는 시스템을 갖추어야 기업이 발전할 수 있다. 고객을 만족시킬 수 있는 주요 포인트는 다음과 같다.

주요 포인트

주요 포인트	고객이 직접 보고, 듣고, 냄새 맡고, 맛보고, 만져보게 하라.
	고객으로부터 신뢰를 얻는 것이 중요하다.
	고객의 욕구를 파악하고, 능동적으로 대처하라.
	고객의 심리와 마음을 먼저 읽어라.
	표정관리와 서비스에 최선을 다하라.
	고객으로부터 받은 이익의 일부를 고객에 돌려주어라.
	고객에게 가급적 많은 정보를 제공하라.
	요령 있게 맞장구치면, 고객도 넘어온다.
	고객에게 겸손하고, 배운다는 자세로 임하라.
	고객으로부터 신용을 얻을 생각을 하라.
	고객의 사후관리를 철저히 이행하라.
	고객에게 주목받는 서비스기업을 만들어라.
	입구에서 매장 전체가 한눈에 들어오도록 설계하라.

주요 포인트	고객의 불평·불만을 잘 경청하고 해결하라.
	고객에게 예의 바르고, 친절한 서비스맨이 되어라.
	자신의 마음을 통제하고, 경계하는 마음을 가져라.
	고객이 친밀감을 느낄 수 있는 최고의 서비스기업을 만들어라.

3. 고객만족 향상법

고객만족을 향상시키는 방법을 4가지로 열거하면, ① 성과를 높여라, ② 기대수준을 적절히 관리하라, ③ 불만을 표시할 수 있는 기회를 최대화하라, ④ 불만은 신속하고 효과적으로 해결하라 등이다.

첫째, 성과를 높여라. 기업은 어떤 편익을 제공해야 고객이 느끼는 가치를 높이는 데 기여할 수 있는지를 충분히 이해하고 있어야 한다.

둘째, 기대수준을 적절히 관리하라. 경쟁사와 비교했을 때 자신이 있는 부분에 대해서는 기대수준을 높여야 한다.

셋째, 불만을 표시할 수 있는 기회를 최대화하라. 고객의 불평 · 불만을 억누르는 것보다는 불만을 느낀 고객이 기업에게 손쉽게 표시할 수 있도록 다양한 기회를 제공해야 한다.

넷째, 불만은 신속하고 효과적으로 해결하라. 고객이 받은 불평 · 불만을 손해를 본 만큼만 보상해 주는 것으로는 불충분할 수도 있다. 따라서 기업은 고객에게 더욱 큰 보상을 해주어야 한다.

4. 고객만족 구성요소

모든 기업의 사업성패는 고객의 마음에 달려 있다. 고객의 마음속 깊이 기업이 자리를 잡고 있어야 사업에 성공할 수 있게 된다. 요즘 고객은 자신이 생각하는 평균 이하이거나 단 하나라도 마음에 들지 않으면 등을 돌린다.

먼저 고객을 만족시키려면, ① 기업을 대표하는 우수한 제품이 있어야 하고, ② 최고의 서비스를 준비하고 있어야 하고, ③ 기업의 좋은 이미지를 가지고 있어야 한다. 그 밖에 요즘 트렌드에 걸맞은 ④ 깔끔한 디자인, ⑤ 사용의 편리성, ⑥ 제품의 가치성 등도 매우 중요하다.

첫째, 기업을 대표할 수 있는 우수한 제품이 있어야 한다. 제품은 고객만족의 직접적인 요소로서, ① 하드웨어적 가치와 ② 소프트웨어적 가치로 나눌 수 있다. 전자는 '제품의 품질과 성능, 기능과 가격, 에너지효율등급, 서비스시스템, 서비스시설 등'을 말하고, 후자는 '제품의 디자인과 색상, 편리성과 간편성 · 휴대성, 제품사용 설명서' 등을 말한다.

둘째, 타사와 차별화된 서비스를 준비하고 있어야 한다. 서비스는 고객만족의 직접적인 요소로서, ① 점포의 분위기, ② 고객응대서비스 능력, ③ 사후관리서비스 등을 들 수 있다. 점포의 분위기는 '아늑하고 깔끔한 분위기, 쾌적성과 호감도' 등을 말하는데, 해당 기업의 선호도에 영향을 미친다. 고객 응대서비스 능력은 '서비스맨의 센스 · 복장 · 언행 · 친절 · 인사매너를 비롯해서 제품에 대한 지식 · 신속성' 등을 말하고, 사후관리서비스는 '제품의 애프터서비스와 제품관련 정보제공서비스' 등을 말한다.

셋째, 기업의 좋은 이미지를 가지고 있어야 한다. 특히 기업의 새로운 이미지로 고객의 마음을 사로잡아야 경쟁에서 살아남을 수 있다. 즉 기업의 이미지를 구축하는 데 필요한 ① 마케팅 활용, ② 사회공헌활동, ③ 환경보호활동, ④ 불우이웃돕기 등을 통해 기업의 이미지를 향상시키는 데 노력해야 한다.

마케팅 활용방안은 '각종 매스미디어를 통한 기업홍보 및 광고활동 전개' 등을 말하고, 사회공헌활동은 '기업의 사회적 책임, 문화 · 예술 · 스포츠 활동 지원, 국민의 복지활동비 지원' 등을 말하고, 환경보호활동은 '폐기물의 재활용, 환경보전 · 보호, 친환경 리워드 프로그램 진행' 등을 말하고, 불우이웃돕기는

'연탄은행, 집수리지원, 식품지원 등과 같은 불우이웃돕기에의 적극 참여' 등을 예로 들 수 있다. 고객만족 구성요소를 정리하면, 〈표 10-1〉과 같다.

표 10-1 고객만족 구성요소

분류	세부요소	내용
기업의 우수제품	제품의 하드웨어	제품의 품질과 성능, 기능과 가격, 에너지 효율등급, 서비스 시스템과 시설 등
	제품의 소프트웨어	제품의 디자인과 색상, 편리성과 간편성 · 휴대성, 제품사용 설명서 등
차별화된 서비스	점포의 분위기	아늑하고 깔끔한 분위기, 냉 · 난방 가동, 쾌적성과 호감도 등
	고객응대서비스 능력	서비스맨의 센스 · 복장 · 언행 · 친절 · 인사매너, 제품에 대한 지식, 신속한 서비스 등
	사후관리서비스	제품의 애프터서비스와 제품관련 정보제공 서비스 등

기업의 이미지	마케팅 활용	각종 매스미디어를 통한 기업홍보 및 광고활동 전개 등
	사회공헌활동	기업의 사회적 책임, 문화·예술·스포츠 활동 지원, 국민의 복지활동비 지원 등
	환경보호활동	폐기물의 재활용, 환경보전·보호, 친환경 리워드 프로그램 진행 등
	불우이웃돕기	연탄은행, 집수리지원, 식품지원 등 불우이웃돕기 적극 참여 등

제2절 고객만족경영

1. 고객만족경영의 개념

고객만족경영(customer satisfaction management)은 '기업의 경영목표를 고객만족에 두고, 고객의 입장을 존중하고 진정한 의미에서 고객을 만족시켜 주는 것에서 기업의 존재의의를 찾으려는 경영방식'을 말한다.

또한 '고객이 원하는 제품이나 서비스를 기대 이상으로 충족시킴으로써 단골고객의 유지와 새로운 고객창출, 그리고 고객의 재구매율을 높이고, 고객의 선호현상이 지속될 수 있도록 하는 것'이다. 즉 고객만족을 높이기 위해서는 고객의 기대에 부응할 있는 우수한 제품과 수준 높은 서비스를 제공해야 하고, 고객의 불평 · 불만을 효과적으로 대처하고 처리해야 한다.

아울러 자사의 서비스와 제품에 내재된 기업문화 이미지, 경영철학과 이념 등 고차원적인 개념까지 고객에게 제공함으로써 소비자의 만족감을 높여주는 것으로 요약될 수 있다(매경시사용어사전).

이러한 경영방식을 채택하는 대표기업에는 호텔 · 항공사 · 여행사 · 은행 등이 있는데, 최근에는 유통업 · 제조업 등 전 산업으로 파급되고 있다. 특히 고객만족을 내세우는 기업은 고객센터나 고객상담실을 운영하면서, 고객 불만족을 개선하기 위한 노력을 경주하고 있다.

고객을 사업의 중심에 둔 기업경영이라는 것은 그저 말로만 하는 것이 아니라, 본격적으로 실천에 옮기고자 한다면, 고객을 바라보는 선입견이나 태도부터 완전히 바꿔야 한다. 똑같은 서비스를 제공해도 어떤 고객은 만족을 하고, 또 어떤 고객은 늘 불만을 품기 때문이다.

그나마 다행한 일은 많은 고객이 기업의 성공을 바라고 있고, 우리 자신도 기업이 성공하기를 바란다는 사실이다. 고객만족경영의 이점은 〈표 10-2〉와 같다.

표 10-2 고객만족경영의 이점

분류	내용
지출감소	사전에 고객의 니스와 기대치를 예측하여 불필요한 지출을 감소시킬 수 있다.
원가절감	자사의 제품이나 서비스에 만족한 고객은 가격에 크게 민감하지 않다.
광고효과	자사의 제품이나 서비스에 만족한 고객은 이웃이나 친지에게 구전효과를 준다.
판매비용 절감	자사의 제품이나 서비스에 만족한 고객에게는 판매비용과 광고비용 등이 적게 든다.
서비스 선호	자사의 제품이나 서비스에 만족한 고객은 같은 서비스의 재이용 빈도가 높다.

2. 고객만족경영의 3원칙

고객만족경영의 3원칙은 ① 내부고객, ② 외부고객, ③ 경영자 등 3개의 축을 모두 만족시켜야 한다.

1) 내부고객

내부고객(서비스맨, 직원 등)이 즐거워야 고객도 마음을 열게 된다. 서비스의 최일선에서 고객을 응대하는 내부고객은 자사의 제품이나 서비스로 고객을 만족시켜 회사에 이익과 정보를 가져다주는 사람이다. 따라서 기업은 내부고객을 지원하는 체제로 전환하고, 고객으로부터 얻은 소중한 정보는 자사의 관리자에게 피드백할 수 있는 시스템을 갖추어야 한다.

2) 외부고객

기업에 실질적으로 이익을 가져다주는 고객은 외부고객이다. 오랫동안 수집한 정보를 바탕으로 고객만족도에 대한 모든 현황을 정량적으로 조사 · 분석해서 영업에 활용해야 한다. 특히 최근 고객의 취향이나 트렌드, 고객이 중요하게 여기는 부분에 대한 조사를 누락시켜서는 안 된다. 외부고객 만족도 조사는 ① 고객면담, ② 설문조사, ③ 인터넷 등을 들 수 있다.

3) 경영자

기업의 성장 · 발전은 경영자의 능력 · 경영철학 · 정체성 · 확고한 의지 등에 달려 있다. 특히 고객만족경영은 경영자의 관심과 의지가 있어야 성장 · 발전을 이룰 수 있는데, 경영자는 고객만족도 조사에서 도출된 장단점을 면밀히 검토하여 좋은 점은 유지하고, 미흡한 점은 즉시 개선해 나가야 한다.

3. 고객만족 서비스품질 평가기준

서비스품질의 사전적 의미는 다음과 같다. "사용자에게 제공하는 통신서비스의 품질을 측정하는 척도로 기본적인 요소에는 처리능력 · 전송지연 · 정확성 · 신뢰성 따위가 있으며, 사용자와의 이용계약에서 근거가 되기도 한다. 기타의 척도로는 만능성과 체감품질이 있다."

서비스품질에 대한 평가는 오로지 고객에 의해서만 이루어지며, 여러 가지 요인에 의해 품질이 평가된다. 즉 서비스가 좋으냐, 나쁘냐 하는 판단은 고객의 기대치가 실제로 어느 정도 충족되느냐에 달려 있다.

따라서 서비스품질이란 '고객의 서비스에 대한 기대와 실제로 느끼는 것과의 차이에 의해 결정'된다. 고객만족 서비스품질 평가기준은 〈표 10-3〉과 같다.

표 10-3 고객만족 서비스품질 평가기준

분류	내용
신뢰성	매사에 정확하고 틀림없으며, 고객과의 약속을 매우 잘 지킨다.
정확도	제품 및 서비스에 대한 지식이 많고, 업무기록이 정확하다.
태도 · 자세	고객을 응대할 때 친절하고, 예의가 바르며 복장이 단정하다.
신용도	서비스맨의 진실성으로 인해 회사와 담당자를 신뢰할 수 있다.
고객이해	고객이 바라는 요구나 마음, 고객의 사정을 잘 알고 있다.
빠른 응대	고객을 기다리게 하지 않고, 신속하게 응대하고 처리한다.
편의성	고객이 원할 때 언제라도 바로 연락이 된다.
의사소통	고객의 이야기에 귀를 기울이고, 쉬운 말로 알기 쉽게 설명한다.
안전성	고객의 물리적인 안전과 재산 등의 비밀을 유지해 준다.
유형성	기업의 각종 설비나 장비, 서비스맨의 외모 등을 말한다.

기업환경	쾌적한 환경, 편안한 분위기, 깨끗한 시설을 갖추고 있다.
접근성	서비스 제공시간, 장소의 편리성 등 접근성이 매우 뛰어나다.
응답성	고객의 문의, 요구에 즉시 응답하고, 신속한 서비스를 제공한다.

4. 고객만족 인간관계법

장자(莊子)는 "자신을 다스려야 자신을 얻고, 사람을 얻고, 천하를 얻을 수 있다. 그리고 스스로 반성하고, 스스로 깨닫고, 스스로 행하면, 온 세상은 모두 자기 것이 된다"라고 주장하였다.

사람은 누구나 인간적이어야만 비로소 사람다운 맛이 나는 법이다. 고객과의 원만한 인간관계(人間關係)를 맺기 위해서는 우선 상대방을 배려하고, 스스로 반성하고 깨닫고, 스스로 행하면서 자신의 내면부터 다져야 한다.

인간은 사회적 존재이기 때문에 다양한 고객이나 사람들과 상호작용을 맺으면서 살아갈 수밖에 없다. 현대사회에 이르면서 그 중요성이 높아지고 있으며, 인간관계의 도구 · 기술 · 관리 방법에 대한 관심이 높아지고 있다.

이제는 '모든 고객이 다 왕(王)은 아니다'. '왕다운 품위를 갖춘 고객에게만 진심어린 서비스가 나오는 법'이다. 최근 자신이 마치 왕인 양 '갑질(상대 간에 우위에 있는 사람의 행위)'을 일삼는 고객도 있다. 앞으로는 고객도 사람다운 맛이 나야 사회에서 인정받을 수 있다.

즉 진정한 서비스는 '고객의 마음을 얻기 위해 굴욕적으로 순종하는 수직적 인간관계가 아니라, 동등하게 의견이나 정보를 주고받는 수평적 인간관계이다. 신하처럼 복종하는 것이 아니라 상생(win-win)하는 것'이다. 원만한 고객만족 인간관계법은 다음과 같다.

고객만족 인간관계법

고객만족 인간관계법	권위의식을 버려야 인간관계가 좋아진다.
	고객과 자주 대화하고 만나라.
	경어를 올바르게 사용하라.
	고객에게 자신을 소개하라.
	고객과의 약속시간을 중시하라.
	고객의 마음을 사로잡아라.
	잘못된 점은 인정해 주어라.
	사용할 수 있는 화제를 준비해 둔다.
	어휘를 풍부하게 하라.
	요점을 정리해서 대화하라.
	고객에 대해 사전에 조사한다.
	항상 고객을 존중하라.
	먼저 말을 걸면 고객이 된다.
	고객과 대화의 속도를 맞춰라.
	알기 쉬운 말에는 포근함이 있다.
	고객의 기대치를 파악하라.
	고객에게 믿음을 주어라.
	고객의 좋은 점을 닮아라.
	가급적이면, 빨리 공통점을 찾아라.
	좋은 관계를 유지하라.
	대화의 내용은 간결하게 하라.
	정보를 수집하고 업데이트하라.

고객만족 인간관계법	고객과 늘 가까이 있어라.
	고객은 우호적인 관심사를 좋아한다.
	부정적인 말은 사용하지 마라.
	고객의 특이한 취향을 기억하라.
	고객도 말 걸어오기를 기다린다.
	긍정적인 태도와 품위 있는 매너를 갖추어라.

5. 고객만족 저해요인

고객은 기업이 제공하는 상품과 서비스 등 '가치'에 대하여 대가를 지불하는 귀중한 주체이다. 과거 '소품종 대량생산시대'에는 '생산이 곧 판매'로 시장을 관리했으나, 현재와 같은 '다품종 소량생산시대'에는 다양한 고객의 니즈에 따른 고객만족을 위해 물적 · 심적 만족이 동시에 추구되어야 한다.

그러나 고객만족의 물적 · 심적 만족 못지않게, 찾아온 고객을 존중하고 소중히 여겨야 하는데, 다음과 같이 고객에게 잘못된 정보를 제공하는 행위, 고객과 언쟁하는 행위, 고객의 요구사항을 무시하는 행위 등과 같이 고객을 불편하게 하는 행동은 고객만족을 저해하는 요인이 된다.

고객만족 저해요인

고객만족 저해요인	고객을 기다리게 해놓고 내버려두는 행위
	고객에게 잘못된 정보를 제공하는 행위
	고객보다 더 많은 이야기를 하는 행위
	고객의 프라이버시(privacy)를 침해하는 행위

고객만족 저해요인	고객의 약점이나 결점을 지적하는 행위
	고객을 업신여기거나 무시하는 행위
	특정 종교와 정치, 푸념이나 경쟁사를 비방하는 행위
	과묵한 고객 앞에서 일방적으로 이야기하는 행위
	아무런 설명 없이 어려운 전문용어를 남용하는 행위
	쉽게 흥분을 하거나, 어린아이 같은 말투를 쓰는 행위
	고객이 경쟁사의 흉을 볼 때 맞장구치는 행위
	고객 앞에서 자신을 과하게 자랑하는 행위
	남에게 사사의 비밀이나 경쟁사의 비밀을 누설하는 행위
	고객과 말다툼을 하거나 싸우는 행위
	고객에게 무조건 'NO'라고 하는 행위
	고객에게 비전문가처럼 보이거나 행동하는 행위
	고객 앞에서 직원들과 다투는 행위
	고객의 요구사항을 무시하거나 사소한 것으로 생각하는 행위

제3절 고객감동서비스

1. 고객감동의 개념

고객감동(customer surprise)은 제품이나 서비스에 만족한 고객이 자신의 깊은 마음이 움직여서 감동받는 상태를 말한다. 즉 계속해서 진화하는 서비스의 마지막 단계인 고객감동은 ① 고객서비스, ② 고객만족, ③ 고객감동 등의 3단계로 나눌 수 있다.

첫째, 1단계 고객서비스(customer service)는 '고객에게 다양한 서비스를 제공하는 단계'를 말한다. 즉 고객서비스는 '재화나 서비스 상품을 구입한 고객에게 제공하는 사후관리 서비스'를 말한다. 흔히, '애프터서비스(A/S : after service)' 또는 '사후관리'라고도 부른다.

터반(Turban) 등은 고객서비스를 "고객만족 수준을 강화시키는 일련의 활동이다"고 주장하였다. 기업은 '고객서비스센터'를 운영함으로써 상품을 구입한 고객에게 지속적인 서비스를 제공한다.

둘째, 2단계 고객만족(customer satisfaction)은 '고객에게 기본서비스 외에 추가적인 서비스를 제공하여 고객이 만족하고 감동하게 만드는 단계'를 말한다. 전술한 바와 같이 고객만족은 '기업의 경영목표를 고객만족으로 삼고 이를 추구하는 新경영기법이다. 기업경영의 모든 영역을 고객의 입장에서 생각하고, 고객을 만족시킴으로써 기업을 탄탄하게 유지하고자 하는 경영기법'을 말한다.

즉 고객만족 경영이란 '제품의 품질 이외에도 기획 · 설계 · 디자인 · 제작 · 사후관리 등 전 과정에 걸쳐 제품이 가지고 있는 기업문화 이미지와 기업이념 등을 고객에게 제공함으로써 고객의 만족감을 충족시키고, 제품의 판매 확대와 재구매율을 높이는 것'이다.

셋째, 3단계 고객감동(customer surprise)은 '고객이 만족에 멈추는 게 아니라 감동적인 서비스에 깜짝 놀라게 만드는 단계'를 말한다. 즉 고객감동(customer surprise)은 바로 마지막 3단계인 '고객이 감동적인 서비스에 깜짝 놀라는 것'을 말한다.

오늘날 고객감동은 고객만족을 넘어 ① 고객감동, ② 고객황홀, ③ 고객졸도 등의 용어가 유행할 정도로 산업현장의 실무자뿐만 아니라 일반인에게도 친숙한 용어로 자리매김하고 있다. 그만큼 고객만족이 얼마나 중요한지를 누구나 쉽게 이해할 수 있는 대목이다.

이렇듯 고객의 마음을 먼저 감동을 시켜야 기업이 살아남는다. 단순히 제품이나 서비스로 고객을 만족시키는 차원을 넘어, 고객의 마음까지 사로잡아야 하는 시대가 도래된 것이다. 고객을 감동시키기 위해서는 먼저 고객과 우호적인 관계를 맺고, 그 우호적인 관계를 지속적으로 잘 유지해 나가는 것이 중요하다.

2. 고객감동서비스란?

지금은 누구나 자신의 고객을 관리해야 하고, 고객이 원하는 대로 감동적인 서비스를 제공해야 한다. 21세기는 어떤 직업을 선택해도 누구나 '서비스맨'이라고 할 수 있다. 권위와 특권의식을 버리고 서비스 정신을 발휘해야 한다.

감동서비스(moving service)란 '고객이 미처 기대하지 못했던 세심하고 친절한 배려를 받는 서비스'를 말한다. 고객은 거창하고 대단한 서비스보다는, 오히려 아주 사소하고 작은 서비스에 감동을 받는다. 이러한 사소하고 작은 서비스로 감동받은 고객은 기업의 충성고객으로 이어질 수 있다. 고객감동에 필요한 요소는 다음과 같다.

❶ 성공적인 감동서비스는 일시적인 것이 아니라 고객과의 반복적이고, 지속적인 커뮤니케이션을 통해 좋은 결과를 얻게 된다.

❷ 품질(quality)의 일관성이 고객감동을 이끌어내는 핵심요소이며, 고객과 신뢰를 쌓는 중요한 요소가 된다.

❸ 기업의 비전 · 미션 · 목표 등이 명확할수록 고객만족도가 높아지고, 기업의 성장도 동반될 수 있다.

❹ 고객만족보다 고객감동을 위해 노력하는 것이 바람직하며, 고객감동은 일관성을 유지하고 실행에 옮겨야 얻을 수 있다.

⑤ 변화하는 고객의 욕구에 부응하기 위해서는 새로움을 추구하는 것도 중요하지만, 표준화된 서비스로 고객을 감동시켜야 한다.

⑥ 위기에 직면한 우리의 기업이 기존 고객을 유지하고, 신규고객을 유치하기 위해 가장 필요한 점은 고객감동을 실천하는 일이다.

3. 고객감동서비스기법

1) 감동을 주는 마음자세

서비스맨은 언제나 고객을 맞을 준비와 마음가짐이 되어 있어야 한다. 각자 복장과 용모를 점검하고, 평소 갈고 닦은 기량을 충분히 발휘할 수 있는 체제를 갖추어야 하는 것이다.

고객을 응대할 때는 우선 진심을 담아서 서비스를 제공해야 고객이 감동을 한다. 한 번 찾아온 고객이라도 반갑게 맞아주는 기업이나 점포에 고객은 친밀감을 느낄 것이다. 게다가 고객의 이름이나 직책을 기억하고 불러준다면, 고객은 더욱 감동할 것이다. 고객에게 감동을 주는 마음자세는 다음과 같다.

감동을 주는 마음자세

감동을 주는 마음 자세	곤경이나 어려움에 처한 고객에게는 유연성과 융통성을 발휘하는 마음을 갖는다.
	고객이 제품이나 서비스를 구매하지 않더라도 항상 친절하게 대한다.
	고객에게 특별한 서비스를 제공할 때는 생색을 내지 않는 것이 좋다.
	상황에 따라 과잉친절을 베푸는 것보다는 고객을 못 본 체하는 것도 필요하다.
	서비스맨이 고객 앞에서 실수했을 경우, 재빠르게 사과한다.
	고객이 부르거나 무언가를 요청하면, 일단 빠르게 대응하고 본다.
	고객을 만나기 전부터 준비하고, 고객의 보이지 않는 마음까지 읽어라.

감동을 주는 마음 자세	고객을 환송할 때는 고객이 안전하게 길을 가는지를 멀리까지 지켜본다.
	- 제품은 과대 포장하지 말고, 요청한 제품은 신속하게 찾아서 보여준다. - 문 앞에서 주저하는 고객의 마음을 읽고 적극적으로 유인하라.
	만약, 고객의 허물을 덮어줄 경우, 그 내용을 확실히 하고 덮어준다.
	고객에게 친절을 베풀 경우, 그 어떠한 대가도 바라선 안 된다.
	서비스맨의 재량으로 할 수 있는 서비스는 최대한 활용해서 제공한다.
	사소한 고객의 실수는 가능하면 덮어주고 넘어가는 것이 좋다.
	가격은 숨기지 말고, 잘못을 지적해 주는 고객을 오히려 감사하게 생각하라.
	고객이 구매한 어떠한 제품이라도 정성을 다해 전달해 준다.
	고객이 원하는 제품이 없을 경우, 다른 매장에 연락해서 알아본다.
	약속한 기간보다 앞당긴 더 빠른 서비스는 고객을 감동시킬 수 있다.
	고객과 약속을 지키지 못한 경우, 정중하게 사과하고, 적극적으로 대처한다.
	고객을 응대하거나 접객할 때의 시간은 고객의 사정에 따라 짧게 또는 길게 한다.

2) 감동을 주는 인사요령

전술한 바와 같이 인사(greeting)는 좋은 인간관계를 만드는 첫걸음이다. 그렇기 때문에 고객에게 좋은 인상을 주려면, 인사를 하는 매너가 좋아야 한다. 즉 인사는 가장 기본이 되는 매너로서, 마음속에서 존경심과 반가움이 우러나와야 고객이 감동하게 된다.

고객이 방문하면, "어서 오세요", "오랜만에 오셨네요", "요즘 건강은 어떠세요?"라고 인사를 하고, 돌아갈 때는, "감사합니다", "안녕히 가십시오", "또 오십시오"라고 인사하는 모습에서 고객은 감동을 받게 될 것이다. 고객에게 감동을 주는 인사요령은 다음과 같다.

감동을 주는 인사요령

감동을 주는 인사요령	모든 고객이 VIP처럼 느낄 수 있도록 친절하게 인사하라.
	인사를 할 때 외모가 첫인상에 주는 영향은 절대적이다.
	고객에게 인사성이 밝은 기업이 성공한다.
	정성이 담긴 말 한마디에 고객은 감동하고 가슴에 새긴다.
	칭찬을 아끼지 마라. 모든 고객이 춤추게 된다.
	이 세상에 칭찬받는 것을 싫어하는 고객은 없다.
	참된 인사는 고객을 존경하고, 존중하는 마음의 표현이다.
	고객에게 먼저 인사를 하면 좋은 만남이 된다.
	너무 굽신거리지 말고, 정중하게 인사하라.
	인사는 고객을 환영한다는 표시이므로 깍듯이 인사하라.
	인사는 많이 할수록 자신의 이미지가 좋아진다.
	좋은 인사매너와 대화법으로 고객과의 관계를 구축하라.
	처음 방문한 고객도 단골고객처럼 인사하라.
	모르는 고객과 마주쳐도 먼저 공손하게 인사를 건네라.
	불평이 많은 고객이 오히려 진짜 고객이다.
	두 손은 양 옆구리에 내리고, 허리를 굽혀서 인사한다.
	고객만 까딱하는 인사는 실례를 범하는 행동이다.
	온화한 표정으로 고객의 눈을 보면서 인사하라.
	한번 방문한 고객을 기억하고, 친절하게 인사를 건네라.
	미소 띤 얼굴로 인사하는 것이 좋은 인상의 비결이 된다.

3) 감동을 주는 응대요령

기업의 성공은 고객들과 얼마만큼 오랫동안 지속적으로 좋은 관계를 유지하느냐에 달려 있다. 좋은 관계를 지속하는 방법은 서로 간의 믿음이나 신뢰, 그리고 고객에게 감동을 주는 응대요령에 달렸다 해도 과언이 아닐 것이다.

서비스맨은 언제나 환한 미소로 고객을 맞이하고, 감동 있게 응대해야 판매율이 높아지면서 고객과의 믿음과 신뢰가 쌓이게 된다. 고객이 방문하면 친절하게 응대하고, 돌아갈 때도 친절한 인사로 마무리하여 고객이 감동을 받고 귀가할 수 있도록 최선을 다해야 한다. 고객에게 감동을 주는 응대요령은 다음과 같다.

감동을 주는 응대요령

감동을 주는 응대요령	고객에게 제품을 건넬 때는, 몸을 앞으로 숙이면서 천천히 내민다.
	고객에게 제품을 보여줄 때는, 천천히 설명을 하면서 보여주어라.
	고객에게 제품을 건넬 때는, 힘을 빼고 건네야 한다.
	고개를 끄덕이지 않고 대답만 하면, 건방진 느낌을 줄 수 있다.
	고개를 들 때도 마찬가지로, 머리에 힘을 빼야 한다.
	고개를 들고 뻣뻣하게 건네면, 잘난 체하는 느낌을 줄 수 있다.
	고객을 향해 다가갈 때는, 천천히 가야 우호적인 인상을 주게 된다.
	만약, 고객에게 사과할 때에는, 머리에 힘을 빼고 정중하게 인사하라.

4) 고객감동 유혹의 기술

사실 서비스가 좋다는 것은 고객의 눈과 입, 그리고 마음까지 만족시키고 감동을 줄 수 있는 정성과 노력이 들어가야 한다. 즉 고객의 오감까지 만족시킬 수 있을 때 그것이 바로 진정한 고객감동서비스이다.

고객이 방문했을 때 서비스맨의 센스와 응대기술은 매출증대에 직접적인 영향을 미친다. 매장을 책임지는 서비스맨이나 매니저는 다음과 같이 고객응대매너를 충분히 숙지하고, 최상의 서비스를 제공해야 한다.

고객감동 유혹의 기술

고객감동 유혹의 기술	수요가 많을 때는 임시직원을 고용해 서비스 공급을 조정하라.
	기업은 종사원의 서비스 교육을 철저하게 시켜라.
	지속적인 관심과 작은 배려가 고객을 부른다.
	고객이 매장에서 편안하게 제품을 살필 수 있도록 배려하라.
	약속된 시간보다 좀 더 빨리 서비스를 제공하라.
	무조건 복종하지 말고, 고객과 동등한 입장에서 서비스하라.
	제품의 소재와 특성을 적절하게 소개하라.
	제품의 특성이 고객에게 어떤 이익이 되는지를 설명하라.
	똑같은 제품이라도 고객마다 설명을 달리하라.
	'끼' 많은 서비스맨이 고객을 더 행복하게 만든다.
	완벽한 서비스로 고객을 지켜드려라.
	과장법을 잘 이용하면, 고객의 마음을 열 수 있다.
	한번 방문한 고객을 두세 번 잇따라 찾아오게 만들어라.
	줄 서서 기다리는 고객에게도 관심을 가져라.
	사실 고객이 매장 안으로 들어오기 전부터 서비스는 시작된다.
	미소의 힘은 백 마디의 말보다 강하다.
	고객이 매장을 떠나도 서비스는 계속된다는 것을 잊지 마라.
	서비스맨의 쇼맨십이 고객을 끌어당긴다.
	계절이나 메뉴가 바뀌면, 고객에게 문자를 발송하라.

고객감동 유혹의 기술	기다리는 고객을 위한 보조 서비스를 개발하라.
	시각적인 언어로 고객을 공략하라.
	고객이 친밀감을 느낄 수 있도록 유쾌한 분위기를 조성하라.
	고객과 관련된 모든 것을 중요하게 여겨라.
	고객의 입장과 감정의 움직임을 신속하게 파악하라.
	이웃 동일업종의 점포도 경쟁점포가 아닌, 협력사로 생각하라.

제 11 장
스토리텔링서비스

제1절 스토리텔링의 이해

1. 스토리텔링의 개념

스토리텔링(storytelling)은 ① '이야기'를 의미하는 스토리(story)와 ② '말하기'를 의미하는 텔링(telling)의 합성어로서, ③ '이야기하다'라는 뜻을 갖는다.

이것을 좀 더 구체적으로 살펴보면, 스토리(story) + 텔(tell) + 링(ing)의 합성어이다. 즉 상대방에게 알리고자 하는 story(사건 · 지식 · 정보 등)를 tell(말하기 · 문자 · 소리 · 영상 · 그림 등)을 통해 ing(교감 · 상호작용 등)을 하는 것을 말한다. 결국 스토리텔링은 글자 그대로 ① 이야기로 말하기, ② 이야기 짓기라고 해석할 수 있다.

최근 우리나라뿐만 아니라 세계적으로도 유행하는 언어 중에서 가장 많이 각광받고 있는 것이 '스토리텔링'이 아닌가 싶다. 입(구전)으로 전달되는 스토리는 아직 상업화되지는 않았지만, 텍스트로 전달되는 소설의 경우에는 이미 제품화되어 많은 독자에게 재밌는 이야기를 제공하고 있다.

첫째, 기본적 의미에서의 스토리텔링은 '이야기하기'의 뜻으로 '작가의 이야기 전개'를 이르는 말이다. 일반적으로 '화자가 청자에게 이야기를 전달하는 것'을 말하나, 최근에는 쓰임에 따라 '청자가 화자의 이야기에 참여하는 것을 포함'하는 보다 넓은 의미를 갖기도 한다.

둘째, 예술분야에서의 스토리텔링은 '이야기와 담화, 이야기가 담화로 변하는 과정을 아울러 이르는 말'이다. 즉 사건에 대한 진술이 지배적인 담화양식으로 영화와 애니메이션 등의 줄거리 전개에 쓰이며, 각각의 장르는 사용되는 매체가 갖는 특성으로 인해 형식상의 차이를 띤다.

부연해서 설명하면, 스토리텔링은 '이미지 · 단어 · 소리를 통해 이야기를 만들어 전달하는 것'을 말한다. 소설 · 희곡 · 영화 등이 플롯(plot)이라는 구조 속에서 이야기 형식을 만들어내는 대표적인 재현 장르이지만, 애니메이션 · 음악 · 영상 · 광고에서도 이야기를 만들어낸다.

특히 광고는 이야기가 인상적일 때 고객에게 쉽게 각인되어 오랜 시간 뇌리에 남아 있을 확률이 크다. 비록 특별한 줄거리를 가지고 있지 않더라도 광고의 배경과 표현 기호가 특정한 이야기를 함축하는 경우도 있다.

따라서 스토리텔링은 최근 디지털 스토리텔링으로 발전하고 있고, ① 문화 · 교육 · 상담과 같은 문화 · 교육 분야 ② 수출 · 판매 · 마케팅 · 프레젠테이션 · 비즈니스와 같은 경제 · 경영 분야, ③ 관광산업 · 관광안내 · 관광해설과 같은 관광서비스 분야, ④ 정치 · 외교 · 군사 분야, ⑤ 정부부처와 사회단체, ⑥ 학교에서 배우는 교과서 등에 이르기까지 광범위하게 사용되고 있다.

2. 스토리텔링의 효과

우리는 지금 스토리텔링이 위력을 떨치는 시대에 살고 있다. 똑같은 말이라도 주위의 반응이 다르게 나타나는 경우가 있는데, 그것은 바로 '말의 힘'이 다르기 때문이다. 말에도 온도가 있고 품격이 있다. 같은 말도 어떻게 하느냐에 따라 품격이 달라지고, 청중이 느끼는 온도가 확연하게 달라진다.

오늘날 비즈니스 세계는 '단지 사람에게 사실만을 말하는 것'은 이제는 식상하고, 더 이상 효과가 없다. 특히 서비스맨은 감성을 충분히 활용해야 자사의 제품판매와 비즈니스에서 성공할 수 있다.

즉 스토리텔링이란 '사람 · 인생 · 세상을 이해하고, 고객과 원활하게 소통하는 방법을 배우고 익히는 과정'이라고 말할 수 있다.

최근 스토리텔링은 많은 분야에서 효과적인 커뮤니케이션의 수단으로도 활용되고 있다. 과거에 있었던 사건에 대한 스토리는 자신과 다른 사람에게 과거 경험으로부터 배울 수 있도록 이끌어주고, 생생하고 기억에 남을 수 있도록 역할을 해준다.

특히 자신이 경험한 이야기, 주변 사람들이 겪은 이야기, 책이나 언론 등을 통해 접한 이야기를 스토리텔링으로 만들어 강연을 하면 청중을 사로잡을 수 있는 효과가 있다.

스토리텔링의 긍정적 효과는 최근에 새롭게 발견된 것이 아니라 이미 오래전부터 존재했었던 것이다. 즉 구전을 통해 전해 내려오는 전설, 설화에는 조상의 발자취와 숨결이 스며 있고, 우리들 삶의 정신문화를 일깨워주고 자긍심을 심어주는 역할을 하고 있다.

따라서 스토리텔링은 고객과의 관계구축을 보다 수월하게 해주고, 게다가 실제적으로 많은 경험이 어떻게 강렬한 비즈니스 스토리가 될 수 있는지를 알게 해준다. 스토리텔링의 효과를 정리하면 다음과 같다.

스토리텔링의 효과

스토리텔링의 효과	매력적인 스토리에 담긴 메시지는 고객의 마음에 자연스럽게 입력이 된다.
	고객과 신속하게 신뢰를 맺게 해줌으로써 시간과 돈을 절약할 수 있다.
	고객의 이면에 숨겨진 요구를 파악할 수 있다.
	조직의 정체성을 확립할 수 있는 효과적인 수단이 된다.
	메마른 고객의 감성을 자극할 수 있다.
	지루해질 수 있는 강의를 즐겁고, 의미심장하게 만들어준다.
	고객에게 제품이나 서비스를 제공하고, 좋은 결과를 얻을 수 있다.
	진부한 회의에 낭비되는 귀중한 시간을 알차게 지켜준다.
	고객의 마음속 전구에 불을 밝혀준다.
	오랜 기간 동안 거래해 온 단골고객과의 관계를 더욱 돈독히 해준다.
	심플한 이야기가 엄청난 행운과 명성을 가져다준다.
	회사에서 승진하는 데 도움이 된다.
	자신이 근무하는 회사에 큰 이익을 가져다줄 수 있다.
	조직문화를 만들어내고 이해하는 데 도움이 된다.
	고객과 마음으로 함께 공감할 수 있다.
	무용담이나 상징물을 통해 비전을 제시할 수 있다.
	고객과 효과적으로 소통하게 만들어 개인적으로 명성을 얻는다.
	고객과 의사소통을 하는 데 효과가 있다.
	직원들에게 기업의 전통을 이해시킬 수 있다.
	직원들 사이에 공유될 수 있는 의미와 목적을 창조하는 효과가 있다.
	고객의 마음에 오래도록 기억하게 하려면, 스토리텔링이 효과적이다.

3. 스토리텔링의 준비단계

스토리텔링은 고객의 요구를 수렴하면서 기업의 전통 · 가치 · 신념 등을 연계시키는 방향으로 커뮤니케이션하는 수단이 될 수 있다. 동시에 기업 내의 직원들 사이에 공동체의식을 창조하고 유지할 수 있도록 하며, 현실에 대한 이해를 전파시키는 기능을 한다. 스토리텔링의 준비단계는 다음과 같다.

스토리텔링의 준비단계

스토리텔링의 준비단계	단순하게 나열된 이야기보다는 당시의 일화나 사건을 중심으로 스토리를 전개하여 인물이 주는 감동을 실감할 수 있도록 구성한다.
	주인공이 바라는 목표는 무엇인지, 또 그가 목표를 달성하기 위해 어떠한 고난과 장애를 겪었고, 또 뛰어넘었는지 짧게 요약한다.
	줄거리를 쓸 때는 주인공의 입장에서 이야기를 풀어가야 하고, 다양한 학습효과와 느낌을 풍부하게 만들 수 있어야 한다.
	심플한 스토리가 고객과 청중의 마음을 움직일 수 있고, 사람의 선택에 의해서 빛의 세상 밖으로 나온다.
	스토리는 반드시 진솔해야 한다. 고객이 자신을 진실하다고 생각하지 않으면, 자신의 명성에 큰 치명타가 될 수 있다.
	신선한 소재와 재미있는 스토리의 핵심 키워드가 들어 있느냐가 중요하다.
	스토리는 고객의 공감을 얻어야 비로소 작품이라는 이름으로 새롭게 탄생되는 것이다.
	스토리가 흥미가 없고 무미건조해서 더 이상 진도가 나가지 않으면, 그 스토리는 재고해야 한다.
	실제로 존재했던 사실이나 정확한 데이터 및 수치 등을 포함시켜서, 스토리가 이 데이터를 충분히 뒷받침할 수 있어야 한다.

스토리텔링의 준비단계	스토리의 목표점이 무엇인가, 그 목표점이 기존의 스토리와 어떻게 다른가, 얼마나 새로운 결말인가가 중요하다.
	스토리의 요점이 무엇인지, 고객에게 전하고 싶은 메시지는 무엇인지, 이루고자 하는 목적에 초점을 맞춰 세세하고 정교함을 드러내야 한다.
	어떤 사람을 취재할 것인지, 글을 쓰기 전에 스토리에 필요한 정보 · 지식 · 인물 · 직업 · 장소 · 시대적 상황 등 목록부터 작성해야 한다.

4. 스토리텔링의 활용법

"스토리를 말하는 자가 세상을 지배할 것이다"라는 말이 있다. 즉 '비즈니스 스토리텔링', '조직용 스토리텔링'은 고객과 교감하고 영향력을 행사하며, 고객을 유인하고 끌어들이는 강한 메시지를 담고 있다.

스토리는 사건 · 인물 · 구성의 3박자가 제대로 맞아야 힘을 발휘하게 된다. 특히 과거에 자신이 몸소 겪은 불행과 고난을 아름다운 드라마로 승화시키면, 멋진 스토리로 만들 수 있다. 또한 자신에게 찾아온 불행과 고난이 한 편의 스토리가 되어 누군가에게 '희망의 씨앗'이 될 수도 있다.

고객에게 자신이 경험한 순수한 이야기, 추억의 이야기(실제이야기) 등등 여러 가지 방법을 활용해서 들려줄 수 있다. 스토리텔링의 활용법은 다음과 같다.

스토리텔링의 활용법

스토리텔링의 활용법	기업에 새로운 목표를 세우도록 동기부여하고, 실질적인 영향을 끼칠 수 있다.
	방문하는 모든 고객과 효율적으로 의사소통하는 데, 적극적으로 활용할 수 있다.
	젊은 세대의 고객이나 거래처 또는 내부고객과 교류하는 데 활용할 수 있다.

스토리텔링의 활용법	고객에게 요점을 정리해서 설명할 수 있고, 서비스나 제품 등을 판매할 수 있다.
	항상 회사의 동료나 친구, 고객보다 우위를 선점할 수 있다.
	고객의 마음을 사로잡을 수 있고, 경쟁자를 과감하게 퇴출시킬 수 있다.
	광고에 스토리를 입히면 광고가 재밌고, 청중의 뇌리에 오래 남는다.
	스토리가 있는 광고는 기억에 남게 되며, 결국 스토리는 고객의 관심을 유도한다.
	고객이 자사의 제품이나 서비스를 구매할 수 있도록 영향력을 행사하고 자극한다.

공자의 스토리텔링 파워

강대국과 약소국이 회담을 할 경우 모든 일이 힘센 나라의 일방적인 의사대로 결정되는 것은 일종의 불문율처럼 되어 있다. 그러나 제로회담(濟魯會談 : 제나라와 노나라 간의 회담)에서만은 그런 불문율이 보기 좋게 깨졌다. 강대국인 제(濟)나라가 강점하고 있던 땅을 약소국인 노(魯)나라에 고스란히 돌려주었다.
즉 강대국인 제나라가 약소국인 노라의 땅을 강점했던 것을 마지못해 돌려주게 된 것이다. 제로회담을 통해 세상만사는 반드시 무력에 의해서만 좌우되는 것만이 아님을 알려주었다. 당시 공자(孔子 : BC 551년 노나라 출생)는 의(義)를 내세워 제나라의 불의를 통렬하게 논박(論駁)했을 뿐이었다. 결국 용감무쌍한 공자의 올바르고 이치에 합당한 주장과 뛰어난 언변(言辯)이 백만대군의 무력보다 더 무서운 위력을 느끼게 해준 것이다.

-『손자병법』

제2절 스토리텔링의 파워

1. 스토리텔링의 구성요소

1) 스토리

스토리를 구성할 때는 누구나 다 알고 있는 뻔한 스토리는 배제되어야 한다. 반드시 고객이 좋아할 수 있고, 자사 제품의 독특한 가치를 멋지게 설명할 수 있는 매력적인 스토리가 절실히 필요하다.

스토리(story)는 '어떤 사물이나 사건, 현상에 대해서 일정한 내용을 가지고 하는 말'이다. 그러면 스토리는 어디서 나오는 걸까? 스토리는 ① 직업이나 사업의 경험, ② 다양한 인생 · 여행경험 등에서 나온다.

첫째, 직업이나 사업의 경험은 평소 직업과 사업에 관련된 자신의 직접적인 경험, 간접적으로 겪은 경험을 말하고, 둘째, 다양한 인생 · 여행경험은 삶을 살아오면서 겪었던 인생 스토리나 여행경험 등을 비즈니스적인 스토리에 적절하게 접목하는 것을 말한다.

이러한 스토리는 고객에게 감동을 줄 수 있고, 또한 고객은 서비스맨에게서 인간적인 면을 발견하게 될 것이다. 따라서 스토리는 1~2분 정도가 적당하며, 고객과 교감을 나누는 데 큰 도움이 될 것이다.

문학을 꽃피운 이집트 여행

프랑스의 철학자 몽테뉴는 "원래 운명은 사람을 행복하게도 불행하게도 만들지 않는다. 다만 그 재료와 씨를 사람에게 제공해 주는 것뿐이다"라고 하였는데, 사람은 운명의 재료와 씨를 어떻게 활용하느냐에 따라 자신의 운명이 달라진다. 운명의 폭을 넓게 헤아리면서 운을 개척해야 한다. 운명은 맘먹기에 달려 있다.

'나는 이집트 여행 출발부터 수필과 시를 써서 등단을 해야겠다'라고 마음을 먹고 여행길에 오른다. 그런데 룩소르 여행 중에 상상하지 못했던 좋은 스토리가 툭 터진다. 이집트 국내선 항공사의 서비스 부재로, 한 편의 드라마 같은 일이 발생해 우리 일행은 오지에서 고난과 불편을 겪는다.

하지만 나는 모든 것이 운명이라 생각하고 묵묵히 받아들인다. 여행 내내 틈나는 대로 메모한 것을, 귀국 후 생각을 정리해서 문학잡지에 투고를 한다. 그 결과 나는 2007년에 '수필'에 등단하고, 2008년에는 '시'에 등단한다.

세상에는 그 어떤 것도 쓸모없는 것은 없다. 아무리 보잘것없는 하찮은 메모라도 소중히 기록하고 간직하면, 나중에 요긴하게 사용할 수 있다. 평소 여행 중에 메모를 해둔 덕분에 문학을 꽃피우게 된다.

그 후, 끊임없는 습작(習作)으로 필력이 향상되어 다수의 전문서적, 시집을 발간하였고, '국가와 국가산하기관의 각종 위원회에 위촉'되어, 국정평가 및 행정 컨설팅 등 다양한 분야에서 활동하고 있다. 결국 '낯선 땅에서 행운(幸運)이 들어온 것'이다. 이집트를 여행하면서 처음 습작한 졸시를 소개한다.

여름을 기다리는 이유는
단지 미지의 세계로 떠나기 위함이다
색다르게 다가오는 여행의 동경에
나는 날마다 몸살을 앓다
젊음의 날을 지나
무더위에 시들어 버린 과일 등속처럼
축축 처지는 일상을 벗어나기 위한 처절함
나일 강가의 풍요를 만나고서야
새로운 운명을 맞이할 수 있으리라

훌륭한 여행자의 길을 막아서는
50°C를 넘나드는 뜨거운 숨결 속에서

> 신의 은총에 검게 그을린
> 이집트의 노인과 아이를 보았다
> 거대한 룩소르 신전의 이글거리는 눈빛은
> 사람의 눈가에 서린 우수를 조롱하고 있다
> 신을 바라는 가난한 사람들의 이야기
> 태양을 이고 사는 깡마른 노인에게는
> 이곳이 회생할 수 없는 땅이거늘.
>
> -『이집트 여행』

2) 언어와 말하기

① 언어(言語)는 '인간의 사상이나 감정을 표현하고, 의사 소통을 하기 위한 소리나 문자 따위의 수단'을 의미하고, ② 말하기는 '자기의 느낌이나 생각 등을 남에게 말로써 전하는 일'을 뜻한다. 즉 '스토리를 이야기할 때는 스토리 주인공이 말하는 언어가 그들이 누구인지와 일치되어야 한다.' 또한 스토리에 사용되는 언어는 '등장인물이 현실에서 사용하고 있는 언어로 이루어져야 한다.'

예를 들어, "저희가 제공하는 서비스는 고객을 특별하게 생각하고 모시기 위해서입니다"라고 말하면, 언어의 매칭이 스토리를 믿을 수 있게 하고, 고객은 꾸밈없는 진정성을 믿게 될 것이다. 따라서 진정성 있는 언어와 말하기야말로 고객에게 도움이 된다는 것을 잊어서는 안 된다.

3) 시대와 주인공

주인공(主人公)의 기본적인 의미는 '소설 · 연극 · 영화 등에서의 사건을 이끌어가는 중심 인물', 또는 '어떤 일이나 분야, 단체 등에서 중심이 되거나 주도적인 역할을 하는 인물'을 말한다.

가령 고객에게 특정 시대의 스토리를 펼쳐 보이려면, 주인공 역시 그 시대와 걸맞아야 한다. 처음 인터뷰를 했거나 직접적으로 경험했던 연대를 제시해 놓고, 당시 그 시대에 유행했던 패션, 헤어스타일 등을 사실대로 소개하면서, 얘기할 수 있어야 실감이 나게 된다. 즉 시대와 인물에 걸맞은 전체적인 스토리가 함께 어우러져야 고객에게 생생한 장면이 연출되는 것이다.

4) 갈등과 해소

갈등(葛藤)은 원래 '칡과 등나무'라는 뜻으로, 칡과 등나무가 서로 복잡하게 얽히는 것과 같이 개인이나 집단 사이에 의지나 처지, 이해관계 따위가 달라 서로 적대시하거나 충돌을 일으킴을 이르는 말'이고, 해소(解消)는 '좋지 않은 일이나 감정 따위를 풀어서 없앰'을 의미한다.

한때 많은 충돌과 갈등으로 인해 고생했던 주인공이 어떻게 해서 그 힘든 고난과 역경을 딛고 슬기롭게 해소했는지를 감정을 담아 설명할 필요가 있다. 감정은 고객으로 하여금 결정하도록 설득한다. 제품을 구매할 것인가 말 것인가를…

2. 스토리텔링의 적용법

1) 경험담

스토리는 경험이나 재미가 생명이다. 단순한 정보를 전달하기보다는 자신이 직접 체험한 경험담을 들려주면서, 고객과의 직접적인 커뮤니케이션으로 함께 교감을 형성할 수 있어야 한다.

경험담(經驗談)은 '어떤 사람이 몸소 겪은 일을 근거로 한 이야기'를 말한다. 인생을 살면서 몸소 겪은 체험이나 경험이 풍부해야만 스토리텔링을 효과적으로 활용하거나 고객이나 청중의 마음을 사로잡을 수 있다.

이론만을 앞세운 얄팍한 지식으로는 고객의 마음을 사로잡을 수 없다. 단순한 은유나 유추만을 사용해서 이야기하면, 고객에게 진한 감동을 주지 못한다. 오늘날 서비스맨으로 성공하기 위해서는 자신의 다양한 경험과 능력에 스토리텔링을 반드시 보태고 덧붙여야 한다.

그렇지 않고 단순한 정보만을 제공하는 서비스맨은 곧 사멸의 위기에 빠질 수 있다. 몸소 체험한 경험담은 스토리텔링의 강한 힘이 된다.

경험담으로 엮은 당대 최고의 명저 『손자병법』

손자병법(孫子兵法)은 지금으로부터 2천400년 전인 중국 춘추전국시대에 손무(孫武)라는 명장이 그의 손자인 손빈(孫臏)과 함께 3대에 걸쳐 저술한 병서(兵書)이다
당시 손무는 '고전장(古戰場 : 예전에 전쟁이 벌어졌던 곳)을 직접 답사하면서, '과거에 그곳에서 싸웠던 군사들이 진영(陣營)을 어떻게 구축하였고, 또 쌍방이 어떤 방식으로 싸웠기에 한편이 이기고 졌는지 소상하게 비교 · 검토해 봄으로써, 승패의 원인을 알게 되었다'고 한다.
결국 손무는 '병법을 제대로 연구하려면, 고전장을 현지 답사하는 것이 최고의 길'이라는 생각을 품게 되었다. 고전장을 직접 답사하고 수많은 전쟁경험을 통해 집필한 손자병법은 오늘날 군사뿐만 아니라 정치나 기업을 경영하는 데 있어서 매우 중요한 책으로 인정받고 있다.
당시 공자(孔子)도 '당대 최고의 명저'라고 칭찬을 아끼지 않았다.

-『손자병법』

2) 깨달음

스토리텔링은 자신이 깨달은 내용을 이야기하면 가장 좋다. 자신이 깨달은 독특한 이야기는 다른 스토리텔러(storyteller)와 차별화되고, 창의적으로 전달하기 때문에 빛을 발휘할 수 있다. 즉 자신이 몸소 깨달은 이야기를 들려주면, 청중은 금방 친근감을 가질 것이다.

깨달음은 '제대로 모르고 있던 사물의 본질이나 진리 따위의 숨은 참뜻을 비로소 제대로 이해할 수 있게 됨'을 의미한다. 즉 구경각(究竟覺)은 불교의 수행이 완성되어 증득(證得)하게 된 완전한 깨달음을 가리키는데, 곧 부처의 상태를

이룬 것이나 부처가 되는 자리를 뜻한다.

① 석가모니(釋迦 : BC 563년 인도 카필라 바스타의 왕자로 출생)는 '보리수나무 밑에서 깨달음을 얻었고,' ② 예수(BC 7기경 베들레헴에서 탄생한 것으로 추정)는 '40일간 광야를 여행하면서 미래에 대한 비전을 얻었다'고 한다. 이렇듯 스토리는 ① 개인적인 깨달음, ② 여행 경험, ③ 인생 경험, ④ 비즈니스 경험 등에서 나오며, 이러한 사례를 중심으로 스토리를 엮어가면 성공할 수 있다.

3) 주제와 밀접성

스토리텔링은 반드시 주제와 밀접해야 한다. 강의 콘텐츠에서 주제를 찾아내고, 그 주제에 맞는 이야기를 찾아 전달하면, 청중은 강의 내용을 쉽게 이해할 수 있고 흥미로워한다.

주제란 '창의적인 예술작품에 나타나는 중심사상'을 일컫는데, 스토리의 주제와 밀접(密接)하게 맞닿아 있어야 한다. 즉 주제에서 벗어난 스토리텔링은 고객이나 청중이 흥미를 잃어버릴 수 있다.

스토리텔링은 반드시 ① 주제와 밀접성이 있어야 하고, ② 설명을 할 때는 가급적 쉽고 일상적인 언어를 사용해야 하고, 알아듣기 어려운 외국어의 사용은 자제하고, 그리고 ③ 너무 많은 목적이나 주제를 제시하지 않는 것이 바람직하다.

잘 나가는 스토리텔러의 특징

- 경험이나 지식, 깨달음을 바탕으로 강의한다.
- 강의할 때는 청중과 함께 호흡한다.
- 청중을 끊임없이 관찰하고 응시한다.
- 평소 틈나는 대로 꾸준히 연습한다.
- 숫자를 이용해서 청중의 관심도를 높인다.
- 남의 것을 모방하지 않고, 스스로 창조해서 강의한다.

제3절 스토리 전달방법

1. 유머 활용법

요즘 사람들은 스토리를 아주 좋아한다. 특히 흥미 있고 유머러스(humorous)한 스토리는 더욱더 좋아한다. 유머는 비즈니스 스토리텔링에서 큰 역할을 하기 때문에 비즈니스에 활용하면 좋다. 즉 스토리텔링은 우리의 마음을 사로잡을 뿐만 아니라 오래 기억된다. 따라서 확실한 목적과 유머를 넣어야 고객의 마음을 움직일 수 있다.

특히 웃음은 '두 사람 사이를 연결시켜 주는 최단거리이며, 인간에게 있어서 최고의 치료약이며, 반사행동'이라고도 할 수 있는데, 그 유일한 기능은 긴장(緊張)으로부터의 해방이다. 프랑스의 철학자 데카르트(René Descartes : 1596년 프랑스에서 출생)는 웃음이 '놀라움이나 증오 또는 둘 모두와 결합된 기쁨의 표현'이라고 믿었다. 웃음의 효과는 다음과 같다.

웃음의 효과

웃음의 효과	뇌졸중의 원인이 되는 순환계의 질환을 예방해 주고, 게다가 인상이 좋아지면서 맥박과 호흡을 안정시켜 준다.
	크게 소리내어 웃으면 스트레스가 해소되고, 세포가 활성화되어 신체의 면역력이 증진된다.
	웃음은 암을 예방해 주고, 15초 동안 웃어도 수명이 이틀이나 늘어나는 효과가 있다고 한다.
	내분비 기관인 부신(副腎)에서 통증과 신경통과 같은 염증을 낫게 하는 신비한 화학물질이 나온다.

웃음의 효과	웃음은 신체 전 기관의 긴장을 완화해 주고, 혈액 내의 코르티솔(cortisol : 스트레스 호르몬)의 양을 줄여준다.
	스트레스와 분노, 긴장의 완화로 심장마비를 예방해 주고, 심장박동 수를 높여 혈액순환을 돕는다
	3~4분만 웃어도 맥박을 배로 증가시키고, 혈액에 더 많은 산소를 공급한다.
	가슴과 위장, 어깨 주위의 상체 근육이 운동을 한 것과 같은 효과를 얻는다.
	뇌하수체에서 엔도르핀이나 자연 진통제가 생성되고, 동맥이 이완되어 혈액 순환이 원활해지고 혈압이 낮아진다.

아인슈타인의 유머

기차여행 중이던 물리학자 아인슈타인(1879년 독일에서 출생)이 자신의 기차표가 없어졌다는 사실을 알았다. 그때 차장이 승객의 승차권을 검사하고 있었다. 표를 검사하던 차장이 아인슈타인에게 말했다. "선생님이 누구인지 잘 압니다. 틀림없이 표를 사셨을 겁니다. 걱정 마세요."
아인슈타인은 빙그레 웃으며 고개를 끄떡이며 고맙다는 표시를 했다. 그러나 이 위대한 물리학자는 바닥에 엎드려 좌석 아래를 살피기 시작했다. 차장은 "박사님, 걱정하실 것 없다니까요. 전 선생님이 누구신지 잘 알고 있습니다"라고 거듭 말했다.
그러자 아인슈타인이 말했다. "내가 누군지는 나도 알아요. 그런데 내가 지금 어디로 가는 길이었는지 모르겠단 말이요.…" 어디로 가는지 모른다는 말은 표가 없다는 유머러스한 솔직한 자백이다.

2. 스토리 연습

스토리는 일기가 아니다. 해서 어느 날 갑자기 툭 튀어나오는 게 아니라 평소 끊임없는 훈련과 습작을 통해서만 가능한 일이다. 스토리를 즉석에서 인위적으로 지어내는 것은 불가능하며, 오랫동안 축적된 경험 등을 적절한 순간에 끄집어내는 것이다.

스토리의 기본은 우선 글부터 작성하는 것이다. 좋은 글은 '엉덩이 힘으로 쓴다'는 말도 있다. 그만큼 오랫동안 의자에 앉아서 단어를 고르고, 문장을 고치는 일을 되풀이해야 한다는 뜻이다. 원래 '타고난 천품(天品)으로 좋은 글을 쓰는 사람은 거의 없다'고 한다.

말을 하기 위해서는 '일부러 글을 써야 한다.' 또한 좋은 문장을 완성하기 위해서는 글을 많이 썼다가 지우기를 수차례 반복해야 비로소 명문장이 탄생하는 것이다. 한 줄 문장의 완성이 중요한 이유는 다음 작업을 진행시킬 수 있는 촉발점이 되기 때문이다.

스토리의 핵심문장이 완성되었다면, 본격적으로 연습을 해야 한다. ① 또박또박 발음을 해보고, ② 크게 소리내어 읽어보고, ③ 자연스럽게 말을 해보고, ④ 자신의 발음을 들어보면서 연습을 해야 한다.

즉 몇 번이고 반복해서 연습하다가, 가족이나 지인들 앞에서 실제처럼 연습해 보는 것도 좋은 방법이다. 연습만이 스토리를 완벽하게 만들며, 스토리 또한 효과적이게 된다. 일반적인 발음연습 문장의 예는 다음과 같다.

발음연습 문장의 예

<table>
<tr><td rowspan="4">발음연습 문장의 예</td><td>우리 옆집 뒷 창살은 홑 겹 창살이고,
우리 뒷집 앞집 옆 창살은 겹 홑 창살이다.</td></tr>
<tr><td>그 집 콩밭은 검정콩 밭이고,
우리 집 콩밭은 강낭콩 밭이다.</td></tr>
<tr><td>간장공장공장장은 강 공장장이고,
된장공장공장장은 공 공장장이다.</td></tr>
<tr><td>들의 콩깍지는 깐 콩깍지인가 안 깐 콩깍지인가?
깐 콩깍지면 어떻고, 안 깐 콩깍지면 어떠냐.
깐 콩깍지나 안 깐 콩깍지나 콩깍지는 다 콩깍지인데.</td></tr>
</table>

<table>
<tr><td rowspan="2">발음연습 문장의 예</td><td>검정콩 밭 옆에 강낭콩 밭이 있고,
강낭콩 밭 옆에 검정콩 밭이 있다.</td></tr>
<tr><td>앞집 팥죽은 붉은 팥죽이고, 뒷집 콩죽은 햇콩 단콩 콩죽
우리 집 깨죽은 검은깨 깨죽인데,
사람들은 햇콩 단콩 콩죽 깨죽 죽 먹기를 싫어하더라.</td></tr>
</table>

3. 스토리 전달

1) 불안감의 원인

고객이나 청중 앞에서 말을 할 때 긴장감이 심해져 머릿속이 하얗게 되거나 말을 더듬고, 숨이 차고, 목소리나 몸이 떨리는 등등 여러 가지 증상이 나타날 수 있다.

불안감이나 공포심의 원인은 여러 가지가 있겠지만 가장 큰 뿌리는 심리적인 걱정이다. 즉 '고객이나 청중이 나를 어떻게 볼까?' '나를 보고 비웃지는 않을까?' 게다가 나중에 고객이나 청중으로부터 평가를 받는다고 생각하면, 누구나 긴장하고 부담을 느끼게 된다. 즉 평가받는다는 생각이 긴장감을 극대화시키게 된다. 이럴 때는 '나를 어떻게 생각할까?'보다는 '고객이나 청중에게 이야기를 들려주어야겠다'라는 생각으로 고객과 청중 위주로 마음가짐을 바꾸는 것이 좋다.

2) 불안감의 대처법

불안은 '걱정이 되어 마음이 편하지 않음'을 의미하는데, 오히려 '적당한 걱정은 유익하다'는 말도 있다. 고객이나 청중 앞에만 서면 극도로 불안감을 느끼는 사람도 있다. 물론 경험이 풍부한 사람은 큰 문제가 없겠지만, 경험이 부족한 사람은 충분히 그럴 수 있는 일이다.

불안감을 슬기롭게 대처하는 방법은 오로지 많은 강의경험과 연습뿐이다. 우선 좋은 스토리를 준비해서 철저하게 연습하고 훈련하면, 불안감을 떨쳐버리는 것은 결코 큰 문제가 되지 않는다. 불안감에서 탈출하는 방법은 크게 인지적 접근, 행동적 접근, 기술적 접근 등의 세 가지로 나눌 수 있다.

❶ 인지적 접근 : 스토리를 이야기한다는 것은 심리적인 영향을 많이 받는 것이기 때문에 마인드 컨트롤이 중요하다. 먼저 완벽을 추구하는 욕심을 버리고, 완벽이 아닌 정성을 쏟는 것이 가장 중요하다. '완벽하게 스토리를 이야기해야지!'보다는 '정성을 다해 이야기를 전달해야지!'라는 마음으로 임해야 한다.

❷ 행동적 접근 : 스토리를 이야기하는 것은 말과 몸으로 행하는 것이기 때문에 많이 해보는 것이 가장 좋은 방법이다. 즉 많이 연습하고 직접 해볼수록 느는 것이 스토리텔링이다.

❸ 기술적 접근 : 스토리텔링의 기술적 접근은 연습과 훈련을 통해 잘하는 법을 배우는 것이다. 스토리를 이야기할 때 빠르게 말하는 습관을 고칠 수 있도록 중간중간에 호흡을 잘 쉬면서 말하는 것을 연습해야 한다. 연습과 훈련을 통해서 목소리 떨림 · 긴장감 · 속도 · 숨 가쁜 증상 등을 고쳐나가야 한다.

3) 스토리 전달법

(1) 첫 15초가 중요

발표자가 청중과 소통하지 않고, 일방통행 식으로 전달하거나 정해진 시간에 소화하기 힘든 정보나 내용을 구구절절 말한다면, 청중은 흥미를 잃어버릴 수도 있다. 따라서 발표자는 준비한 내용을 모두 전달해주겠다는 생각을 버리고, 자신이 강조하고 싶은 내용을 중심으로 부각시키면, 오히려 청중은 관심을 집중할 것이다.

발표할 때, 청중은 첫 15초 동안에 흥미를 느껴야 다음의 5분 동안 이어지는 스토리를 듣는다. 5분 동안 들은 스토리가 설득력이 있다고 느껴지면, 검토라는 단계에 들어간다. 스토리 전달의 가장 효과적인 방법은 '알기 쉽게' 전달하는 일이다. 즉 자신이 설명하고자 하는 스토리의 내용을 청중에게 '빠르고 원활하게' 이해시키는 일이다.

❶ 스토리 내용이 자신과 어떤 관계인지를 알기 쉽게 설명한다.
❷ 평소에 축적한 스토리를 잘 정리해서 알기 쉽게 설명한다.
❸ 누구나 알기 쉬운 단어, 가장 쉬운 말로 표현하여 설명한다.
❹ 사용하는 단어에도 신경을 쓰고, 난해한 전문용어는 피한다.

스토리 전달 시 주의사항
- 정리되지 않은 스토리는 오히려 혼란을 초래한다. - 영어나 외래어는 가급적 사용하지 않는다. - 약자(略字)를 사용하는 것도 바람직하지 못하다. - 난해한 단어나 전문용어는 피한다. - 단순히 단어를 나열하기만 해서는 아무것도 전달하지 못한다.

텐프렙의 법칙	
주제(theme)	- 지금부터 무슨 이야기를 들려줄 것인가? ☞ 서두에서 이야기의 주제를 전달한다.
수(number)	- 하고 싶은 이야기는 얼마나 되나? ☞ 이야기가 몇 개인지를 전달한다.

결론(point)	- 하고 싶은 내용을 한마디로 요약하면? ☞ 이야기의 핵심과 요점을 전달한다.
이유(reason)	- 어째서 그렇게 말할 수 있는가? ☞ 결론이 옳다는 이유를 설명한다.
예(example)	- 어떤 사례가 있는가? ☞ 결론에 대한 구체적인 사례를 제시한다.
결론(point)	- 재확인 ☞ 마지막으로 '요점'과 '결론'을 반복한다.

*자료 : 고구레 다이지 · 황미숙(2017), 『횡설수설하지 않고 정확하게 설명하는 법』, pp. 73~76에서 인용 후 재구성.

(2) 스토리의 흐름 전달법

스토리를 지어내고, 문장을 작성해서 충분히 연습을 했다면, 이번에는 고객이나 청중에게 전달하는 것이 가장 중요하다. 스토리는 ① 청중에게 필요한 스토리, 그리고 ② 청중에게 득이 되는 스토리를 들려주어야 한다. 스토리의 흐름을 일목요연(一目瞭然)하게 전달하는 방법은 다음과 같다.

❶ 원고를 보고 읽는 것은 스토리텔링이 아니다. 뿐만 아니라 고객이나 청중도 불편해 한다. 사전에 충분한 연습과 훈련을 통해 스토리를 자신의 것으로 만들어서 자연스럽게 '이야기하듯' 술술 풀어나가야 한다. 그래야 듣는 사람이 스토리에 빠져들게 된다.

❷ 무엇보다 자신의 스토리를 믿어야 한다. 그동안 힘들게 쌓아온 자신의 능력과 스토리의 힘을 믿는 것이 중요하다. 자신감을 가지고 유머러스하게 전달하다 보면, 분명 고객이나 청중으로부터 좋은 반응을 얻을 것이다.

❸ 스토리를 이야기할 때는 차분한 마음과 자세로 한 사람에게 말하듯이 해야 한다. 이것은 단순해 보이지만, 오히려 퍼펙트한 느낌을 준다.

❹ 스토리를 이야기할 때는 급하게 서둘러서 말하지 말고, 청중이 알아듣게 발음을 정확히 하면서 여유롭게 속도를 조절해야 한다. 그래야 듣는 사람도 편하고, 좋은 효과가 나타날 수 있다.

❺ 스토리를 말할 때는 평소의 목소리로 이야기해야 한다. 너무 과장된 목소리는 역효과가 날 수 있다. 사람들과 대화하듯이 자연스럽게 이야기 하면 된다.

❻ 스토리를 이야기하는 중간중간에 한숨을 돌리는 것도 좋은 방법이 된다. 쉼 없이 계속해서 이야기하는 것보다, 중간에 2~3초 정도 일시정지를 하는 것이 더 효과적일 수 있다.

❼ 고객이나 청중과 자연스럽게 서로 접촉하여 생각과 감정을 교감할 수 있는 방법은 스토리를 이야기할 때 서로 시선을 마주치는 것이다.

❽ 스토리를 이야기해주는 것을 즐겨야 한다. 자신의 열정이나 에너지를 한데 모아 스토리를 이야기하는 것을 즐기면, 계속해서 더 많은 스토리를 나눌 수 있게 된다.

❾ 중간중간에 중요한 스토리는 반복해서 강조하는 것도 중요하다. 스토리에서 문장을 반복하는 것이 고객이나 청중에게 메시지를 전달하는 데 매우 효과적인 방법이 된다.

이솝우화

이솝우화(Aesop's Fables)는 '고대 그리스에 살았던 노예이자 이야기꾼이었던 아이소포스가 지은 우화모음집'을 말한다. 아이소포스는 흔히 이솝으로도 널리 알려져 있다. 이솝우화는 의인화된 동물들이 등장하는 단편 우화모음집을 가리키는 총괄적 용어이다.
이솝우화에는 친숙한 동물이 나오고, 교훈이 들어 있다는 점에서 오늘날 전 세계의 어린이 덕성교육에 필요한 인기교재로 자리매김을 하고 있다. 즉 이솝우화나 전래동화는 우리에게 교훈을 주려고 만들어낸 이야기들인데. 결국 동물의 이야기에서 전달되는 교훈적인 메시지가 매우 강하다는 것을 알 수 있다.

memo

Tourism Manner
SERVICE

Tourism Manner
SERVICE

PART 4

관광서비스 테크닉

- 제12장 관광서비스
- 제13장 호텔서비스
- 제14장 항공서비스

제12장
관광서비스

제1절 여행업무서비스

1. 여행업의 정의와 분류

1) 여행업의 정의

여행준비를 자기 스스로 한다고 했을 때 이것처럼 귀찮은 일은 없을 것이다. 여행업(travel agency)은 국내외의 호텔이나 항공기의 예약 등 귀찮고 복잡한 여행준비를 모두 대행해 준다. 다시 말하면, 여행에 관계되는 것은 무엇이든지 대행해 주는 서비스업이다.

구체적으로 여행업은 '① 여행자, ② 교통기관, ③ 숙박시설 등 여행관련 사업과의 중간에서 여행자의 편리를 위해 각종 서비스를 제공하는 업'으로 각종 티켓의 예약, 알선 및 여행의 기획에서부터 판매까지를 이행한다.

여행업이 대상으로 하고 있는 여행은 내국인의 ① 국내여행(domestic tour), ② 국외여행(outbound tour), 외국인의 ③ 인바운드여행(inbound tour)이 중심이 되지만, 그 밖에 학생의 수학여행 등을 포함한 모든 여행이 대상이 된다.

「관광진흥법」에서는 여행업을 '여행자 또는 운송시설 · 숙박시설, 그 밖에 여행에 딸리는 시설의 경영자 등을 위하여 그 시설 이용 알선이나 계약 체결의 대리, 여행에 관한 안내, 그 밖의 여행 편의를 제공하는 업'이라 정의하고 있다.

즉 여행업은 관광객과 관광관련 시설업자와의 사이에서 관광시설의 예약 및 수배, 시설이용 알선, 계약체결의 대리, 관광안내 등 관광관련 서비스를 제공하고, 관광상품을 생산하여 판매함으로써 그 대가를 받는 사업이다.

2) 여행업의 분류

(1) 「관광진흥법」상의 분류

여행업은 '여행자와 운송 · 숙박 그 외 관광관련 업체 사이에서 보수를 받고 각각의 서비스에 대하여 대리계약매개 등을 하고, 여행자를 위해서는 안내 · 상담 · 수배뿐만 아니라 운송 · 숙박시설 등을 이용하게 하고, 서비스를 제공하는 사업'이라고 할 수 있다.

여행업은 이러한 여행업무를 행함으로써 여행업자가 얻는 경제적 수입이 보수에 해당하며, 여행자로부터 수수(收受)하는 여행업무 취급요금, 운송 및 숙박기관으로부터의 커미션(commission), 기타의 수입이 포함된다.

「관광진흥법」에서는 여행업자를 사업의 범위와 취급대상에 따라 일반여행업 · 국외여행업 · 국내여행업으로 분류하고 있다. 여행업의 종류는 〈표 12-1〉과 같다.

표 12-1 여행업의 종류

구분	업무내용	자본금
일반여행업	국내외를 여행하는 내국인 및 외국인을 대상으로 하는 여행업(사증을 받는 절차를 대행하는 행위 포함)	2억 원 이상

국외여행업	국외를 여행하는 내국인을 대상으로 하는 여행업(사증을 받는 절차를 대행하는 행위 포함)	6천만 원 이상
국내여행업	국내를 여행하는 내국인을 대상으로 하는 여행업	3천만 원 이상

(2) 유통방식에 따른 분류

여행업을 유통방식에 따라 ① 도매업자(wholesaler), ② 소매업자(retailer)로 구분한다. 도매업자는 주최여행 등의 기획상품을 조성하여 소매업자에게 이를 판매케 하고, 판매된 여행상품은 도매업자가 상품별로 행사를 직접 진행한다. 우리나라 여행업계에서는 ① 도매업자를 '간접판매 여행사', ② 소매업자를 '직접판매 여행사'라고도 한다.

(3) 전문 세그먼트 방식에 따른 분류

시장의 어떤 세그먼트(segment)에 집중하느냐에 따라 특화된 전문여행사로 분류할 수 있다. 우리나라 여행업계에서는 ① 허니문여행(honeymoon tour) 상품을 전문으로 판매하는 신혼여행전문여행사, ② 개별 자유여행자를 대상으로 상품을 판매하는 개별자유여행(FIT)전문여행사, ③ 골프여행 상품을 전문으로 판매하는 골프전문여행사 등 전문적인 취미그룹을 대상으로 하는 SIT전문여행사 등으로 구분할 수 있다.

(4) 마케팅의 툴 방식에 따른 분류

마케팅의 툴을 어떤 방식으로 운영하느냐에 따라 ① 오프라인여행사(offline agent), ② 온라인여행사(online agent)로 구분하기도 한다. 여행업을 유통의 방식 · 전문 세그먼트 방식 · 마케팅의 툴 방식에 따른 분류로 정리하면 〈표 12-2〉와 같다.

표 12-2 유통방식 · 전문 세그먼트 방식 · 마케팅 툴 방식에 따른 분류

구분	내용
유통방식	도매업자 · 소매업자
전문 세그먼트 방식	신혼여행전문여행사 · 개별여행전문여행사 · 골프전문여행사 · 상용전문여행사 · 전시전문여행사 · SIT전문여행사
마케팅 툴 방식	온라인여행사 · 오프라인여행사

2. 여행업무서비스

여행업의 부서별 업무서비스는 〈표 12-3〉과 같이 ① 공통업무서비스, ② 국내여행업무서비스, ③ 국외여행업무서비스, ④ 인바운드업무서비스를 들 수 있다.

표 12-3 여행업의 부서별 업무서비스

구분	업무	내용
공통업무 서비스	기획	- 여행상품의 기획 · 개발 및 여행일정 작성 - 관광관련 업자(숙박 · 항공사 · 식당 · 버스 등)와의 공조 - 여행상품의 가격결정 및 원가계산 - 여행정보 수집 및 브로슈어 제작 · 광고 및 홍보
	판매	- 국내외여행상품 판매 · 외국인 관광객 유치영업 - 항공권 발권 및 승차권 · 승선권 예약 - 국내 및 전 세계 숙박예약 및 바우처 발행
	수배 · 예약	항공 · 호텔 · 관광 · 식당 · 교통 등 수배 및 예약

<table>
<tr><td rowspan="3">공통업무
서비스</td><td>안내</td><td>- ① 관광통역안내, ② 국내여행안내, ③ 국외여행인솔
- 여행상담 · 정보제공 · 전화상담 · 방문상담 등
- 출입국 수속 및 공항 미팅 및 센딩</td></tr>
<tr><td>수속 · 대행</td><td>여권 · 비자수속 대행
여행자 보험 및 기타 대행관련 업무</td></tr>
<tr><td>관리</td><td>경리(회계) · 단체행사 정산 · 총무 및 인사관리 · 기획 및 경영정보 · 고객관리 등</td></tr>
<tr><td rowspan="4">국내여행
업무
서비스</td><td>배차</td><td>전세버스 배차, 수배 및 관리</td></tr>
<tr><td>영업</td><td>상품기획 · 기업체 세미나 · 연수 · 수학여행 · 전세버스 판매 · 렌터카 · 숙박안내 및 판매</td></tr>
<tr><td>행사</td><td>행사 수배 및 진행 · 여행안내사 교육 등</td></tr>
<tr><td>카운터</td><td>여행상품 상담 및 항공 · 숙박 · 식당 · 철도 · 선박 · 육상교통 예약 및 판매</td></tr>
<tr><td rowspan="5">국외여행
업무
서비스</td><td>기획</td><td>- 전 세계의 다양한 관광지 개발 및 관광관련 업체와의 업무적 제휴
- 마케팅 업무를 통한 상품기획 및 판매전략 수립</td></tr>
<tr><td>카운터</td><td>- 항공권 상담 · 예약 및 발권
- 상용고객의 할인항공권 및 에어텔 상품판매
- 단체여행상품 판매 및 사전 단체항공좌석 관리 등</td></tr>
<tr><td>영업</td><td>기획상품 · 주문상품 판매 · 기업체 상용고객 영업 등</td></tr>
<tr><td>수속</td><td>여권발급 대행 및 비자업무 대행 등</td></tr>
<tr><td>관리</td><td>재무관리 · 행정 및 교육관리 · 대외접촉업무 · 고객관리 등</td></tr>
<tr><td rowspan="5">인바운드
업무
서비스</td><td>기획</td><td>외국인 유치 상품기획 및 개발 · 주문형 상품기획</td></tr>
<tr><td>수배</td><td>호텔 · 숙박 · 식사 · 차량 · 가이드 등 수배</td></tr>
<tr><td>판매</td><td>외국인 유치영업 및 판촉활동업무 · 일정표 작성 · 견적산출 · 행사종료 후 보고서 작성 · 입금관리 등</td></tr>
<tr><td>단체</td><td>전체 일정 안내 및 행사진행 · 단체행사 이후 정산업무</td></tr>
<tr><td>정산</td><td>행사 종료 후 행사보고서의 확인 및 정산</td></tr>
</table>

3. 관광안내사의 유형과 기본자세

1) 관광안내사의 유형

현재 '국가자격증'을 취득해 여행업에서 활동하고 있는 관광안내사(전문 · 프리랜서 가이드 포함)는 〈표 12-4〉와 같이 ① 관광통역안내사, ② 국내여행안내사가 있고, '국가자격인정증'을 취득해 내국인의 국외여행 인솔을 담당하는 ① 국외여행인솔자가 있다.

표 12-4 관광안내사의 유형

유형	내용	비고
관광통역안내사	국내를 여행하는 외국인에게 관광지의 명소나 명물 등을 외국어로 설명하거나 여행을 안내하는 등의 편의를 제공하는 사람	국가자격증 (한국산업인력공단)
국내여행안내사	국내를 여행하는 내국인에게 관광지의 명소나 명물 등을 설명하거나 여행을 안내하는 등의 편의를 제공하는 사람	
국외여행인솔자	여행단체의 한국 출발에서 귀국까지 원활하고 즐겁게 여행할 수 있도록 모든 것을 보살피는 자로, 이른바 여행의 간사 역할을 하는 자	국가자격인정증 (지정교육기관)

2) 업무수행의 기본자세

여행기간 중 여행자와 동행하여 안내 및 인솔업무를 수행하는 관광통역안내사와 국외여행인솔자 등은 ① 회사의 대표자, ② 여행 진행의 매니저, ③ 현장 세일즈맨, ④ 현장업무의 리더, ⑤ 회사이익의 대변자로서, 안내 및 인솔업무를 수행하는 데 필요한 기본자세는 〈표 12-5〉와 같다.

표 12-5 관광통역안내사 및 국외여행인솔자의 업무수행 기본자세

기본자세	내용
회사의 대표자	국내 및 외국현지에서 발생하는 모든 업무, 즉 고객으로부터 어떠한 불만이나 요구사항이 안내 및 인솔자에게 제기되더라도, 안내 및 인솔자는 '회사의 대표자'라는 입장에서 업무를 수행해야 한다.
여행 진행의 매니저	여행이 원만하게 진행될 수 있도록 관리하는 여정관리자(tour manager)로서, 일정표에 명시된 일정과 여행조건(숙박·식사 등)에 따라 충실하게 진행시켜야 한다.
현장 세일즈맨	여행기간 동안 고객과 가장 많은 시간을 공유할 기회를 갖게 되는데, 고객에게 자사의 여행상품을 자연스럽게 홍보해서 판매신장에 기여를 해야 한다.
현장업무의 리더	국내외 현장업무의 리더로서 업무수행 중에는 침착성을 잃어서는 안 되며, 항상 냉정한 자세와 태도를 견지하고, 적극적인 자세로 업무에 임해야 한다.
회사이익의 대변자	안내 및 인솔업무 중 천재지변이나 비상사태 발생 시, 항상 원가의식과 회사의 입장을 고려하여 여행조건에 부합되게 경비를 지출해야 한다.

3) 갖추어야 할 기본조건

관광통역안내사 및 국외여행인솔자가 되려면, 〈표 12-6〉과 같이 기본조건을 갖추고 있어야 한다.

표 12-6 관광통역안내사 및 국외여행인솔자가 갖추어야 할 기본조건

기본조건	내용
직업에 대한 적성	직업에 대한 적성과 외국어 구사능력, 국내 및 세계 각국의 문화·역사·지리 등에 관심이 높아야 하고, 특히 투철한 서비스 정신, 판단력과 민첩성, 리더십, 인내심, 표현력, 기획력 등을 갖추고 있어야 한다.

풍부한 업무지식	여행업무에 대한 풍부하고 완벽한 업무지식을 갖추고 있어야 어떠한 돌발사태가 발생해도 순조롭게 업무를 수행할 수 있다. 즉 여행예약업무, 여행수배업무, 출입국 수속업무, 여행진행업무 등을 숙지하고 있어야 한다,
외국어 구사능력	안내 및 국외인솔업무 중에 가장 중요한 것은 유창한 외국어 구사능력이다. 국내외에서의 알찬 여행, 안전한 여행, 천재지변 등을 효과적으로 대처하려면, 안내 및 인솔자의 외국어 구사능력이 매우 중요하다.
건강한 체력	안내 및 국외인솔업무는 장거리 이동(외국의 경우 시차적응) 등으로 육체적 · 정신적으로 피로가 쌓이기 쉽다. 따라서 업무를 원만히 수행하기 위해서는 식욕이 왕성해야 하고, 항상 건강한 체력을 유지해야 한다.
적절한 화법구사	고객의 나이와 신분에 따라 적절한 화법을 구사해 정확하게 천천히 설명해야 한다. 특히 '에…', '아…' 등의 무미건조한 군소리는 삼가야 한다. 그리고 목소리는 부드럽고 맑아야 하며, 톤과 억양, 속도도 적당해야 한다.
원만한 인간관계	자신의 취향에 맞는 고객에게만 관심을 갖지 말고, 오히려 말수가 적은 고객, 자기 주장이 강한 고객에게도 더욱 신경을 써서 친절하게 대해주어야 한다.
적극성과 성실성	기본적으로 적극성과 성실성이 결여되면, 고객의 신뢰를 받지 못할 뿐만 아니라 사소한 문제에도 불평과 불만이 일어나게 된다. 따라서 여행 중 문제가 발생하면, 적극적이고 성실하게 해결하려는 자세를 보여주어야 한다.
기타	수의 개념과 확률, 통계에 대한 수리적 능력, 문제인식 및 대안선택 등의 문제해결능력, 정보수집 및 분석 · 활용능력 등이 요구된다.

4) 업무자세

여행의 성패는 관광통역안내사 및 국외여행인솔자의 연출에 달려 있다고 해도 과언이 아닐 것이다. 관광통역안내사 및 국외여행인솔자는 항상 회사를 대표하고 있다는 자각을 가지고 업무에 임해야 한다. 훌륭한 리더로서 갖추어야 할 업무자세는 〈표 12-7〉과 같다.

표 12-7 관광통역안내사 및 국외여행인솔자의 업무자세

업무자세	내용
고객의 의견반영	관광통역안내사 및 국외여행인솔자는 자신의 입장에서만 생각하지 말고, 항상 고객의 요구를 충족시켜 준다는 입장에서 업무를 수행해야 한다. 즉 식사시간, 요리내용, 관광코스, 자유시간 활용 등 고객의 의견 및 희망사항을 들어준다.
고객의 이익보호	여행 중에 예측불허의 사태가 발생했을 때 안내사 및 인솔자가 당황하면, 고객의 동요는 순식간에 증폭되어 우왕좌왕하게 된다. 따라서 안내사와 인솔자는 냉정한 태도와 결단성 있는 행동으로 업무에 임해야 한다.
냉정한 태도	고객에게 구두로 전달할 때는 사전에 요점을 정리해서 알기 쉽게 전달해야 하고, 특히 중요한 사항은 최소한 2~3회 정도 반복헤서 말하는 것이 바람직하다.
지시전달의 명확성	모든 고객은 편견 없는 공평한 자세로 대해야 한다. 어느 특정한 고객에게만 관심을 갖거나 우대를 해줄 경우, 다른 고객으로부터 반감을 사게 된다.
공평한 자세	안내 및 인솔업무 중 천재지변이나 비상사태 발생 시, 항상 원가의식과 회사의 입장을 고려하여 여행조건에 부합되게 경비를 지출해야 한다.

5) 금기사항과 안내수칙

관광통역안내사 및 국외여행인솔자는 항상 회사의 대표자라는 것을 망각해서는 안 된다. 본인의 직분을 망각하여 실수를 하면, 회사나 고객에게 치명적인 손해를 주게 된다. 따라서 재판매 촉진과 고객관리를 위해서는 다음과 같은 행동에 주의해야 한다.

❶ 고객을 흉보는 행위, 고객과 싸우는 행위는 금물이다.
❷ 위선적이거나 경솔한 행동은 삼간다.
❸ 과음하거나 고객과 이성문제를 일으키지 않는다.
❹ 고객과 도박을 하거나 금전거래를 하지 않는다.
❺ 고객보다 많은 물건을 사는 것을 삼간다.
❻ 고객에게 지나친 쇼핑을 강요하지 않는다.
❼ 잘난 체하거나 자신을 과대평가하지 않는다.
❽ 고객과 필요 이상의 농담을 하지 않는다.
❾ 고객이 과다외화 소지, 과다쇼핑을 하지 않도록 안내한다.

6) 인솔안내 수칙

❶ 어떠한 경우에도 고객과 싸우지 말아야 한다.
❷ 모든 고객을 공평한 서비스로 대해야 한다.
❸ 단정한 용모로 고객을 대해야 한다.
❹ 따뜻한 마음으로 고객을 대해야 한다.
❺ 밝은 표정으로 고객을 대해야 한다.
❻ 어떠한 경우에도 고객을 흉보지 말아야 한다.
❼ 차분한 행동으로 고객을 대해야 한다.
❽ 고객에게 항상 기쁨이나 즐거움을 준다.
❾ 고객의 질문에 성의 있게 질문해야 한다.
❿ 고객에게 항상 만족감을 베풀어준다.
⓫ 부드러운 말로 고객을 대해야 한다.
⓬ 고객과의 약속은 반드시 지켜야 한다.
⓭ 어떠한 경우에도 고객에게 흥분하지 말아야 한다.

제2절 통역안내서비스

1. 관광통역안내사란?

관광통역안내사가 되려면, 우선 해당 외국어의 국가자격증을 취득해야 한다. 관광통역안내사란 '국내를 여행하는 외국인에게 관광지의 명소나 명물 등을 외국어로 설명하거나 여행을 안내하는 등의 편의를 제공하는 사람'을 말한다.

즉 '국내를 여행하는 외국인 관광객에게 입국에서부터 출국까지 해당 외국어로 우리나라의 역사 · 문화 · 생활 · 관광자원 등을 안내하면서, 관광객의 일정 전반에 관한 편의와 도움을 제공'한다.

관광통역안내사는 관광객을 인솔해, 그 장소의 역사 · 문화 · 관광자원 등에 관하여 설명하는 직업으로서, 일반상식부터 역사적 진실과 여담 그리고 신화 · 미신 · 음식 · 풍습 · 생활 등에 대한 다양한 지식이 필요하다.

특히 '우리 국민을 대표하는 민간외교관'이라는 자부심을 가지고 업무에 임해야 한다. 또한 언어와 문화가 다른 외국인 관광객에게 세심하고 친절하게 서비스를 제공하고, 자신의 열과 성의를 다해 정성껏 모셔야 한다.

2. 행사준비

1) 여행조건 확인

소속 여행사로부터 가이드 배정을 받으면, 관광통역안내사는 먼저 수배담당자(land operator)와 여행조건, 일정표, 예약 · 수배사항, 여행단체의 성격 및 여행목적 등을 면밀히 검토한 후 충분히 협의해야 하며, 또한 의문점이 있으면 문의하여 최종 확인한다. 여행조건의 확인은 〈표 12-8〉과 같다.

표 12-8 여행조건 확인

	내용
여행조건 확인	① 단체명 및 인원, ② 여행기간, ③ 입국일자 및 도착시간, ④ 공항명, ⑤ 출국일자 및 출국시간, ⑥ 이용 항공사 편명, ⑦ 일정표, ⑧ 여행요금, ⑨ 숙박(위치 및 등급, 객실사용 조건 등), ⑩ 식사제공 유무(조식 · 중식 · 석식), ⑪ 식사장소 및 메뉴, ⑫ 전용버스 배차 유무(대형 · 중형 등), ⑬ 입장료 지불 유무, ⑭ 공항세 및 포터비용, ⑮ 각종 제반비용 지불방법, ⑯ 여행지도, ⑰ 행사비용, ⑱ 미수배 및 미확인된 사항에 대한 점검 등

2) 공항미팅서비스

관광통역안내사는 항공기 도착예정 시간보다 1시간 정도 먼저 도착해, 항공기 정시 도착 및 지연도착 등에 대해 확인한다. 항공기가 도착하면, 고객이 알아보기 쉽도록 회사의 로고스티커(logo sticker)를 들고 기다린다.

❶ 고객이 도착하면, 우선 명단을 확인하고 주차장으로 이동한다.
❷ 버스에 승차하면, 자신과 운전기사를 소개한다.
❸ 고객에게 회사의 로고 배지(badge)를 나누어준다.
❹ 소형가방, 귀중품 등 개인 휴대품은 잘 챙기도록 안내한다.
❺ 고객을 인솔해 이용하는 호텔이나 관광지로 이동한다.
❻ 이동하면서 호텔입실수속에 필요한 여권을 미리 회수한다.
❼ 이동하면서 한국에 대한 다양한 정보를 제공하고 설명한다.
❽ 한국의 물가 · 환율 · 환전 등 관광에 필요한 정보를 설명한다.

3) 호텔체크인서비스

❶ 호텔에 도착하면 먼저 고객을 로비나 적당한 장소에 대기시키고, 인솔자와 함께 호텔입실수속(hotel check-in)을 한다.

❷ 단체관광의 호텔체크인 절차는 일반적으로 호텔 측에서 미리 객실배정(room assignment)을 해놓는다.

❸ 객실배정표(room assignment list)를 기초로 방을 배정하되, 혹시 방 배정 변경을 원하는 고객이 있으면 적극 수용한다.

❹ 객실열쇠, 아침식사쿠폰, 객실배정표, 호텔명함 등을 개인별로 배포한 후 객실시설 및 부대시설 이용방법, 주의사항에 대해 설명해 준다.

❺ 내일 여행일정에 대해 간략히 설명하고, 아울러 내일 여행에 필요한 준비물(모자 · 선글라스 등) 등을 설명해 준다.

❻ 객실위치, 객실열쇠 사용법, 귀중품 보관법, 팁, 모닝콜 시간, 아침식사 시간 및 장소, 관광통역안내사와 인솔자의 객실번호 등을 알려준다.

3. 시내관광서비스

1) 일정체크

❶ 관광지 입장시간 · 휴관 · 소요시간 등 관광일정에 무리가 없는지를 확인한다.

❷ 고객 중 환자나 몸이 불편한 사람이 있는지를 체크한다.

❸ 시내관광 중 중식 · 석식 · 특별식 등의 식사장소와 시간 · 메뉴 등을 체크한다.

❹ 장거리 여행에 대비해 식수(상황에 따라 도시락 준비) 등을 준비한다.

2) 주의사항 전달

❶ 이용할 전용차의 차량번호와 출발장소 · 시간 등을 알려준다.
❷ 각자의 방 열쇠를 프런트데스크에 반납했는지를 확인한다.
❸ 관광 중 단체에서 이탈하지 않도록 주지시킨다.
❹ 길을 잃어버렸을 경우 그 자리에서 기다리도록 주지시킨다.
❺ 각자의 귀중품을 분실하거나 도난당하지 않도록 주지시킨다.

3) 관광안내 시 주의사항

❶ 역사를 설명할 때는 상대국가의 연대와 비교해서 설명해 준다.
❷ 일정표에 명시된 여행조건은 차질 없이 진행한다.
❸ 한국의 역사 · 문화 · 기후 등에 대해 상세하게 정리해서 설명한다.
❹ 국가 간 정치 · 군사 등 민감한 사항에 대해서는 설명을 자재한다.

4) 쇼핑안내 시 주의사항

❶ 사전에 계약된 점포나 가급적이면 공신력 있는 업소를 안내한다.
❷ 품목이 중복되지 않도록 하고, 하루에 여러 곳을 들르지 않는다.
❸ 면세통관 범위, 통관금지 품목 등 쇼핑에 필요한 정보를 제공한다.
❹ 고객의 의견을 충분히 반영해서 실시하며, 절대 강요하면 안 된다.

5) 자유시간과 옵셔널 투어

❶ 자유시간은 자유재량에 의한 시간이므로 가급적 간섭하지 않는다.
❷ 자유시간 활용에 필요한 여행정보는 사전에 조사해서 알려준다.
❸ 개인행동을 원하는 고객에게는 호텔명함을 꼭 지참토록 안내한다.
❹ 야간 옵셔널 투어는 신변안전에 각별한 주의를 기울여 안내한다.
❺ 고객이 동행을 희망할 경우에는 함께 참여하는 것이 바람직하다.

4. 출국준비서비스

1) 비행기 예약 재확인

❶ 통상 국제선의 경우에는 출발 72시간 전에, 국내선의 경우에는 48시간 전에 예약 재확인을 하도록 규정하고 있다.

❷ 또한 항공사 예약에 관한 모든 내용이 기록된 예약기록(PNR)은 여행종료까지 잘 보관하고 있어야 한다.

2) 정산준비

❶ 최종 출발일 전에 호텔비 · 지상비 등 여행조건에 의해 지불된 내역서와 영수증을 미리 정리해 둔다.

❷ 고객의 공동경비를 직접 관리했을 경우, 지불내역을 공개하여 사소한 오해를 받는 일이 없도록 한다.

3) 수하물의 정리

❶ 출발 전 고객의 수하물 정리상태를 점검해서 출발일 업무진행에 차질이 없도록 한다.

❷ 이른 아침 출발일 경우 아침식사 장소 및 이용방법에 대한 준비, 모닝콜, 수하물 수거방법, 공항 출발시간 결정, 야간 출발일 경우 짐 보관 확보문제를 확인한다.

5. 호텔 체크아웃서비스

호텔에서의 체크아웃은 '고객의 숙박기간 동안 발생한 미수금의 회수와 객실 재판매를 위한 서비스 업무'라고 할 수 있다. 지불내역은 여행사 지불경비와 고객 개인경비로 나뉜다.

단체일 경우 여행사 지불경비는 여행조건에 포함된 ① 객실료, ② 아침식사비 정도이다. 개인경비는 주로 개인이 사용한 mini-bar, pay-TV 사용료, room service, 세탁비 등이 해당된다. 출발일 호텔로비 집결 후 출발까지의 관광통역안내사의 업무는 다음과 같다.

1) 수하물 정리

호텔 출발 약 1시간 전에 인솔자는 수하물을 정리하여 위탁수하물의 개수를 파악하고 고객에게 확인시킨 다음 포터에게 의뢰해 버스에 싣는다.

2) 체크아웃

❶ 객실열쇠를 반납하고 체크아웃 절차를 밟는다. 개인비용 지불을 도와준다.

❷ 호텔프런트가 혼잡할 경우, 종합청구서를 받아 처리하는 방법을 강구한다.

❸ 고객이 모두 버스에 오르면, 객실에 두고 온 귀중품이 없는지를 확인한다.

❹ 출국에 필요한 서류, 귀중품보관함(safety box) 사용여부 등을 확인한다.

3) 공항이동 차내 업무

❶ 버스탑승 후 출국에 관한 안내를 하면서, 여행기간 동안 수고한 인솔자와 운전기사에게 고마움을 전한다.

❷ 여행일정 종료 및 질문사항에 대해 답변하고, 그동안 협조해 준 데 대해 감사의 뜻을 전한다.

❸ 공항도착 후에는 각자의 수하물을 최종 확인시킨 다음, 이용하는 항공사 그룹데스크로 신속하게 이동한다.

6. 출국수속서비스

❶ 여행용 소형가방, 여권, 귀중품, 카메라 등은 고객 자신이 휴대하도록 안내한다.

❷ 탁송할 수하물을 나란히 놓고, 고객이 직접 탑승수속을 할 수 있도록 안내한다.

❸ 고객이 직접 항공사 담당직원에게 여권과 항공권을 제시하도록 안내한다.

❹ 고객이 직접 수하물을 탁송하면서 탑승수속을 진행하도록 옆에서 도와준다.

❺ 고객은 탑승수속이 끝나면 항공사 담당직원으로부터 여권, 탑승권, 수하물 인환증을 받는다.

❻ 모든 고객이 탑승수속을 마쳤으면, 출국수속에 대한 안내와 탑승시간, 탑승구 등을 알려주고, 고객을 출국수속장 입구까지 인솔한다.

제3절 국외인솔서비스

1. 국외여행인솔자의 개념과 유형

1) 국외여행인솔자의 개념

'국외여행인솔자'란 용어는 현재 우리나라 「관광진흥법」상에 나오는 공식용어이며, 영어로는 ① OTE(overseas tour escort)로 사용되고 있다. 그러나 우리나라 여행업계에서는 일반적으로 ② 투어컨덕터(T/C : tour conductor)라는 용어를 많이 사용하고 있다.

도이 아츠시(土井厚, 1982)는 투어컨덕터를 "여행단체의 출발에서 귀국까지 원활하고 즐겁게 여행할 수 있도록 모든 것을 보살피는 자로, 이른바 여행의 간사 역할을 하는 자"라고 정의하고 있다.

PATA(Pacific Area Tourism Association)는 투어컨덕터를 '투어오퍼레이터(tour operator)의 종업원으로 단체여행에 동행하여 전문적으로 일하는 자로서, 가이드와 혼동해서는 안 된다'라고 규정하고 있지만, 현재는 넓은 의미로 사용되고 있다.

일본에서는 '첨승원(添乘員)'이란 용어가 사용되기도 한다. 첨승원은 원래 일본 국철 내부의 전문용어로 '단체여행에 따라다니는 사람'을 의미하여, 예로부터 사용되었던 용어이다. 현재 일본에서는 이 용어가 그대로 사용되고 있다.

한편, 서구에서는 ① tour escort, ② tour leader, ③ tour director, ④ tour guide 등의 용어가 널리 사용되고 있으며, 항공업계에서는 일반적으로 투어컨덕터(tour conductor)라는 용어를 사용하고 있다. 유럽에서는 ① tour conductor, ② trip escort, ③ tour manager라는 용어가 통용되고 있다. 국내여행인솔자의 유사용어를 정리하면 〈표 12-9〉와 같다.

표 12-9 국외여행인솔자의 유사용어

용어	개념
overseas tour escort(OTE)	현재 우리나라의 「관광진흥법」상에 나오는 공식 용어로, '국외여행인솔자'를 의미
tour conductor(T/C)	유럽이나 미주지역 등에서 광범위하게 사용되는 용어로, 일반적으로 약자인 T/C를 많이 사용
tour director	일부 미주지역에서 사용하는 용어로, 여행 전반에 대한 감시자·연출자·감독자를 의미
tour escort	관광객의 보호자란 뜻으로, 일반적으로 미주지역에서 주로 사용

tour guide	단체관광객을 보호하고 도움을 주는 보다 소극적인 역할을 강조
tour leader	유럽이나 동남아에서 사용하는 용어로, 인도자 등을 의미
tour manager	일부 미주지역에서 사용하는 용어로, 여행 전반에 대한 책임자·관리자를 의미
tour master	일부 유럽지역에서 사용하는 용어로, 여행자에 대한 전문가로서의 역할을 강조
첨승원	'첨승원'이란 원래 일본 국철 내부의 전문용어로, 단체여행에 따라다니는 사람을 의미

2) 인솔자의 유형

2명 이상의 국외여행인솔자가 하나의 단체를 인솔할 경우 총괄책임자를 ① chief conductor, 그 외 사람을 ② sub conductor라고 한다. 또한 실습을 겸해 보조로 따라다니는 사람을 ③ assistant, ④ baggage master라고 한다. 국외여행인솔자의 유형은 일반적으로 〈표 12-10〉과 같이 ① 여행사 일반직원 인솔자, ② 회사전문 인솔자, ③ 촉탁 인솔자, ④ 프리랜서 인솔자 등이 있다.

표 12-10 국외여행인솔자의 유형

유형	개념
여행사 일반직원 인솔자	가장 일반적인 유형으로서, 평소에는 사내의 업무인 세일즈·여행수배·여행기획 등을 담당하다가, 국외여행단체가 형성되면, 회사의 출장명령에 의해 인솔업무를 하는 수행자를 의미
회사전문 인솔자	국외인솔업무를 본업으로 하는 전문직 사원으로서, 국외여행단체가 형성되면, 전문적으로 단체를 관리·인솔하는 자를 의미

촉탁 인솔자	주로 한 여행사에만 소속되어 기본급만을 받으며, 상근하지 않고 국외여행단체가 발생하면, 출장비를 받고 인솔업무를 수행하는 자를 의미
프리랜서 인솔자	특정 여행사에 소속되어 있지 않고, 어느 여행사든 간에 국외여행단체가 형성되면, 자유롭게 일하는 자를 의미

3) 국외여행인솔자의 업무기능

여행업무는 여행업에서 일상적으로 집행되는 직업으로서 여행의 성격이나 기능에 관계되는바, 여행업의 종류나 경영규모, 내부조직에 따라 업무의 내용도 달라진다.

일반적으로 여행업은 기획 ⇨ 수배 ⇨ 판매 ⇨ 계약 ⇨ 수속 ⇨ 발권 ⇨ 안내 ⇨ 정산 ⇨ 회계 ⇨ 애프터서비스의 순서대로 진행되는데, 이 중 인솔자의 업무는 '안내'부문에 해당된다.

국외여행인솔자의 기능을 업무적인 면에서 고찰할 때, 국외여행인솔자는 소속여행사를 대신하여 외국현지에서 업무를 수행하는 대리업무기능과 단체여행자에게는 함께 동행하여 안내하는 서비스 업무기능을 들 수 있다. 국내여행인솔자의 업무기능은 〈그림 12-1〉과 같다.

그림 12-1 국외여행인솔자의 업무기능

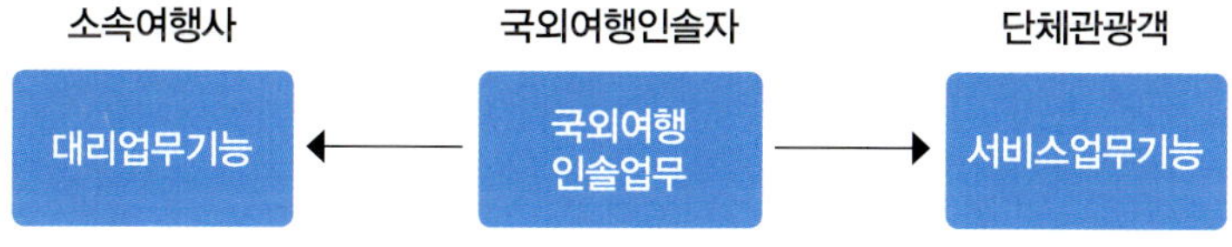

2. 인솔 및 출장준비

1) 여행조건 확인

소속 여행사로부터 출장명령을 받으면, 국외여행인솔자는 먼저 수배담당자(land operator)와 여행조건, 일정표, 예약 · 수배사항, 여행단체의 성격 및 여행목적 등을 면밀히 검토한 후 충분히 협의해야 하며, 또한 의문점이 있으면 문의하여 최종 확인한다. 여행조건의 확인은 〈표 12-11〉과 같다.

표 12-11 여행조건 확인

	내용
여행조건 확인	① 단체명 및 인원, ② 여행기간, ③ 출국일자 및 도착시간, ④ 현지공항 도착시간 및 소요시간, ⑤ 귀국일자 및 도착시간, ⑥ 이용 항공사 편명, ⑦ 여행지역(나라 · 도시), ⑧ 경유지 유무, ⑨ 여행요금, ⑩ 항공료(1등급 · 2등급), ⑪ 숙박(위치 및 등급, 객실사용 조건 등), ⑫ 경유지 유무, 식사제공 유무(조식 · 중식 · 석식), ⑬ 식사장소 및 메뉴, ⑭ 현지 전용버스 배차 유무(대형 · 중형 등), ⑮ 입장료 지불 유무, ⑯ 공항세 및 포터비용, ⑰ 각종 제반비용 지불방법, ⑱ 미수배 및 미확인된 사항에 대한 점검 등

2) 출장준비물 점검

국외여행을 하는 데 기본적으로 필요한 준비물은 여권(passport), 비자(visa), 항공권(air ticket), 국외여행보험 계약증명서, 인솔자 개인준비물 등이며, 출장준비에 필요한 준비물 점검사항은 〈표 12-12〉와 같다.

표 12-12 출장준비물 점검사항

	내용
출장준비물 점검	① 여권(유효기간 확인), ② 비자(비자유무 확인), ③ 항공권(성명 · 매수 · 구간 확인), ④ 국외여행보험 계약증명서(보험가입조건 확인), ⑤ 방문국가 출입국 카드(주로 영문으로 작성함), ⑥ 객실배정표(room assignment list) 작성(호텔의 객실배정 등에 사용되므로 여유 있게 준비), ⑦ 수하물 부착용 명찰 작성(성명 · 주소 · 전화번호 등), ⑧ 고객명단(passenger list) 작성(성명 · 여권번호 · 주소 · 직업 · 전화번호 등), ⑨ 행사지시서(여행조건, 예약 · 수배현황 확인), ⑩ 항공사의 예약확인서(PNR), ⑪ 호텔바우처(hotel voucher), ⑫ 현지 여행사의 전화번호 · 주소 · 담당자 · 가이드 확인, ⑬ 방문국가의 한국공관 전화번호 · 주소 등

3) 여행국가 연구

국외여행인솔자는 여행국가에 대한 전반적인 지식은 물론이고, 역사 · 문화 · 종교 · 관련정보 등 해박한 지식을 갖추고 있어야 한다. 또한 국가마다 여행에 필요한 다양한 정보를 숙지해 두면 다음 번 출장 시에도 큰 도움이 된다. 여행국가에 대한 연구범위는 〈표 12-13〉과 같다.

표 12-13 여행국가 연구범위

	내용
여행국가 연구범위	① 지리적 위치 · 기후 · 시차, ② 역사 · 문화 · 종교 · 언어 · 인종, ③ 최근 정치 · 경제상황, ④ 비자유무, ⑤ 화폐단위 및 환율, ⑥ 교통수단(육상 · 해상 · 항공 · 렌터카 등)의 운행시간 및 요금, ⑦ 관광지의 입 · 퇴장시간 및 입장료, ⑧ 호텔요금 및 식비, ⑨ 대사관 또는 영사관 등의 긴급연락처, ⑩ 각종 옵셔널 투어(optional tour) 등

4) 여행설명회 개최

국외여행인솔자는 여행 출발 2~3일 전에 설명회(orientation)를 개최해, 고객에게 현지사정에 대한 정확한 정보를 제공해야 하며, 또한 설명회에 참석하지 못한 고객에게도 출발 전에 설명회의 내용을 전화나 이메일 등으로 통보해야 한다. 고객에게 제공해야 할 정보의 내용은 〈표 12-14〉와 같다.

표 12-14 여행설명회 개최

	내용
여행설명회 개최	① 여행 중에 입을 복장 및 준비물, ② 방문국가의 화폐단위 및 환율, ③ 방문국가의 문화·역사·언어·관광명소·음식·쇼핑·물가·에티켓 등, ④ 공항 집합장소 및 시간, ⑤ 객실배정 및 협의(연령·친분 등을 고려해서 배정), ⑥ 여행일정표 설명 및 배포 등

3. 탑승·출국·입국수속서비스

국외여행인솔자는 고객보다 1시간 먼저 공항에 도착해 이용하는 항공사 그룹데스크(group desk)로 가서 신속하게 수속할 수 있도록 준비를 한다.

1) 탑승수속서비스

국외여행인솔자는 미리 정해진 집합장소에 나가 고객이 알아보기 쉽도록 회사의 로고스티커(logo sticker)에 여행단체명을 명시해 놓고, 고객을 기다린다.

❶ 고객이 도착하면, 우선 명단을 확인하면서 탑승수속을 준비한다.

❷ 인원이 다 왔으면, 자신을 소개한 후 여권을 회수한다.

❸ 고객에게 수하물 부착용 명찰(name card)을 나누어준다.
❹ 소형가방, 귀중품, 카메라 등은 고객 자신이 휴대하도록 안내한다.
❺ 고객을 인솔해 이용하는 항공사 그룹데스크로 이동한다.
❻ 탁송할 수화물을 나란히 놓고, 고객이 탁송할 수 있도록 도와준다.
❼ 고객이 항공사직원에게 여권과 항공권을 제시하도록 도와준다.
❽ 고객의 수하물 탁송과 함께 탑승수속의 진행을 도와준다.
❾ 탑승수속을 마치면, 환전 및 여행자수표 등에 대해 설명해 준다.
❿ 모든 준비가 끝났으면, 고객을 인솔해 출국수속장으로 인솔한다.
⓫ 단, 개별로 이동할 경우는 탑승수속, 탑승시간 등을 안내해 준다.

2) 출국수속서비스

출국수속은 공항집결 ⇨ 탑승수속 ⇨ 보안검색 ⇨ 출국장 입구 ⇨ 보안검색 ⇨ 세관신고 ⇨ 출국심사 ⇨ 면세점 ⇨ 출국대기 ⇨ 탑승으로 이루어진다.

❶ 탑승수속이 끝나면, 출국장 입구에서 여권과 탑승권을 제시하고 출국장 안으로 들어간다.
❷ 먼저 신발을 벗어 바구니에 넣은 다음, 신체와 휴대품에 대한 보안검사를 받도록 안내해 준다.
❸ 보안검색 통과 후, 값비싼 물건을 소지한 고객이 있으면, 세관신고를 하도록 안내해 준다.
❹ 세관검사 통과 후, 출국심사대에 가서 순서대로 출국심사를 받을 수 있도록 안내해 준다.
❺ 출국심사를 모두 통과하면, 면세점에서 자유롭게 쇼핑 등을 할 수 있도록 안내해 준다.
❻ 탑승 30분 전에 탑승을 알리는 방송이 나오면, 모든 고객을 인솔해서 제시간에 탑승시킨다.

항공기 탑승순서

환자(stretcher) ⇨ 휠체어 승객이나 보호자 없는 유아(unaccompanied minor) ⇨ 노약자·유/소아 동반승객 ⇨ VIP/CIP, 1등석(first class)·2등석(business class) 승객 ⇨ 일반석(economy class) 승객

3) 기내서비스

일반적으로 기내서비스 순서는 승객탑승 ⇨ 독서물 서비스 ⇨ welcome announcement ⇨ 구명복 및 산소마스크 사용법 시범 ⇨ 이륙준비 이륙 ⇨ earphone service ⇨ 물수건 서비스 ⇨ 음료 서비스 ⇨ 식사 서비스 ⇨ 면세품 판매 ⇨ 영화상영 ⇨ 승객취침 ⇨ 아침식사 서비스 ⇨ 입국서류(E/D card) 배포 ⇨ 착륙 준비 ⇨ 착륙 ⇨ 승객 하기 ⇨ 기타 등이다.

❶ 고객이 전원 탑승하면, 좌석 할당표를 보면서 다시 한 번 인원을 점검한다. 만약 고객 상호 간에 좌석 교환을 희망하는 고객이 있으면, 서로 교환할 수 있도록 도와준다.

❷ 비행 중 인솔자는 무뚝뚝하게 자신의 좌석에 앉아만 있지 말고, 수시로 고객과 접촉해 애로사항 청취 등 자주 대화를 갖는 것도 좋은 방법이다.

❸ 승무원으로부터 방문국가의 출입국신고서(E/D card)와 세관신고서 양식을 고객의 숫자만큼 받아 미리 작성한다.

출입국신고서(E/D card) 기재내용

- 성(surname, last name, family name)
- 이름(first name, given name)
- 여권번호(passport number)
- 여권발급일자(place of issue)
- 여권만료일(date of expiry)
- 생년월일(date of birth)
- 출생지(place of birth)
- 방문목적(purpose of visit, this trip)
- 체재일(length of stay)
- 체재지(intended address)
- 직업(occupation, profession)
- 이용항공편(flight No)
- 성별(sex)
- 서명(signature) 등

4) 입국수속서비스

입국수속은 항공기 하기 ⇨ 검역(quarantine) ⇨ 입국심사(immigration) ⇨ 위탁수하물 수취 ⇨ 세관신고(customer declaration) ⇨ 공항로비 ⇨ 현지가이드 미팅 순으로 이루어진다.

❶ 항공기가 방문국가의 공항터미널에 도착하면, 항공기에 두고 내리는 물건이 없도록 다시 한 번 확인시킨다.

❷ 고객이 항공기에서 무사히 내리면, 통로의 적당한 장소에 집결시킨 후 입국수속업무를 진행한다.

❸ 최종적으로 인원을 파악한 후 화상실 안내와 함께 이동방향, 입국수속에 대한 절차를 간단히 설명한다.

❹ 개인별 입국수속에 필요한 여권, 출입국카드, 세관신고서, 검역설문서 등을 배부한 후 입국심사관 앞에 줄을 서게 한다.

❺ 고객이 모두 무사히 통과될 수 있도록 지켜보고, 만약 고객에게 문제가 발생할 경우 적극적으로 해결해 준다.

❻ 입국심사가 끝나면, 해당 항공사 위탁수하물 수취장으로 가서 각자의 수하물을 찾을 수 있도록 도와준다.

4. 호텔 및 여정관리서비스

1) 호텔이용서비스

❶ 호텔에 도착하면 먼저 고객을 로비나 적당한 장소에 대기시키고, 현지 가이드와 함께 호텔입실수속(hotel check-in)을 한다.

❷ 단체관광의 호텔체크인 절차는 일반적으로 호텔 측에서 미리 객실배정(room assignment)을 해놓는 경우가 대부분이다.

❸ 객실배정표(room assignment list)를 기초로 방을 배정하되, 혹시 방 배정 변경을 원하는 고객이 있을 경우에는 적극 수용해 준다.

❹ 객실열쇠, 아침식사쿠폰, 객실배정표, 호텔명함 등을 개인별로 배포한 후 객실시설 및 부대시설 이용방법, 주의사항에 대해 설명해 준다.

❺ 내일 여행일정에 대해 간략히 설명하고, 아울러 내일 여행에 필요한 준비물(모자 · 선글라스 등) 등을 설명해 준다.

❻ 객실위치, 객실열쇠 사용법, 귀중품 보관법, 팁, 모닝콜 시간, 아침식사 시간 및 장소, 현지가이드와 인솔자의 객실번호 등을 알려준다.

객실시설 이용	
- 유료방송이나 TV 시청	- 미니바(mini bar) 이용
- 전화사용	- 룸서비스(room service) 이용
- 자동제빙기 이용	- 귀중품 보관함(safety box) 이용
- 하우스키핑(house keeping) 이용 등	

2) 호텔매너

❶ 고객에게, 여성 우선원칙(lady first) 준수와 공공장소에서 큰 소리로 말하지 않도록 당부한다.

❷ 고객에게, 객실 내에서의 취사 금지 당부와 식사 시 주류나 음식물을 반입하지 않도록 당부한다.

❸ 고객에게, 객실 문을 열어 놓고 밤늦게까지 술을 마시거나 도박을 하는 일이 없도록 당부한다.

❹ 고객에게, 호텔 복도에서 흡연을 하거나 맨발 또는 노출이 심한 상태로 다니지 않도록 당부한다.

❺ 고객에게, 객실비품을 가방에 넣지 않도록 하고, 호텔 체크아웃 때는 객실열쇠를 반납하도록 당부한다.

⑥ 고객에게, 매일 아침 객실을 나설 때 침대의 베개 위에 1달러 정도의 팁을 올려 놓도록 당부한다.

팁(tip)

- 아침에 룸메이드(room maid)가 청소할 때
- 룸서비스(room service) 이용 시
- 포터(porter)가 짐을 운반했을 때
- 종업원의 서빙(serving)에 의해 식사를 마쳤을 때
- 도어맨(door man)에게 택시를 요청했을 때
- 심부름 등을 시켰을 때

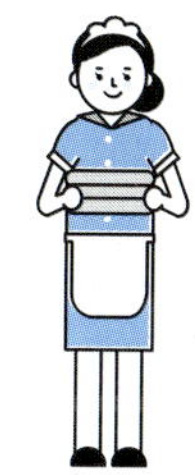

3) 호텔조식서비스

① 인솔자는 고객보다 먼저 레스토랑에 도착해 예약된 좌석을 확인하고, 고객이 편하게 식사할 수 있도록 안내해 준다.

② 미국식 아침식사(American breakfast)는 주로 주스류, 시리얼, 롤빵, 토스트, 버터, 잼, 달걀요리, 햄, 베이컨 등 제법 많은 요리가 나온다.

③ 유럽식 아침식사(continental breakfast)는 커피, 우유, 홍차, 주스, 롤빵류, 버터, 잼, 요구르트 등 간단하게 나온다.

호텔식사의 종류

- 조식 · 중식 · 석식의 3식 모두 포함되는 full-pension으로 유럽에서는 full-board, 미국에서는 American Plan(A.P.)이라고 할 때도 있다.
- 조식 · 석식 또는 조식 · 중식의 2식이 포함되는 half pension(또는 demi-pension)으로 유럽에서는 half-board, 미국에서는 Modified American Plan(M.A.P.)이라고 한다.
- 조식만을 포함하는 breakfast only로서 유럽에서는 bed and breakfast라고도 한다.
- 식사를 전혀 포함하지 않는 European Plan(E.P.)으로서 이것을 단순히 room only라고도 한다.

4) 여행 시 주의사항 전달

❶ 환전은 공식적으로 인가된 호텔이나 환전소에서만 하도록 안내한다.
❷ 노출이 심한 복장, 단정하지 못한 옷차림을 하지 않도록 당부한다.
❸ 사진촬영 금지구역, 통제구역에서 사진을 촬영하지 않도록 당부한다.
❹ 길거리에서 침을 뱉거나 휴지, 담배꽁초를 버리지 않도록 당부한다.
❺ 기후에 따라 수영복, 우산이나 운동화, 샌들 등을 준비하도록 당부한다.
❻ 귀중품 · 지갑 · 카메라 등의 도난이나 소매치기를 당하지 않도록 주의시킨다.

5. 사고대책 및 처리

1) 사고발생의 주요 원인

사고발생의 주요 원인은 크게 여행사(국내 및 현지 여행사) · 이용 항공사 · 기타 현지이용시설의 주체자로 나뉘며 구체적인 요인은 다음과 같다.

❶ 불가항력적인 경우(천재지변 · 전란 · 파업 등)
❷ 국내 주최여행사의 상품구성 부실(정보 부실)
❸ 인솔자의 자질 부족(어학 및 여행경험 부족)
❹ 여행자 본인의 부주의(도난 · 분실 · 건강 이상)
❺ 이용항공사의 문제(예약문제 · 출발시간 지연 등)
❻ 현지여행사의 실수(예약 · 수배 미비)
❼ 현지이용시실업자의 실수(호텔 · 식당 · 운송기관)
❽ 문화 · 관습의 차이에 따른 트러블(국제매너 실수)
❾ 전반적인 안전의식 결여

2) 사고대비

해외여행 시 항상 사고나 문제가 발생하는 것은 아니다. 그러나 언제 어디서나 예측 없이 발생할 소지가 높으므로 사고발생에 따른 대비를 소홀히 해서는 안 된다.

❶ 항공예약 기록(PNR) 및 해외지점 연락처, 본사 및 현지 여행사의 비상 연락망, 국외 한국공관 연락처 확보
❷ 비상약품 및 간단한 응급조치 요령 숙지, 사고처리와 관련된 각종 약관의 숙지(여행약관 · 국제항공운송약관 · 숙박약관 · 지상운송약관 등)
❸ 예약 및 재확인, 정확한 수하물 관리 철저, 여권 및 여행구비서류의 보관 철저, 현금 및 귀중품 보관 철저, 수하물 관리 등

3) 사고처리

❶ 만약 사고가 발생하면 먼저 문제해결을 위한 대책을 세운다.
❷ 당황하지 않고 침착하게 대처하며, 합리적인 조치를 취한다.
❸ 본사에 연락을 취한 후 지시를 받는다.
❹ 한국대사관이나 관계기관 등에 협조를 요청한다.
❺ 사고 문제의 원인을 정확히 파악하고, 증거를 확보한다.
❻ 고객의 동요를 방지하고, 협력을 요청한다.
❼ 여행약관을 참조하여 법적 · 도의적 책임한계를 파악한다.
❽ 차분하게 차선책에 대한 대책을 강구한다.
❾ 가급적이면 고객의 이익보호와 회사의 손해방지를 고려한다.
❿ 시간적 여유가 없을 때 인솔자 재량으로 1차적 조치를 시행한다.
⓫ 사고나 사태에 대한 가장 적절한 긴급대책을 강구하여 시행한다.

제4절 관광해설서비스

1. 관광해설의 의미

관광해설(관광자원해설 · 문화관광해설 · 도시관광해설 등)은 '단순한 설명이 아니라 대상이 지닌 의미를 연구하여 이를 쉽게 풀어 밝힌다'는 의미이다. 즉 관광해설은 '관광자원의 의미를 해석하여 알 수 있도록 풀어서 밝힌다'는 의미로써, 자연생태계(natural ecosystem : 모든 생물체와 물리적 환경, 그리고 그들 간의 모든 상호관계를 포함하는 총체적인 개념)와 야생동물, 자원이 지니고 있는 문화적 · 역사적 가치 등을 관광객에게 알려주는 활동이다.

왈스(Wals)는 관광해설을 "정보서비스, 안내서비스, 교육서비스, 선전서비스, 영감적 서비스 등이 적절히 조합된 것이다. 따라서 관광해설을 통해 관광객에게 새로운 이해, 새로운 통찰력, 새로운 열광과 흥미를 불러일으킬 수 있다"고 하였다.

관광해설이란 '관광객이 방문하고 있는 국가나 지역에 대해 보다 깊은 인식과 감상 그리고 이해를 가질 수 있도록 돕는 것'이다. 관광자원의 관리기관과 그들이 운용하고 있는 프로그램에 대해 관광객의 이해를 촉진시킬 수 있다. 그리고 자원관리의 목표를 달성하고, 관광객으로 하여금 방문지에서 적절한 행동을 하게 할 수 있다.

또한 과다이용으로 인해 훼손된 지역이나, 위험성을 내포하고 있는 지역에서는 특정한 행

동을 못하도록 안내함으로써, 관광자원에 대한 인간의 영향을 최소화시킬 수 있다. 이렇듯 관광해설은 이용하는 관광객은 물론, 수용하는 관광대상지의 입장에서도 매우 의미 있는 일이다.

2. 관광해설기법

관광지는 관광해설이 이루어지는 작은 공간인데, 이곳에서 이루어지는 관광해설 프로그램의 효과는 관광지 밖으로 확산되는 것이 바람직하다. 관광해설은 자연현상, 문화적 사실에 대한 이해를 돕기 위해 필요하므로 일정한 원칙이 지켜져야 한다.

관광해설 프로그램은 관광객을 위해 필요한 것이지만, 관광객이 관광해설을 통해 얻은 지식과 정보를 그들의 일상생활에 관련시킬 수 있을 때 더욱 바람직해진다.

관광해설기법에는 담화 · 재현 · 동행을 포함하는 ① 인적서비스기법(personal service), 관광객 스스로가 안내 자료와 각종 프로그램을 통하여 내용을 이해할 수 있게끔 하는 ② 자기안내기법(self-guiding program), 그리고 전자 장치를 이용한 기법인 ③ 전자장치이용기법(electronic gadgetry) 등이 있다.

관광해설에 있어 공통적으로 중시되는 사항은 관광해설사의 용모 · 성격 · 공손한 태도의 세 가지를 들 수 있다. 이 밖에 조직의 기능과 상대방에 대해 잘 알고 있고, 사무능력도 어느 정도 있으면서, 시간을 적절하게 배분해서 활용할 줄 알아야 하며, 언어 구사능력과 참을성이 있는 사람에게 적절한 직업이다.

1) 인적서비스기법

인적서비스기법(personal service)은 관광해설사가 현장에서 해설을 하거 나,

정해진 프로그램을 가지고 상황을 재현해 보이는 등의 활동을 함으로써 관광객과 직접적으로 의사를 주고받는 것을 말한다. 이와 같이 관광객과의 의사소통을 효과적으로 하기 위해서는 일정한 자격을 갖춘 사람이 적절한 장소에서 효과적인 기법을 적용함으로써 가능하다. 인적서비스기법에는 ① 담화, ② 재현, ③ 동행 등이 있다.

(1) 담화

담화(talks)는 말하는 기능을 이용한 해설기법이다. 직접 말을 하거나 말을 대신할 수 있는 몸짓 등을 통하여 관광객을 이해시키고, 또 일정한 반응을 유도해 낸다. 소기의 목적을 달성하려면 관광해설사의 감수성과 이용자들의 이해정도가 높은 수준에 있을 때만 가능하다. 이를 위해서는 다음 몇 가지 사항이 요구된다.

1. 먼저 청중을 읽는 것이 중요하다. 즉 관광해설 중에 관광객이 무엇을 원하고 있는지를 파악하는 일이 가장 중요하다.
2. 관광해설사에 대해 갖게 되는 이미지에 따라 관광객의 반응이 달라지므로 항상 자신의 이미지를 좋게 만들어야 한다.
3. 담화의 골격을 구성해서 활용해야 한다. 관광해설 내용을 암기하여 기계적으로 외워 나가는 것도 중요하지만, 〈표 12-15〉와 같이 담화의 3단계를 활용해서 접근하는 것이 더욱 효과적이다.

표 12-15 담화의 3단계

구분	내용
담화 전 단계	해설 및 안내에 필요한 설비를 점검하고, 간단한 기능 테스트를 해보며, 도착하는 관광객을 맞으면서 가볍게 대화를 주고받는다.

준비단계	장소에 모인 관광객에게 인사를 하고, 자신의 이름을 알려줌과 동시에 간단히 소개한다.
담화단계	해설할 내용의 주제가 무엇인지를 알려주고 해설을 시작한다. 그리고 끝낼 때는 해설한 내용을 간략하게 정리해서 다시 한 번 알려준다.

(2) 재현

재현(demonstration)은 '다시 나타낸다'는 의미로서, 즉 다루고자 하는 주제를 보다 잘 이해시키고 인식시키는 방법으로 역사적 시기 · 생활 · 사건들을 다시 나타내 보는 것이다. 재현을 하면 역사적 · 물리적 · 인종적인 이해를 돕게 된다는 점에서 다른 기법보다 탁월한 효과가 있다. 그러나 프로그램을 준비하는 데 시간이 많이 소요된다.

(3) 동행

동행(walks)은 '길을 같이 간다'는 뜻으로 관광객과 함께 걸으면서 해설하는 방법을 말한다. 이 방법은 관광객이 직접 경험할 수 있고, 궁금한 사항은 바로 물어볼 수 있기 때문에 동기부여가 가장 잘 되는 형태이다. 주의사항은 관광해설사가 해설할 장소에 미리 도착해서 정시에 시작해야 한다는 것이다. 또한 해설내용을 정확하고, 명료하게 설명하여 내용을 주지시켜야 한다.

2) 자기안내기법

자기안내기법(self-guiding)은 관광해설사가 없는 경우를 말한다. 즉 특이한 자연경관이나 환경의 변화, 생물체 등에 대해 관광객이 스스로 읽어보고, 그 내용을 이해할 수 있도록 고안된 방법이다. 주로 유인물이나 종합관광안내도 등을 이용한다.

3) 전자장치이용기법

전자장치에 관광해설 내용을 담아서 관광객에게 들려주는 방법이 전자장치이용기법(electronic gadgetry)이다. 이 기법을 제작하려면 시나리오의 작성은 물론 음향효과도 고려해야 하고, 충분한 연습을 거쳐 녹음을 해야 한다. 스미스 화이트(Smith White)는 이 방법의 장단점을 〈표 12-16〉과 같이 정리하였다.

표 12-16 전자장치이용 시의 장단점

구분	내용
장점	- 인쇄물이나 해설간판보다는 미적 · 시각적 피해가 적은 편이다. - 관광객이 전시물 · 모형 · 풍경 등에 시선을 집중시킬 수 있게 해준다. - 소리의 크기나 장치의 모양을 다양하게 할 수 있다. - 자주 반복할 경우는 다른 기법보다 효과적이다. - 여러 가지 언어를 준비해 두면 관광객이 선택할 수 있다. - 음향효과를 잘 내게 하여 상황재현과 유사한 효과를 낼 수 있다. - 인쇄물보다 장시간 동안 주의를 집중시킬 수 있다.
단점	- 기계이기 때문에 고장 날 수 있으므로 정기적으로 보수를 하거나 예비품을 준비해 두어야 한다. - 반복되는 것이기 때문에 몇 번 들은 사람에게는 싫증이 날 수 있다. 특히 해설사에게는 고통이 될 수도 있다. - 전기를 이용하므로 야외에서는 사정이 허락되지 않을 수도 있다.

3. 관광해설의 성장요인

관광해설은 관광객에게 관광에 대한 경험을 보다 풍부하게 해주고, 학습욕구를 충족시켜 주고, 또한 자원의 가치 및 보전 · 보호를 위한 해설도 병행해야 한다. 또한 관광해설을 하는 측에서는 자신이 제공하는 관광해설 서비스의 효과가 어느 정도인지를 반드시 평가해 보아야 한다.

특히 관광객에게 너무 많은 것을 전달하려고 욕심을 내다 보면, 오히려 역효과가 나타나거나, 그들의 즐거운 기분을 손상시킬 수도 있다. 따라서 관광해설은 관광객의 호기심을 불러일으켜 적극적인 관광동기를 유발하도록 해야 하고, 관광객에게 실제 도움이 되도록 해설해야 한다.

관광해설의 질적 성장을 위해서는 ① 해설목표 의식이 뚜렷해야 하고, ② 기술적인 훈련도 필요하고, ③ 해설프로그램과 시설, 해설대상물 등이 뒷받침이 되어야 한다. 또한 ① 수요자의 인원 수가 적정해야 하고, ② 해설수용자 및 해설공간과의 상호작용과 역할, ③ 주변의 여건과 환경, ④ 해설사의 자질과 수준도 매우 중요하다.

4. 관광안내의 의미

안내능력이라는 것은 우선 그 관광안내사(tour guide)가 관광 전반에 대해 풍부한 지식을 가지고 있어야 한다. 그러나 단순히 알고 있다는 것만으로 능력이 충분히 발휘되는 것은 아니다. 관광객이 요구하는 것이 무엇인지, 또한 관광객을 만족시킬 수 있는 방법은 무엇인지를 정확하게 파악하여, 그들에게 다양한 지식을 제공해야 실제상의 효과가 나타나게 된다.

그러면 관광객이 바라는 안내는 과연 무엇일까? 그것은 관광안내의 3원칙이라 할 수 있는 것으로 ① 친절한 안내, ② 정확한 안내, ③ 신속한 안내 등이다. 이와 같은 업무를 수행하는 관광안내사의 사명은 실로 크고 중대하다.

❶ 관광안내사는 고고한 인격과 풍부한 전문지식, 교양 및 일반상식도 많이 알고 있어야 한다.

❷ 건강하고 단정한 용모의 소유자로서, 우리나라 관광산업의 중흥을 다지는 초석이 될 사명감에 불타야 한다.
❸ 관광객에게 민족정기를 일깨우고, 국민적 긍지를 갖게 하는 임무를 항시 망각해서는 안 될 것이다.

관광안내사의 자세 여하에 따라 국내관광객은 물론 외국인 관광객이 한국 및 한국인에 대해 갖는 인식이 바뀔 수 있다. 따라서 관광안내사는 항시 국민을 대표하는 입장에 있다는 것을 잊지 말고, 한국인으로서의 확고한 좌표를 설정해서 안내에 임해야 한다. 또한 참되고 올바른 안내를 함으로써 국제 간의 상호 이해와 친선도모에 일익을 담당하고 있다는 자부심을 가지고 있어야 한다.

1) 관광안내 시 주의사항

❶ 안내할 장소에 도착하면 먼저 그곳에 대한 전반적인 내용을 소개한 다음 구체적으로 설명한다.
❷ 단정하고 올바른 자세로 관광객이 도착할 지점에서 미리 대기하도록 하고, 관광객이 도착하면 밝은 미소로 인사한 후 안내에 임한다.
❸ 안내할 때에는 관광객이 중앙에 오도록 하고, 관광안내사는 안내 방향에 따라 좌측 혹은 우측의 관광객보다 2~3보 앞쪽에 서서 목적지 방향을 손으로 가리키며 안내한다.
❹ 관광객이 일정한 간격으로 안내받고 있는지 수시로 확인하고, 상황에 따라 적당한 인사말을 건넨다.
❺ 관광객이 외국인일 경우에는 첫 인사만이라도 그 나라의 언어를 구사하는 것이 좋다. 왜냐하면 상대방에게 호감을 줄 수 있기 때문이다.
❻ 관광객을 안내할 경우에는 안내할 장소, 즉 목적지에 대한 전반적인 사항을 미리 습득해 두거나 메모를 하였다가 적당한 시기에 간략하게 설명할 수 있도록 한다.

2) 안내의 원칙과 말씨

(1) 원칙

❶ 관광해설은 어느 한 부분을 해설하기보다는 전체를 나타내야 한다.

❷ 단순히 정보를 제공하는 것만이 관광해설은 아니다.

❸ 관광해설의 주요 목적은 교육이 아니라 자극에 있다.

❹ 관광해설은 연령층에 따른 별도의 프로그램을 준비해야 한다.

❺ 관광해설은 과학적 · 역사적인 것 등 많은 소재를 결합시키는 기술이다.

(2) 말씨

❶ 말을 조리 있게 잘 하는 것도 중요하지만, 상황에 따라 순발력과 융통성을 발휘해야 한다.

❷ 말에는 맛과 멋이 있다. 같은 말을 하더라도 좀 더 호소력 있게 말할 수 있어야 한다.

❸ 말의 흐름은 너무 빠르지 않고, 숨을 고르게 이어갈 정도의 속도를 유지하는 것이 바람직하다.

❹ 목소리는 약간 낮은 톤이 좋다. 그리고 말의 끝부분을 애매하게 하지 말고, 정확하게 말하도록 한다.

❺ 사투리나 강한 억양, 이상한 발음은 말의 의미를 잘못 이해시킬 수 있으니 올바른 발음을 한다.

❻ 너무 작은 목소리로 두런거리는 모양은 관광객이 설명을 듣는 데 어려움을 느끼게 할 수 있다.

제 13장 호텔서비스

제1절 호텔의 개념

1. 호텔의 정의

예로부터 호텔은 거주지를 떠난 여행자의 숙식과 휴식을 위한 장소로 인식되어 왔다. 즉 호텔은 거주지를 떠나 여행하는 사람에게 숙식을 제공하고 병약자 · 고아 등을 수용하는 자선시설로써의 기능을 수행하였다.

이처럼 호스피털(hospital)은 두 개의 특성을 가지고 있다. 첫째, 여행자를 정중하게 모시는 장소, 둘째, 환자 · 부상자를 입원시켜 돌보는 시설을 들 수 있다. 그리고 전자의 특성이 발전해서 hostel, inn, 특히 현재의 ① hotel(호텔)이 되었고, 후자의 특성이 현재의 ② hospital(병원)이 되었다.

랜덤하우스(Random House, 1987) 사전에는 호텔을 "여행자에게 숙박을 제공하거나 식당 · 회의실 등을 갖추어 일반대중에게 이용하게 하는 상업적 시설"이라 정의하고 있다. 또한 관광사전에는 호텔을 "여행자나 체류자에게 빌려줄 목적으로 숙박시설을 제공하는 장소"로 정의하고 있다.

따라서 숙박업태의 일종인 호텔은 "거주지를 떠나 이동하는 여행자 또는 일반대중에게 숙박 · 음식 · 음료 등 제반시설을 갖추어 고객에게 친절한 서비스를 상품으로 제공하고, 재화를 취득하는 업체"라고 정의할 수 있다.

2. 호텔의 분류

1) 법규에 의한 분류

관광사업 분야의 하나인 숙박산업은 호텔 · 모텔 · 콘도미니엄 · 유스호스텔(공적 시설) · 국민숙사 등 다양한 시설이 존재하나 대표적인 사업은 호텔이다. 「관광진흥법」에서는 관광숙박업을 호텔업과 휴양콘도미니엄업으로 나누고, 호텔업을 다시 ① 관광호텔업, ② 수상관광호텔업, ③ 한국전통호텔업, ④ 가족호텔업, ⑤ 호스텔업, ⑥ 소형호텔업, ⑦ 의료관광호텔업으로 세분하고 있다. 호텔업의 종류를 정리하면, 〈표 13-1〉과 같다.

표 13-1 호텔업의 종류

구분	내용
관광호텔업	관광객의 숙박에 적합한 시설을 갖추어 이를 관광객에게 이용하게 하고, 숙박에 딸린 음식 · 운동 · 오락 · 휴양 · 공연 또는 연수에 적합한 시설 등(부대시설)을 함께 갖추어 관광객에게 이용하게 하는 업
수상관광호텔업	수상에 구조물 또는 선박을 고정하거나 매어 놓고, 관광객의 숙박에 적합한 시설을 갖추거나 부대시설을 함께 갖추어 관광객에게 이용하게 하는 업
한국전통호텔업	한국전통의 건축물에 관광객의 숙박에 적합한 시설을 갖추거나 부대시설을 함께 갖추어 관광객에게 이용하게 하는 업

가족호텔업	가족단위 관광객의 숙박에 적합한 시설 및 취사도구를 갖추어 관광객에게 이용하게 하거나 숙박에 딸린 음식·운동·휴양 또는 연수에 적합한 시설을 함께 갖추어 관광객에게 이용하게 하는 업
호스텔업	배낭여행객 등 개별관광객의 숙박에 적합한 시설로서 샤워장·취사장 등의 편의시설과 외국인 및 내국인 관광객을 위한 문화·정보 교류시설 등을 함께 갖추어 이용하게 하는 업
소형호텔업	관광객의 숙박에 적합한 시설을 소규모로 갖추고, 숙박에 딸린 음식·운동·휴양 또는 연수에 적합한 시설을 함께 갖추어 관광객에게 이용하게 하는 업
의료관광호텔업	의료관광객의 숙박에 적합한 시설 및 취사도구를 갖추거나 숙박에 딸린 음식·운동 또는 휴양에 적합한 시설을 함께 갖추어 주로 외국인 관광객에게 이용하게 하는 업

2) 일반적인 분류

(1) 입지조건

호텔을 〈표 13-2〉와 같이 입지조건의 유형에 의해 분류하면, ① 메트로폴리탄호텔(metropolitan hotel), ② 시티호텔(city hotel), ③ 서버번호텔(suburban hotel), ④ 컨트리호텔(country hotel), ⑤ 에어포트호텔(airport hotel), ⑥ 시포트호텔(seaport hotel), ⑦ 터미널호텔(terminal hotel), ⑧ 비치호텔(beach hotel) 등으로 나눌 수 있다.

표 13-2 입지조건의 유형에 의한 분류

구분	내용
메트로폴리탄호텔	주로 대도시에 위치해 수천 개의 객실을 보유한 호텔로 일시에 많은 고객을 수용할 수 있으며, 대규모의 대집회장·연회장 등을 갖춤

시티호텔	도시 중심지에 위치한 호텔로 비즈니스센터·쇼핑센터 등이 있는 시내 중심지에 위치한 호텔이다. 사업상 또는 개인적인 일로 도시를 방문하는 사람들이 많이 이용
서버번호텔	도시를 벗어나 한가한 교외에 건립된 호텔이다. 요즘 주차가 편리한 교외호텔을 이용하는 가족단위가 많아지고 있는데, 공기가 좋은 전원의 기분을 만끽할 수 있는 장점이 있음
컨트리호텔	산간에 위치한 호텔로 일명 '마운틴호텔'이라 부른다. 특히 골프·스키·등산 등의 여가기능을 갖춘 호텔
에어포트호텔	공항 근처에 위치한 호텔로 항공기 사정으로 출발 또는 도착이 지연되어 탑승을 기다리는 고객이나 항공승무원 등이 이용하기에 편리한 호텔
시포트호텔	항구 근처에 위치한 호텔로 여객선의 출입으로 인한 승객과 선원들이 이용하기에 편리한 호텔
터미널호텔	철도역이나 버스터미널 근처에 위치한 호텔로 외국에서는 주요 역마다 흔히 볼 수 있는 호텔
비치호텔	경치가 수려한 아름다운 해변가나 호수, 물놀이와 해수욕을 즐길 수 있는 곳에 위치한 호텔

3) 숙박기간에 의한 분류

호텔을 〈표 13-3〉과 같이 숙박기간 조건 유형에 의해 분류하면, ① 트랜지언트호텔(transient hotel), ② 레지덴셜호텔(residential hotel), ③ 퍼머넌트호텔(permanent hotel) 등으로 나눌 수 있다.

표 13-3 숙박기간 조건 유형에 의한 분류

구분	내용
트랜지언트호텔	교통편이 편리한 장소에 위치해 있고, 보통 2~3일간의 단기 숙박객이 많이 이용하는 호텔

레지덴셜호텔	주택용 호텔로서 대체로 1주일 이상 체류하는 고객을 대상으로 하는 호텔
퍼머넌트호텔	최소한의 주방시설 등을 갖춘 호텔로서 아파트먼트식 장기체류자의 이용을 전문적으로 하며, 일반적으로 메이드 서비스를 제공

(1) 이용목적

호텔을 〈표 13-4〉와 같이 이용목적 조건 유형에 의해 분류하면, ① 커머셜호텔(commercial hotel), ② 컨벤션호텔(convention hotel), ③ 리조트호텔(resort hotel), ④ 아파트먼트호텔(apartment hotel), ⑤ 카지노호텔(casino hotel) 등으로 나눌 수 있다.

표 13-4 이용목적 조건 유형에 의한 분류

구분	내용
커머셜호텔	전형적인 상용호텔로 일명 '비즈니스호텔(business hotel)'이라고도 하며, 주로 도시 중심지에 위치한 호텔
컨벤션호텔	객실의 대형화는 물론 대회의장 · 연회실 · 전시실을 갖춘 호텔
리조트호텔	관광지나 피서 · 피한지 · 해변 · 산간 등 보건 휴양지에 위치한 호텔
아파트먼트호텔	객실마다 주방설비를 갖춘 호텔
카지노호텔	주로 갬블러(gambler)들이 찾는 호텔

(2) 경영형태

호텔을 〈표 13-5〉와 같이 경영형태 조건 유형에 의해 분류하면, ① 독립경영호텔(independent hotel), ② 임차경영호텔(lease hotel), ③ 체인호텔(chain hotel), ④ 리퍼럴호텔(referral hotel) 등으로 나눌 수 있다.

표 13-5 경영형태 조건 유형에 의한 분류

구분	내용
독립경영호텔	소유권이나 경영제휴 등에서 다른 호텔과 아무런 연관도 맺지 않는 순수 경영방식
임차경영호텔	토지 및 건물에 투자할 수 있는 능력이 없는 호텔경영자가 제3자의 건물을 임대하여 사업을 경영하는 방식
체인호텔	기업 간 어떤 형태로든 연결되어 있는 경우를 말하며, 대표적인 체인경영방식으로 프랜차이즈 방식 · 위탁경영방식이 있음
리퍼럴호텔	비영리단체로서 회원호텔에 의해 운영되므로 호텔 소유주는 배타적 경영권을 행사함과 동시에 공동경영체제의 장점을 살림

(3) 시설형태

호텔을 〈표 13-6〉과 같이 시설형태 조건 유형에 의해 분류하면, ① 모텔(motel), ② 보텔(botel), ③ 요텔(yachtel), ④ 플로텔(floatel), ⑤ 유스호스텔(youth hostel) 등으로 나눌 수 있다.

표 13-6 시설형태 조건 유형에 의한 분류

구분	내용
모텔	가장 대중적인 숙박시설
보텔	보트로 여행하는 사람이 주로 이용하는 호텔
요텔	요트 여행자를 위한 숙박시설
플로텔	여객선 또는 카페리 같은 호텔
유스호스텔	청소년을 위한 숙박시설

(4) 요금방식

호텔을 〈표 13-7〉과 같이 요금방식형태 조건 유형에 의해 분류하면, ① 미국식 호텔(American plan hotel), ② 유럽식 호텔(European plan hotel) 등으로 나눌 수 있다.

표 13-7 요금방식형태 조건 유형에 의한 분류

구분	내용
미국식 호텔	객실요금에 매일 3식의 식사요금이 포함되는 숙박요금형태
유럽식 호텔	객실요금에 식대를 포함하지 않는 숙박요금형태

(5) 기타 숙박시설

기타 숙박시설은 ① 민박, ② 인, ③ 팡숑, ④ 로지, ⑤ 요텔, ⑥ 호스텔, ⑦ 여관, ⑧ 회관호텔, ⑨ 산장, ⑩ 샤토, ⑪ 샤레이, ⑫ 마리나, ⑬ 캠핑, ⑭ 빌라, ⑮ 방갈로, ⑯ 국민숙사, ⑰ 코티지 등을 들 수 있다.

제2절 호텔의 특성

1. 호텔서비스의 특성

호텔은 서비스산업을 대표하는 기업으로 일반 제조업체의 특성과는 확연히 다르다. 서비스기업으로서의 호텔업의 특성은 크게 ① 생태적 특성, ② 상품적 특성, ③ 경영적 특성 등으로 나누어볼 수 있다.

1) 호텔서비스의 생태적 특성

호텔서비스의 생태적 특성은 〈표 13-8〉과 같이 ① 무형성, ② 이질성, ③ 소멸성, ④ 비분리성 등을 들 수 있다.

표 13-8 호텔서비스의 생태적 특성

특성	내용
무형성	만져보거나 볼 수 없기 때문에 서비스의 묘사·측정·표준화 곤란
이질성	같은 서비스라도 서비스를 제공받는 고객에 의해 각각 다르게 인식됨
소멸성	생산과 소비가 동시에 이루어지기 때문에 재고로 저장이 불능
비분리성	생산과 소비가 동시에 같은 장소에서 발생, 고객이 생산과정에 직접 참여

2) 호텔서비스의 상품적 특성

호텔서비스의 상품적 특성은 〈표 13-9〉와 같이 ① 부동성, ② 계절성, ③ 환경성, ④ 반복성, ⑤ 입지성, ⑥ 비탄력성 등을 들 수 있다.

표 13-9 호텔서비스의 상품적 특성

특성	내용
부동성	호텔서비스 상품은 이동이 불가능하기 때문에 고객이 직접 호텔방문 후 상품 구매. 단, 출장연회 등은 예외
계절성	호텔상품은 성수기와 비수기의 구별이 뚜렷함
환경성	정치·경제·사회환경 등 외부환경의 변화에 민감

반복성	객실 또는 식음료 상품의 판매를 위한 준비과정은 매일 반복됨
입지성	호텔상품은 대표적인 입지상품. 즉 입지선정이 중요
비탄력성	호텔객실은 처음 건립되면서 상품의 수량이 고정

3) 호텔서비스의 경영적 특성

호텔서비스의 경영적 특성은 〈표 13-10〉과 같이 ① 인적서비스 의존성, ② 연중무휴영업, ③ 비신축성, ④ 계절성, ⑤ 공공성 상품, ⑥ 시설의 조기노후화, ⑦ 고정자산 의존성, ⑧ 초기투자의 과다, ⑨ 낮은 자본 회전율, ⑩ 고정비 과다지출, ⑪ 비전매성 등을 들 수 있다.

표 13-10 호텔서비스의 경영적 특성

특성	내용
인적서비스 의존성	노동집약적 산업이므로 인적서비스에 대한 의존도가 높음(인건비 과다 지출 문제 발생)
연중무휴영업	1일 24시간, 1년 365일 연중무휴의 영업체제 유지
비신축성	객실 수나 부대시설의 수용력을 상황에 따라 조정할 수 없음
계절성	성수기와 비수기의 변동이 매우 큼
공공성 상품	국가적 차원에서의 국제적 위신을 지켜야 하는 공공성을 갖고 있는 상품
시설 조기노후화	불특정 다수의 고객들이 1년 365일 계속해서 이용하기 때문에 진부화가 빠름
고정자산 의존성	호텔은 자본금의 70~80%가 건물·토지·비품·시설·집기 등과 같은 고정자산에 집중
초기투자의 과다	영업개시 전에 총투자금의 대부분이 토지(30%)·건물(50%)·기타 가구 및 설비 등에 투자

낮은 자본 회전율	토지와 건물 등 고정자산에 대한 투자가 초기에 집중되어 있어 자본의 회전속도(10년)가 매우 느림
고정비 과다지출	인건비(매출대비 40%) · 각종 시설관리유지비 · 감가상각비 · 급식비 · 세금 · 수선비 · 로열티 등 고정경비 지출이 높음
비전매성	일정한 장소에서만 판매(이동판매 불가능)
기타	다기능성, 다양한 분야의 전문인력 확보 문제 등

2. 호텔고객의 유형

호텔의 객실을 이용하는 사람을 고객(guest) 또는 손님이라고 한다. 호텔을 이용하는 손님은 매우 다양하다. 특히 여행을 즐기는 사람은 대부분 호텔에서 숙박 및 식사를 해결하고 있다. 호텔 손님을 체계적으로 분류하는 것도 투숙객을 이해하여 이를 경영에 반영할 수 있다는 측면에서 매우 중요하다.

고메스(Gomes, 1985)는 호텔고객을 〈표 13-11〉과 같이 ① 일반여행고객, ② 컨벤션 · 협회 단체고객, ③ 기업체 개별고객, ④ 기업체 단체고객, ⑤ 장기체류 · 이주고객, ⑥ 항공사고객, ⑦ 정부 · 군인고객, ⑧ 지역주민고객으로 분류하였다.

표 13-11 호텔고객의 유형

특성	내용
일반여행고객	개인 또는 가족과 함께 여행을 하며, 여행목적은 관광 또는 친구나 친족들을 방문하는 형태로 리조트호텔을 제외하면 이들은 보통 하루 정도 호텔에 투숙하며 보통 성수기에 여행

컨벤션 · 협회 단체고객	- 보통 컨벤션 · 협회행사에의 참가자는 수천 명에 이르며, 컨벤션 참가자는 할인된 가격으로 객실 · 식사 · 기타 부대 서비스를 포함하는 대규모 호텔을 이용 - 소규모의 객실과 한정된 컨벤션 시설을 보유한 호텔들은 비수기에 대폭적으로 할인된 가격으로 단체손님을 유치하며, 컨벤션 참가자는 보통 약 3~4일 정도 체류
기업체 개별고객	- 비즈니스를 목적으로 여행하는 개인을 말하며, 1~2일 정도 호텔에 투숙 - 기업체 고객은 대부분 호텔을 자주 이용하며 연간 약 15~20여 회 정도 이용 - 기업체 개별고객은 비교적 비용에 덜 민감한 편이며, 또 호텔로부터 인정받거나 특별한 예우를 원하는 성향이 높음
기업체 단체고객	- 비즈니스 목적으로 단체로 여행하며, 기업체 개별고객과는 달리 호텔이 위치한 지역의 다른 장소에서 개최되는 작은 모임이나 회의에 참석하기 위해 여행 - 기업 내의 여행담당 부서나 여행사를 통해 호텔객실을 집단으로 예약하여 이용하며, 평균 체류기간은 약 2~4일 사이임
장기체류 · 이주 고객	- 주로 이주하는 개인 또는 가족으로서 새로운 거주지를 찾을 때까지 한정적으로 호텔을 이용하거나 장기 출장자인 경우가 많음 - 주로 약간의 취사시설과 일반 객실보다 좀 더 넓은 주거공간을 가진 객실을 선호
항공사고객	- 항공사는 호텔과의 가격협정을 통하여 승무원을 호텔에 투숙시키며, 또한 기상이변 등으로 예상치 못한 숙박이 필요한 승객에게 객실을 제공 - 항공사는 객실을 보통 최저가격으로 집단으로 예약
정부 · 군인고객	- 출장을 하는 정부 관리나 군인으로서 이들에게는 협정에 의해 미리 결정된 대폭 할인된 가격으로 객실을 제공 - 보통 정부 혹은 군대조직과 서비스 수준에 대한 계약을 마친 제한된 수의 호텔이 이들에게 객실을 제공
지역주민고객	- 호텔은 비수기에 대폭 할인된 가격으로 같은 지역에 사는 주민 손님을 대상으로 단기체류형 객실을 판매 - 객실 외에 약간의 식사와 오락프로그램을 제공

3. 호텔의 조직구조

호텔조직은 호텔의 규모 · 입지조건 · 경영 및 구조적 형태 등 다양한 요인에 의해 호텔별로 특성을 가지게 된다. 일반적인 호텔조직의 기본구조는 ① 객실부서(room department), ② 식음료부서(food & beverage department), ③ 관리부서(management & executive department)로 구분된다.

1) 객실부서

객실부서는 호텔 수익창출의 핵심으로서 현관(영업)부서에 영업의 기회를 제공하는 중요한 부서이다. 즉 객실에 대한 전반적인 기본직무는 ① 프런트 데스크, ② 유니폼 서비스, ③ 당직지배인, ④ 하우스키핑, ⑤ 세탁실 등으로 구성된다.

객실부서에는 예약실 · 프런트 오피스 · 하우스키핑 · 전화교환실 등이 포함되며, 주요 업무는 상품판매 촉진 · 고객접객 및 안내 · 고객관리 · 객실예약 · 객실배정 · 우편물 및 전화 메시지 전달 · 보안 및 안전 · 객실 및 로비 청소 · 타부서와의 업무조정 및 협동기능 등을 들 수 있다. 객실부서의 구성은 〈표 13-12〉와 같다.

표 13-12 객실부서의 구성

구분	내용
프런트 데스크 (front desk)	호텔에 대한 각종 정보제공 · 객실배정 · 체크인 및 체크아웃 · 객실 예약 등으로 이루어지며, 호텔의 중추적인 역할수행. 일반적으로 프런트 데스크는 레지스트레이션(registration) · 인포메이션(information) · 캐셔(cashier) 등으로 구성
유니폼 서비스 (uniformed service)	유니폼을 착용하고 서비스를 제공하는 부서로 도어맨(doorman) · 벨맨(bellman) · 컨시어지(concierge) · 주차대행 서비스(valet parking service) 등으로 구성

당직지배인 (duty manager)	24시간 대기하면서 VIP 보좌 및 고객의 불평을 처리, 위급상황 시 병원 연락, 야간 및 공휴일 업무순찰, 일일 일반상황 보고 등
하우스키핑 (housekeeping)	객실정비 담당부서로 호텔의 주된 상품인 객실을 생산해 내는 역할과 동시에 프런트 오피스의 가장 중요한 지원부서
세탁실 (laundry)	물세탁 · 드라이클리닝 · 다림질 서비스 등

2) 식음료부서

호텔에서 음식 및 음료를 판매하는 부서로 일반적으로 〈표 13-13〉과 같이 ① 레스토랑, ② 음료(바, 커피숍 등), ③ 연회 등으로 구성된다.

표 13-13 식음료부서의 구성

특성	내용
레스토랑	일반적으로 식당의 대명사로 인식되고 있으며, 웨이터나 웨이트리스에 의해 식사와 음료가 주문 · 제공되는 고급서비스가 이루어지는 고급식당을 말하며, 서양식당(이탈리아 · 프랑스 · 아메리칸 레스토랑) · 일식당 · 중식당 · 뷔페식당 · 룸서비스 등으로 구성
커피숍	고객의 왕래가 많은 장소에서 음료와 가벼운 식사를 제공하는 식당의 일종. 일반적으로 알코올성 음료와 비알코올성 음료를 판매하는 곳으로 바 · 라운지 · 클럽 등 다양한 형태로 운영
연회	각종 이벤트나 리셉션과 같은 모든 행사를 주관하는 부서로 웨딩 · 축하 파티 · 출장연회 등 다양한 이벤트 유치

3) 관리부서

관리부서는 〈표 13-14〉와 같이 ① 관리부, ② 시설관리부 ③ 마케팅 · 판촉부, ④ 인적자원부, ⑤ 회계부 등으로 구성된다.

표 13-14 관리부서의 구성

구분	내용
관리부	호텔 내 보안 · 안전 · 소방 · 경비 기능 담당
시설관리부	전기설비 · 급수설비 · 배수설비 · 방재설비 등
마케팅 · 판촉부	객실 · 시설 · 서비스 등 판매(영업 판촉 · 객실예약 · 홍보)
인적자원부	직원채용 및 면접 · 직원 복리후생 · 직원 교육 및 훈련
회계부	고객과 상거래에서 발생하는 모든 재무적 거래의 기록과 재무제표 작성(재무회계 · 영업회계 · 여신관리 · 원가관리 · 구매관리 · 전산실)

4. 호텔예약의 기본

일반적으로 호텔예약 시스템은 항공사에서 보유하고 있는 ① 컴퓨터 예약시스템(CRS : Computer Reservation System)과 ② 광역유통 시스템(GDS : Global Distribution System), ③ POS(Point Of Sales), ④ PBX(Private Branch eXchange) 등으로 이루어져 있다. 호텔예약 시스템의 종류는 〈표 13-15〉와 같다.

표 13-15 호텔예약 시스템의 종류

구분	내용
CRS	CRS(Computer Reservation System)는 컴퓨터화된 예약 시스템으로 판매와 경영을 목적으로 하는 호텔예약 시스템을 말한다.
GDS	GDS(Global Distribution System)는 광역유통 시스템으로 세계 각국에서 사용되는 네트워크의 제공 상품과 기능의 유통을 위한 한 개 이상의 CRS체제를 말한다.
POS	POS(Point Of Sales)는 판매시점 정보관리 시스템을 말하며, 한 영업장에서 발생된 각종 데이터가 매니저나 사용자가 원하는 시점에서 terminal, output report로서 즉시 집계와 분석이 가능한 hotel front reservation용 시스템이다.
PBX	PBX(Private Branch eXchange)는 외부선과 접속되어 있는 전화의 자동화를 말하며, 전화도수 자동 산출기의 설치로 호텔에서 통화의 신뢰성과 전화요금 수납의 정확성을 기할 수 있다.

제3절 호텔서비스

1. 유니폼서비스

전술한 바와 같이 유니폼을 착용하고, 고객을 응대하며 서비스를 제공하는 부서로 도어맨(doorman) · 벨맨(bellman) · 컨시어지(concierge) · 주차대행 서비스(valet parking service) 등으로 구성된다. 특히 고객을 제일 먼저 맞이하는 호텔의 현관부서는 호텔의 얼굴 격이다. 따라서 항상 밝은 표정과 수준 높은 서비스로 고객을 응대하고 맞이해야 한다.

1) 도어맨의 고객응대 요령

도어맨(doorman)은 호텔의 서비스 직종 중 하나이며, 호텔에서 고객이 도착할 때 가장 먼저 맞이해 주며, 차문이나 호텔의 현관문을 열어준다. 담당업무는 고객영접, 차량관리, 주차안내, 콜택시 안내 등이다. 고객응대에 필요한 기본표현은 다음과 같다.

❶ "어서 오십시오." "ABC호텔에 오신 것을 환영합니다."
❷ "수하물이 있습니까?" "수하물은 몇 개입니까?"
❸ "안으로 안내해 드리겠습니다." "이쪽으로 오십시오."
❹ "출발하십니까?" "행선지는 어디입니까?"
❺ "택시가 도착했습니다." "안녕히 가십시오."
❻ "ABC호텔을 이용해 주셔서 감사합니다." "또 오십시오."

2) 벨맨의 고객응대 요령

벨맨(bellman)은 프런트서비스 부서에 소속되어 있으며, 담당업무는 도착 고객의 수하물을 객실까지 운반하거나, 출발 고객의 수하물을 수거해서 운반하는 일을 한다. 기타 고객의 객실안내, 각종 메시지 전달, 차량수배 등의 직무를 담당한다. 고객응대에 필요한 기본표현은 다음과 같다.

❶ "수하물은 모두 몇 개입니까?"
❷ "다른 수하물은 없습니까?"
❸ "수하물은 이것이 전부입니까?"
❹ "깨지기 쉬운 수하물은 없습니까?"

⑤ "수하물을 들어드리겠습니다."
⑥ "프런트로 안내해 드리겠습니다."
⑦ "객실로 안내해 드리겠습니다."
⑧ "엘리베이터는 이쪽입니다."
⑨ "고객님의 객실은 이쪽입니다."
⑩ "불편한 점이 있으시면 연락 주십시오."

2. 프런트 리셉션

프런트 리셉션(front reception)은 호텔에 대한 각종 정보제공 · 객실배정 · 체크인 및 체크아웃 · 객실예약 등으로 이루어지며, 호텔의 중추적인 역할을 수행한다. 일반적으로 프런트 데스크는 레지스트레이션(registration) · 인포메이션(information) · 캐셔(cashier) 등으로 구성된다.

1) 체크인 접수

개인고객 체크인 시 주의사항은 〈표 13-16〉과 같고, 체크인 시 고객응대에 필요한 기본표현은 다음과 같다.

표 13-16 개인고객 체크인 시 주의사항

구분	내용
walk-in & pick-in guest	여권번호 확인, 선불 및 예치금 수납(10~20%)
help guest	숙박료 지불방법 확인(개인 또는 회사 지불)
repeating guest	수준 높은 서비스와 각종 편의 제공
long-term guest	통상 10일 이상 투숙객인 경우 지불방법 확인

deposit & voucher holder	현금 deposit 고객의 경우 체크아웃 시 차감금액 인지, voucher 조건 등 확인

❶ "어서 오십시오." "실례지만, 예약하셨습니까?"
❷ "성함을 말씀해 주시겠습니까?"
❸ "잠시 기다려주십시오." "확인해 보겠습니다."
❹ "오래 기다리셨습니다." "예약이 되어 있습니다."
❺ "저희 호텔에서 몇 박 예정입니까?"
❻ "어떤 타입의 방을 원하십니까?"
❼ "그럼, 스위트룸(트윈룸 등)으로 해드리겠습니다."
❽ "객실키입니다." "객실은 19층 1909호실입니다."
❾ "벨맨이 안내해 드리니, 잠시만 기다려주십시오."
❿ "그럼, 편안한 시간 보내시기 바랍니다."

2) 객실에 대한 요망이 있을 경우

호텔객실의 종류
- 싱글베드룸(single bed room) : 1인용 침대가 하나 있는 침대 - 더블베드룸(double bed room) : 2인용 침대가 하나 있는 침대 - 트윈베드룸(twin bed room) : 1인용 침대가 두 개 있는 객실 - 스위트룸(suit room) : 호텔 등에서의 특별객실. 욕실이 딸린 침실과 거실 겸 응접실이 하나로 이어진 객실 - 로열스위트룸(royal suit room) : 주로 호텔 최상층, 건물의 중심부분에 위치하고 있으며, 249㎡의 넓은 공간을 자랑하는 대리석이 깔린 고급스러운 거실. 다이닝룸 외에도 침실 2개가 있어 각각 다른 분위기를 즐길 수 있는 객실

❶ "특별히 원하시는 객실 타입이 있습니까?"
❷ "바다가 보이는 객실로 드릴까요?"

❸ "산이 보이는 조용한 객실로 드릴까요?"
❹ "투숙하실 분은 모두 몇 분이십니까?"
❺ "트윈, 더블 중 어느 쪽으로 하시겠습니까?"
❻ "예비침대(extra bed)를 넣어 드릴까요?"
❼ "공교롭게도 지금 3인용 객실이 없습니다."

3) 호텔비용 지불방법 확인

❶ "호텔비용은 어떤 식으로 계산하시겠습니까?"
❷ "현금(크레디트 카드 등)으로 하시겠습니까?"
❸ "여기, 숙박등록카드에 서명을 부탁드립니다."
❹ "체크아웃 때 회계에서 서명을 부탁드립니다."

4) 단체고객 체크인

단체고객은 프런트 데스크가 혼잡하기 때문에 단체전용데스크(group tour desk)를 이용하도록 안내한다. 단체고객(VIP고객) 체크인 시 주의사항은 〈표 13-17〉과 같고, 체크인 시 고객응대에 필요한 기본표현은 다음과 같다.

표 13-17 개인고객 체크인 시 주의사항

구분	내용
단체고객	- 사전에 여행사로부터 명단을 받아서 미리 객실배정을 해둔다. - 고객이 도착하면 객실예약 조건과 인원 등을 확인한다. - 모닝콜 시간과 식사의 유무, 시간 등을 확인한다. - 단체는 가급적이면 저층이나 같은 층으로 객실을 배정한다. - 숙박과 퇴실 일시, 가이드 성명, 단체명 등을 기록해 둔다.
VIP고객	- 객실배정 시 고객의 취향을 고려해서 배정해 준다. - 고객 도착 전 객실에 꽃, 과일, 케이크 등을 준비해서 넣는다.

❶ "ABC호텔을 이용해 주셔서 진심으로 감사드립니다."
❷ "가이드(인솔자, 그룹리더 등)는 어디에 계십니까?"
❸ "인원 수의 변경은 없으십니까?"
❹ "모닝콜은 몇 시가 좋겠습니까?"
❺ "이 봉투에는 객실열쇠와 조식권이 들어 있습니다."
❻ "체크아웃(check out) 시간은 12시입니다."
❼ "객실열쇠는 자동로크(수동 등)로 되어 있습니다."
❽ "외출하실 때는 객실열쇠를 반드시 소지하십시오."
❾ "고객님의 수하물은 벨맨이 객실까지 보내드립니다."

3. 프런트 인포메이션

프런트 인포메이션(front information)은 투숙객에 관한 내외부로부터의 룸 인포메이션, 메시지 서비스, 관내안내 서비스, 수하물 주고받기, 고객호출 등을 행하는 업무를 담당한다. 고객응대에 필요한 기본표현은 다음과 같다.

1) 룸 인포메이션

❶ "실례지만, 어느 분을 찾으십니까?"
❷ "저희 호텔 숙박고객입니까?"
❸ "고객의 성함을 알려주십시오."
❹ "예약자 리스트를 찾아보겠습니다."
❺ "홍길동 고객은 609호실입니다."
❻ "객실로 연결해 드리겠습니다."
❼ "지금은 통화 중입니다."

❽ "그대로 잠시만 기다려주십시오."
❾ "그분은 아직 도착하지 않았습니다."
❿ "죄송합니다만, 다시 전화 주십시오."

2) 메시지서비스

❶ "여기에 고객님 앞으로 도착한 메모가 있습니다."
❷ "지금 객실로 보내드릴까요?"
❸ "잠시만 기다려주시면, 벨맨을 보내겠습니다."
❹ "그대로 놓아둘까요? 아니면, 전달해 드릴까요?"

3) 관내안내서비스

❶ "호텔지하에 명품 아케이드가 있습니다."
❷ "옆 건물에 면세점(백화점)이 있습니다."
❸ "길 건너에 은행(환전소)이 있습니다."
❹ "왼쪽(오른쪽)으로 돌면 바로 나옵니다."
❺ "안내해 드리겠습니다. 이쪽으로 오십시오,"
❻ "다운타운까지는 택시로 10분 정도입니다."

4) 수하물 주고받기

❶ "고객님 앞으로 온 소포(편지 등)입니다."
❷ "받기를 원하시면, 곧 보내드리겠습니다."
❸ "고객님 앞으로 팩스(FAX)가 왔습니다."

4. 룸 레저베이션

룸 레저베이션(room reservation)은 주로 객실예약을 담당하는 부서이다. 일반적으로 객실예약은 직접 방문하거나 전화 · 편지 · FAX · 인터넷 등 다양한 유통경로로 예약이 들어오고 접수된다. 객실예약은 곧 호텔상품의 주문을 뜻하므로 고객의 예약요청에 항상 친절하고 신속하게 응대를 해야 한다. 고객응대에 필요한 기본표현은 다음과 같다.

1) 예약접수

❶ "감사합니다. 객실예약입니다."
❷ "언제 몇 분 숙박하십니까?"
❸ "며칠부터 며칠까지입니까?"
❹ "어떤 방이 좋으십니까?"
❺ "성함을 부탁드립니다."
❻ "연락처를 알려주시겠습니까?"
❼ "계약금을 보내주셔야 합니다."
❽ "호텔은 몇 시쯤 도착예정입니까?"
❾ "예약이 꽉 차서 방이 없습니다."
❿ "취소가 나오면 연락드리겠습니다."

한글 · 영문 표준 성(性) 표기법

한글	영문	한글	영문	한글	영문	한글	영문
가	KA	독고	DOKKO	손	SOHN	주	JOO
각	KAK	류	RYOO	신	SHIN	진	CHIN
갈	KAL	마	MA	심	SHIM	지	JI
감	KAM	명	MYUNG	안	AHN	제갈	JEKAL
강	KANG	모	MO	양	YANG	좌	JWA
경	KYUNG	목	MOK	어	UH	차	CHA
고	KOH	문	MOON	엄	UM	채	CHAE
곡	KOK	민	MIN	여	YEO	최	CHOI
공	KONG	맹	MAENG	오	OH	천	CHUN
구	KOO	박	PARK	옥	OK	추	CHOO
국	KOOK	반	BAN	우	WOO	탁	TAK
금	KEUM	방	BANG	유	YOO	편	PYUN
기	KI	배	BAE	윤	YOON	표	PYO
길	KIL	백	BAIK	은	EUN	피	PI
권	KWON	사	SA	음	EUM	하	HA
계	KYE	서	SUH	이	LEE	한	HAN
나	NA	석	SUK	임	LIM	함	HAM
난	NAN	선	SUN	왕	WANG	허	HUH
남	NAM	설	SUL	원	WON	현	HYUN
남궁	NAMKOONG			장	CHANG	형	HYUNG
노	NOH	성	SUNG	전	JUN	호	HO
담	DAM	선우	SUNWOO	정	CHUNG	홍	HONG
도	DO	소	SOH	조	CHO	황	HWANG

※ 고유명사이므로 영문표기에 예외가 있을 수 있다.

5. 하우스키핑서비스

하우스키핑(house keeping)은 객실을 유지 · 관리하는 일을 담당한다. 주요 업무는 객실청소 · 수선 · 정비 · 가구 · 비품 · 미니바 · 리넨 · 세탁물 서비스를 비롯해서 얼음이나 차, 기타 숙박관련 서비스를 제공 · 관리한다. 고객응대에 필요한 기본표현은 다음과 같다.

1) 세탁물서비스

❶ "고객님, 세탁물을 맡기시려고 하십니까?"
❷ "여기 세탁용지에 기입해 주십시오."
❸ "내일 밤 9시경에 배달해 드리겠습니다."
❹ "하우스키핑입니다. 세탁물 가지고 왔습니다."

2) 객실서비스

❶ "안녕하세요. 객실 청소하러 왔습니다."
❷ "청소는 몇 시쯤이 좋겠습니까?"
❸ "객실이용에 불편한 점은 없으십니까?"

6. 전화서비스

전화서비스(telephone service)는 통신수단을 이용하여 호텔 내외부, 국제전화 등 고객이 의사를 전달할 수 있도록 하며, 또한 호텔 내외부의 정보를 정확 · 신속하게 처리하는 일을 담당한다. 고객응대에 필요한 기본표현은 다음과 같다.

1) 전화서비스

❶ "교환입니다. 어느 분을 찾으십니까?"
❷ "지금 연결해 드리겠습니다."
❸ "죄송합니다만, 지금은 통화 중입니다."
❹ "잠시 후에 다시 한 번 걸어주십시오."
❺ "죄송합니다만, 전화가 끊어졌습니다."
❻ "객실에서 응답이 없습니다."
❼ "혹시, 전할 말씀이라도 있으십니까?"

2) 국제전화서비스

❶ "안녕하십니까? 국제전화 교환입니다."
❷ "어느 나라로 거시겠습니까?"
❸ "받으실 분 전화번호를 알려주십시오."
❹ "어느 분과 통화하시겠습니까?"
❺ "받으실 분 성함을 알려주시겠습니까?"
❻ "거시는 분 성함은 어떻게 되십니까?"
❼ "요금지불은 발신자(수신자) 지불입니까?"
❽ "연결 중이오니, 잠시만 기다려주십시오."

7. 체크아웃서비스

체크아웃(check out)은 투숙객이 객실 및 식사, 기타 호텔에서 이용한 요금을 지불하고 떠나는 것을 말한다. 개인고객, 단체고객 체크아웃 시 주의사항은 〈표 13-18〉과 같고, 체크아웃 시 고객응대에 필요한 기본표현은 다음과 같다.

표 13-18 개인고객 체크인 시 주의사항

구분	내용
개인고객	- 객실이용 중에 사용한 전체금액이 기재된 folio를 제시한다. - housekeeping, mini bar 등 추가비용이 있는지를 확인한다. - 추가비용 등 요금에 별다른 이상이 없으면 최종 수납한다.
단체고객	- 통상 단체고객의 객실료와 조식은 여행사에서 일괄 지불한다. - 단, housekeeping, mini bar 등 추가비용은 본인이 부담한다.
공통사항	- 12시 이후 체크아웃 시 later charge 적용 여부를 확인한다. - 지불조건을 확인하고, 수표접수 시는 정확하게 사인을 받는다. - 신용카드로 결제할 경우는 유효기간, 한도초과 등을 확인한다.

❶ "지금 체크아웃 하십니까? 객실열쇠를 주십시오."

❷ "객실에서 뭔가 서비스를 받으셨습니까?"

❸ "호텔비용은 어떤 식으로 계산하시겠습니까?"

❹ "호텔비용은 크레디트카드(현금 등)로 하십니까?"

❺ "여기 영수증입니다. 이용해 주셔서 감사드립니다."

제4절 식음료서비스

1. 접객서비스

레스토랑은 우선 요리 솜씨가 좋아야 하지만, 이러한 조건 외에도 고객을 대하는 친절함이나 분위기가 좋지 않으면 고객이 찾아오지 않는다. 즉 분위기와 함께 친절이나 수준 높은 서비스를 반드시 갖추고 있어야 하는 것이다.

특히 식음료 서비스(F&B : Food & Beverage service)는 호텔 내의 레스토랑, 커피숍, 바, 연회장 등에서 이루어진다. 고객응대에 필요한 기본표현은 다음과 같다.

1) 좌석안내

❶ "어서 오십시오. 모두 몇 분이십니까?"
❷ "특별히 원하시는 자리가 있으신가요?"
❸ "창가 쪽으로 안내해 드리겠습니다."
❹ "그쪽은 예약석으로 되어 있습니다."
❺ "다른 테이블로 안내해 드리겠습니다."
❻ "손님, 이 테이블은 어떠신가요?"
❼ "공교롭게도 지금은 자리가 없습니다."
❽ "지금 만석이오니, 잠시 기다려주십시오."
❾ "카운터석과 테이블석이 있습니다만…"
❿ "죄송하지만, 줄을 서서 기다려주십시오."

2) 오더테이크 요령

❶ 항상 메모지와 볼펜을 준비하고, 고객과의 거리는 30~50cm 위치에서 받는다.
❷ 오늘의 daily special menu를 사전에 숙지하고, 고객에게 추천해 드린다.
❸ 계절별 신상품 메뉴를 추천해 드리고, 단골고객은 고객의 취향에 맞춘다.
❹ 고객이 주문한 요리가 안 될 때는 사과 후, 즉시 대체메뉴를 추천해 드린다.
❺ 대체메뉴는 가격과 요리가 비슷한 것으로 1~2개 정도 추천해 드린다.
❻ 주문이 끝난 후, 메모지에 적은 것을 고객에게 재확인시킨다.

오더테이크의 기본

오더테이크 기본	- 고객의 왼쪽에 서서 주문을 받는다. - 주문은 여성고객, 남성고객, hostess, host 순으로 받는다. - 고객이 많을 때는 host한테 일괄로 주문받는 경우도 있다. - 주문 후에는 "주문해 주셔서 감사합니다"라고 인사를 한다.

3) 오더테이크

1. "어서 오십시오. 아침(점심 · 저녁 등)메뉴입니다."
2. "고객님, 주문은 결정하셨습니까?"
3. "요리는 무엇을 드시겠습니까?"
4. "스테이크는 어느 정도 구워드릴까요?"
5. "마실 것은 무엇으로 하시겠습니까?"
6. "디저트는 무엇으로 하시겠습니까?"
7. "디저트는 과일 · 주스 · 케이크가 있습니다만…"
8. "잘 알겠습니다. 그 밖에 무엇을 드시겠습니까?"
9. "감사합니다. 잠시만 기다려주십시오."
10. "지금, 주문하신 요리는 20분 정도 소요됩니다."

4) 회계

1. "감사합니다. 지금 계산하시겠습니까?"
2. "고객님, 총 9만 원 나왔습니다."
3. "감사합니다." "10만 원 받았습니다."
4. "현금영수증 필요하십니까?"
5. "영수증과 1만 원 거스름돈입니다."
6. "감사합니다. 다음에 또 들러주십시오."

2. 전화응대서비스

전술한 바와 같이 전화는 고객의 얼굴을 직접 보지 않고 대화하기 때문에 자칫 소홀해지기 쉽다. 게다가 전화는 보이지 않는 서비스로서, 고객과 목소리만으로 대하기 때문에 모든 정성을 기울여 응대해야 한다. 고객응대에 필요한 기본표현은 다음과 같다.

1) 전화예약접수

❶ "감사합니다. ABC레스토랑입니다."
❷ "예약하실 분은 몇 분이십니까?"
❸ "몇 시에 오실 예정이십니까?"
❹ "어떤 요리를 원하십니까?"
❺ "성함과 연락처를 부탁드립니다."
❻ "테이블석과 카운터석이 있습니다만…"

2) 영업시간안내

❶ "영업시간은 아침 7시부터 밤 10시까지입니다."
❷ "아침식사는 7시부터 10시까지 하고 있습니다."

3. 식음료서비스

1) 식음료서비스란?

모든 서비스가 그렇지만, 레스토랑의 모든 행위는 모두 서비스라고 해도 과언이 아닐 것이다. 특히 서비스가 좋고 나쁨이 곧 고객이 레스토랑을 선택하는 기준이 된다. 결국 고객을 감동시키면, 기업은 나날이 번창하게 될 것이다.

식음료서비스(F&B : Food & Beverage service)는 '호텔 내의 ① 레스토랑, ② 커피숍, ③ 바, ④ 연회장 등에서 음식과 음료를 먹고 마실 수 있도록 하기 위한 제반 서비스의 총체라고 할 수 있다. 식음료서비스 부서의 세부 업장은 〈표 13-19〉와 같다.

표 13-19 식음료서비스 부서의 세부 업장

구분	세부업장
food	양식당(이태리 · 프랑스 식당), 일식당, 중식당, 뷔페식당 등
beverage	커피숍, 로비라운지, VIP라운지, 칵테일바, 나이트클럽 등
banquet	연회예약실, 연회조리팀, 연회이벤트팀 등
cook	양식주방, 일식주방, 중식주방, 한식주방, 연회주방 등

F&B Outlet 직원의 직책	
- 식음료업장 지배인(outlet manager)	- 부지배인(assistant manager)
- 조장(captain)	- 헤드웨이터(head waiter)
- 웨이터(waiter)	- 웨이트레스(waitress)
- 버스보이(bus boy)	- 버스걸(bus girl)
- 그리트레스(greetress)	- 바텐더(bartender)
- 캐셔(cashier) 등	

2) 테이블세팅의 종류

테이블세팅(table setting)을 ① 기본 세팅, ② 정식 세팅, ③ 일품요리 세팅, ④ 조식 세팅으로 구분하면, 〈그림 13-1〉, 〈그림 13-2〉, 〈그림 13-3〉, 〈그림 13-4〉와 같다.

그림 13-1 기본 세팅

① dinner knife
② dinner fork
③ butter knife
④ B&B plate
⑤ water goblet
⑥ flower vase
⑦ caster set
⑧ dessert fork
⑨ dessert spoon
⑩ service plate and napkin

그림 13-2 정식 세팅

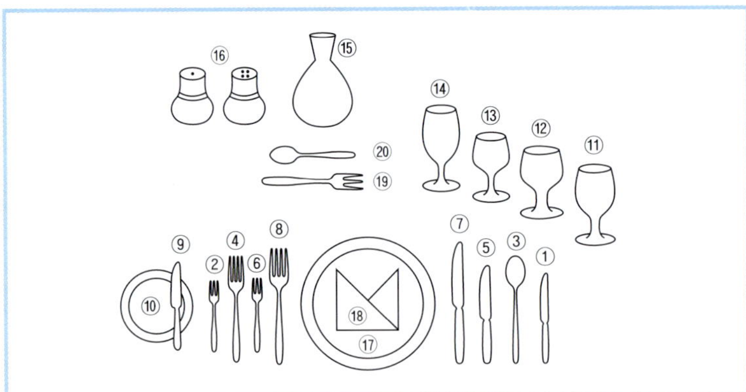

① appetizer knife
② appetizer fork
③ soup spoon
④ fish fork
⑤ fish knife
⑥ salad fork
⑦ meat knife
⑧ meat fork
⑨ butter knife
⑩ B&B plate
⑪ water goblet
⑫ white wine glass
⑬ red wine glass
⑭ champagne glass
⑮ flower vase
⑯ caster set
⑰ service plate
⑱ napkin
⑲ dessert fork
⑳ dessert spoon

그림 13-3 일품요리 세팅

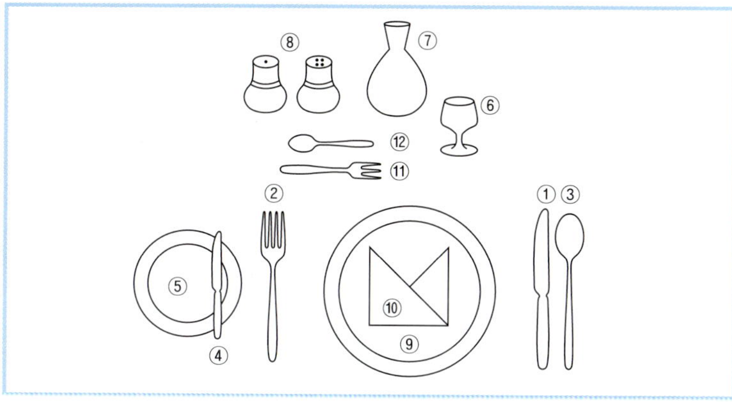

① dinner knife
② dinner fork
③ soup spoon
④ butter knife
⑤ B&B plate
⑥ water goblet
⑦ flower vase
⑧ caster set
⑨ service plate
⑩ napkin
⑪ dessert fork
⑫ dessert spoon

그림 13-4 조식 세팅

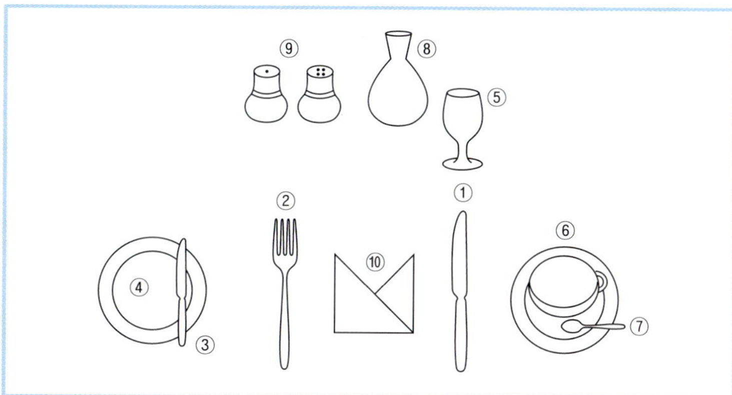

① table knife
② table fork
③ butter knife
④ B&B plate
⑤ water goblet
⑥ coffee cup & saucer
⑦ coffee spoon
⑧ flower vase
⑨ caster set
⑩ napkin

3) 테이블 세팅의 기본

① knife & fork 등의 기물류는 테이블의 가장자리에서 2cm 정도 간격을 둔다.

② dinner knife는 칼날이 안쪽을 향하고, 와인 잔은 물잔의 45° 대각선상에 놓는다.

③ B&B plate는 왼쪽에 놓고, butter knife는 B&B plate의 오른쪽 위에 놓는다.

④ glass는 반드시 stem이나 밑부분을 잡고 세팅한다.

4) 테이블 세팅의 순서

① 식탁과 의자를 점검한 다음, 식탁보(tablecloth)를 편다.

② 식탁의 중앙(centerpiece)에 꽃병 · 소금 · 후추를 놓는다.

③ 쇼 플레이트(show plate)를 놓는다.

④ 디너나이프와 포크(dinner knife & fork)를 놓는다.

⑤ 피시나이프와 포크(fish knife & fork)를 놓는다.

⑥ 수프스푼과 샐러드포크(soup spoon & salad fork)를 놓는다.

⑦ 애피타이저 나이프와 포크(appetizer knife & fork)를 놓는다.

⑧ 빵 접시(bread plate)를 놓는다.

⑨ 버터나이프(butter knife)를 놓는다.

⑩ 디저트스푼과 포크(dessert spoon & fork)를 show plate 위쪽에 놓는다.

⑪ 물잔과 포도주잔(water goblet, white & red wine glass)을 놓는다.

⑫ 냅킨(napkin)을 편다.

⑬ 테이블의 전체적인 조화와 균형이 맞는지를 최종 점검한다.

5) 테이블 세팅 후 양념류 관리

❶ 소금(salt) : 응고 방지용 볶은 쌀을 소량 넣는다.
❷ 후추(pepper) : shaker나 pepper mill로 사용한다.
❸ 연회테이블 시 8명에 caster 1세트씩 세팅한다.
❹ mustard-pot에 담아 사용한다.

6) 우측에서 서브하는 품목

❶ fish, soup, main 요리, 후식 등은 우측에서 제공한다.
❷ cocktail이나 wine 등 모든 음료도 우측에서 제공한다.
❸ 요리 · 음료 제공 시 가급적 소리가 나지 않도록 주의한다.
❹ table cloth를 사용하지 않는 식당에서 음료를 제공할 때는 coaster나 cocktail cloth napkin을 꼭 사용한다.

7) 좌측에서 서브하는 품목

❶ bread, salad 등 고객의 좌측에 제공되는 것은 좌측에서 serve한다.
❷ dressing pass 시 좌측에서 한다.
❸ 치울 때도 우측에서 제공한 것은 우측에서, 좌측에서 제공한 것은 좌측에서 치운다.

8) 식음료 오더테이크

(1) 아메리칸 브렉퍼스트

❶ "안녕하십니까? 어젯밤은 잘 주무셨습니까?"
❷ "커피와 홍차, 어느 것으로 하시겠습니까?"
❸ "계란은 어느 정도 익혀드릴까요?"

❹ “햄이나 베이컨을 곁들일까요?”
❺ “마실 것은 무엇으로 준비해 드릴까요?”
❻ “커피(홍차 등)는 언제 갖다 드릴까요?”
❼ “잘 알겠습니다. 지금 곧 가지고 오겠습니다.”

(2) 뷔페스타일 조식

❶ “어서 오십시오. 모두 몇 분이십니까?”
❷ “좌석으로 안내해 드리겠습니다.”
❸ “좌석은 원하시는 곳에 앉으십시오.”
❹ “요리는 저쪽에 있으니, 직접 갖다 드십시오.”

(3) 식음료서비스

❶ “감사합니다. 주문은 이것이 전부입니까?”
❷ “그 밖에 무엇을 드시겠습니까?”
❸ “오래 기다리셨습니다. 천천히 드십시오.”
❹ “커피는 식사와 함께 드시겠습니까?”
❺ “커피입니다. 크림을 넣어 드릴까요?”
❻ “커피를 조금 더 드시겠습니까?”
❼ “특별히 주문한 치킨 샌드위치입니다.”
❽ “치킨 샌드위치의 맛은 어떻습니까?”
❾ “뭔가 단것을 드시지 않겠습니까?”
❿ “와인이나 맥주 한 잔 하시겠습니까?”
⓫ “베이컨 · 레터스 · 토마토 샌드위치입니다.”

4. 와인서비스

1) 와인이란?

와인(wine)은 '포도의 과실 또는 과즙을 발효시킨 양조주'를 의미한다. 술 중에서 가장 오래되었으며, 기원전 4~3천 년경부터 만들었던 것으로 보고 있다. 원료인 포도의 종류에 따라 제조법과 맛, 빛깔 등이 다르지만, 보통 ① 화이트와인(white wine), ② 레드와인(red wine), ③ 로즈와인(rose wine)으로 나뉜다.

2) 와인의 종류

와인의 종류는 매우 다양하며 ① 맛, ② 용도, ③ 색상, ④ 저장기간, ⑤ 산지별, ⑥ 알코올 첨가유무, ⑦ 탄산가스 유무 등에 따라 분류된다.

(1) 색에 의한 분류

❶ 화이트와인(white wine)

- 청포도와 적포도의 껍질을 제거한 다음 즙을 내서 발효시킨다.
- 생선요리에 적합하며, 온도는 8~10℃에서 서브한다.
  (단, wine cooler가 필요함)

❷ 레드와인(red wine)

- 적포도로 껍질과 같이 크러싱을 하여 발효시킨다.
- 육류요리에 적합하며, 온도는 18℃에서 서브한다.

❸ 로즈와인(rose wine)

핑크색 와인으로 white wine과 red wine을 섞어서 만든다.

3) 와인라벨 읽는 법

❶ 올바른 와인감식은 라벨(label) 읽는 법에서 시작된다.

❷ 라벨은 포도원(chateau)의 명칭이자 와인의 이름이다.

❸ 라벨은 그 지방의 최상급 와인임을 나타내는 말이다.

❹ 라벨은 포도의 수확연도와 원산지 관리증명을 표시한다.

❺ 라벨은 포도의 수확부터 병입까지 포도원에서 관리했다는 표기이다.

4) 와인서비스 방법

❶ 먼저, 고객에게 와인의 라벨(label)을 확인시킨 다음, towel을 술병 밑바닥에 대고, 고객의 왼쪽에서 설명한다.

❷ white wine은 wine cooler에 얼음과 물을 채워, 고객의 식탁 곁에 미리 준비하여 8~10℃(적정온도)를 유지시킨다.

❸ 와인 병을 개봉한 즉시 코르크마개를 열고 소믈리에(sommelier)가 먼저 향을 맡고, 이상이 없다고 생각하면 고객의 우측에 눕혀 놓는다.

❹ wine은 고객의 우측에서 서브하며, wine test는 1/4 정도 따르고, 고객이 사용하도록 한다.

❺ 고객이 여러 명일 때에는 남성, 여성의 순서로 tasting하도록 하고, 와인을 음미하는 방법은 색 → 향 → 맛의 순서로 진행한다.

5) 화이트와인 서브

❶ white wine은 glass의 2/3만 따르고, white wine은 wine cooler를 필히 사용한다.

❷ 고객이 손수 따르기 전에 refill시키도록 하고, wine glass는 밑부분인 stem을 잡도록 한다.

6) 레드와인 서브

❶ red wine은 glass의 3/4까지 따르고, red wine 취급 시 wine의 진동을 억제한다(wine basket 사용).

❷ 와인 서브 시, wine label을 고객이 잘 볼 수 있도록 잡고, 고객이 조금만 마셔도 3/4까지 계속 refill시킨다.

5. 룸서비스

룸서비스(room service)는 고객으로부터 주문이 있을 경우, 객실로 음식이나 각종 음료를 제공하는 것을 말한다. 고객응대에 필요한 기본표현은 다음과 같다.

❶ "안녕하십니까? 룸서비스(room service)입니다."
❷ "달걀요리는 반숙과 완숙 어느 것이 좋으십니까?"
❸ "달걀에 햄이나 베이컨을 곁들여드릴까요?"
❹ "음료는 커피와 홍차, 어느 것으로 하시겠습니까?"
❺ "홍차는 레몬 · 밀크 중 어느 것을 곁들여드릴까요?"
❻ "잘 알겠습니다. 그 밖에 다른 주문은 없으십니까?"
❼ "주문하신 식사는 20분 후에 갖다 드리겠습니다."

F&B Outlet 직원의 직책

- 식음료업장 지배인(outlet manager)
- 조장(captain)
- 웨이터(waiter)
- 버스보이(bus boy)
- 그리트리스(greetress)
- 캐셔(cashier) 등
- 부지배인(assistant manager)
- 헤드웨이터(head waiter)
- 웨이트리스(waitress)
- 버스걸(bus girl)
- 바텐더(bartender)

제 14장 항공서비스

제1절 항공운송사업의 개념

1. 항공운송사업의 정의

항공기는 '항공기 등의 기계를 이용한 비행이나 항공산업에 관련되는 활동을 가리키는 용어'이다. 일반적으로 민간항공은 '여객기와 화물기를 사용하여 정기적으로 여객화물을 운송하는 사업'을 말한다.

1919년 파리 국제민간항공조약에서는 항공기를 '공기의 반동에 의해 공중을 부양하는 모든 기기'라고 정의하였다. 우리나라 「항공사업법」에서는 항공기를 '비행기 · 헬리콥터 · 비행선 · 활공기(滑空機), 그 밖에 대통령령으로 정하는 기기(機器)를 말한다'고 규정하고 있다.

또한 미국 연방의 「항공법」에는 항공기를 '현재 알려져 있거나 금후 발명될 기계로써 공중의 항행 및 비행을 위해 사용되는 것' 등으로 정의하고 있다.

항공운송사업은 '타인의 수요에 맞추어 항공기를 사용하여 유상으로 여객 또는 화물을 운송하는 사업'으로 '항공기에 승객 · 화물 · 우편물 등을 탑재하고, 국내외의 공항에서 다른 공항까지 운항하는 것으로 운송시스템에 대한 대가를 받아 경영하는 사업'을 말한다.

항공운송사업은 ① 국제수지의 개선, ② 외국과의 정치 · 경제의 긴밀화, ③ 국위선양이라는 점에서 자국 항공사에 대해 지원 · 육성하고 있다. 특히 항공사는 고객에게 양질의 서비스와 편의를 제공하기 위해 끊임없이 노력하고 있다.

2. 항공운송사업의 특성

항공운송사업은 선박 · 자동차 · 철도 등 다른 교통수단과 마찬가지로 인간에게 지리적 한계를 극복하도록 도와주고 있다. 항공운송사업은 다른 교통기관에 비해 뒤늦게 출발하였지만, 교통기술 혁신에 크게 이바지하고 있다.

1960년대 이후 시속 890km 이상의 제트여객기가 등장하면서 항공운송 시스템의 기술적 진보가 세계경제의 발전과 함께 어우러지면서 급성장하였다. 항공운송사업의 특성은 ① 안전성, ② 고속성, ③ 정시성, ④ 쾌적성, ⑤ 경제성, ⑥ 국제성, ⑦ 간이성, ⑧ 공공성, ⑨ 자본집약성 등을 들 수 있다.

1) 안전성

안전성(安全性)은 무엇보다도 중요하다. 즉 항공운송의 안전에 대한 중요성은 다른 교통기관의 중요성에 비해 월등히 높아 안전성의 확보는 항공운송의 지상명제라 할 수 있다. 지금은 제작기술의 발달로 항공수송의 안전성이 향상되고 있다. 특히 항공유도 시스템의 진전과 공항활주로의 개선 등에 힘입어 이제는 거의 완벽할 정도로 안전성이 보장되고 있다. 따라서 지속적인 항공기의 정기점검과 운항승무원의 수준 높은 서비스와 훈련이 요구된다.

2) 고속성

고속성(高速性)은 다른 교통기관에 비해 압도적으로 우위를 차지하고 있다. 항공기의 고속성은 철도 · 자동차 · 선박 등에 비해 빠른 속도를 지니고 있어 속도 면에서는 압도적이다. 항공수송의 고속성의 발휘는 인간에게 시간가치의 중요성을 재인식시켰고, 시간과 거리에 대한 관념을 바꾸어 놓았다. 비행시간의 단축은 국외여행의 활성화와 여행의 대중화에 일익을 담당하였고, 국제교류의 증진에도 크게 기여하였다.

3) 정시성

정시성(定時性)은 자연 · 기후 · 기류 등의 영향을 받으므로 사실상 정시성을 확보하려면 다른 교통수단에 비해 많은 노력 · 비용 · 기술이 요구된다. 정시성의 평가기준은 공시된 운항시간표(time table)이다. 시간표대로 운항되지 않을 경우 신뢰성을 잃게 된다. 종종 공항의 혼잡으로 인해 정시성의 확보가 어려울 때도 있지만, 정부와 항공사의 공항시설 확충, 정비능력의 제고, 수송 빈도의 향상을 통해서 항공기의 정시운항률을 높이고 있다.

4) 쾌적성

승객이 쾌적성(快適性)을 느낄 수 있도록 객실 내의 시설과 기내서비스, 비행상태 등을 완벽하게 구비하는 일은 매우 중요하다. 일반적으로 항공기는 다른 수송수단에 비해 쾌적성의 확보가 어려운 편이다. 즉 항공기는 공중을 비행하는 관계로 쉽게 정지하거나 출발할 수 없고, 제한된 공간 내에서 장시간 동안 쾌적성을 확보한다는 것은 매우 어려운 일이다. 최근에는 항공기가 제트화 · 대형화되면서 객실 내 소음도 줄어들고, 시간도 단축되어 쾌적성이 많이 향상되었다.

5) 경제성

항공운임이 다른 교통수단과 비교해서 비싼가, 저렴한가가 중요한 요소가 된다. 운임의 경쟁력이 곧 항공운송업에 있어 중요한 경제성(經濟性)이다. 일반적으로 항공운임은 고가(高價)이기 때문에 고객에게는 부담이 된다. 그러나 항공운임은 오랜 기간 동안 항공산업의 부단한 노력으로 원가요인을 하락시켜 왔다. 특히 물가의 상승과 화폐가치의 하락으로 비교적 경쟁력 있는 수준에까지 이르렀는데, 이는 현대생활에 있어 시간의 가치가 점점 높게 평가되면서 더욱 확대되어 가는 추세이다.

6) 국제성

항공운송은 국가 간 항공협정과 그 협정에 지정된 항공사 간의 상무협정이 필요하며 취항도시 · 운항횟수 · 공급좌석 등에 대한 규제를 받는다. 그리고 전 세계 항공사의 업무는 통일된 업무를 필요로 하는 부분이 있어, 이에 대한 동일한 항공요금, 서비스의 내용, 편의장비의 설비, 감항기준(항공기의 성능, 강도, 구조의 특성, 장비의존도 등에 대한 기준을 설정하여 이를 지키도록 함) 등에 대한 규제권고, 절차 등의 업무를 ICAO(International Civil Aviation Organization : 국제민간항공기구)나 IATA(International Air Transport Association : 국제항공운송협회) 등에서 수행하고 있다.

7) 간이성 · 공공성 · 자본집약성

항공운송사업은 도로나 궤도건설을 필요로 하지 않는 간이성(簡易性)의 특성을 가진다. 또한 사전에 항공운송조건을 공시하고, 고객의 차별금지와 영업지속의 의무가 부여된다는 측면에서 공공성(公共性)의 특성을 가진다.

그리고 사업 초기에 여러 대의 항공기를 구입해야 하므로 막대한 자본력을 필요로 하는 자본집약성(資本集約性)의 특성을 가지고 있다. 이로 인해 한 국가의 항공산업은 그 나라의 경제력을 대표한다고 할 수 있다. 항공운송사업의 특성을 정리하면 〈표 14-1〉과 같다.

표 14-1 항공운송사업의 특성

특성	내용
안전성	항공운송의 안전에 대한 중요성은 다른 교통기관의 중요성에 비해 월등히 높아 안전성의 확보는 항공운송의 지상명제라 할 수 있다.
고속성	항공기가 다른 교통기관에 비해 압도적인 우위를 차지하는 것으로 고속성을 꼽을 수 있다.
정시성	정시성은 자연·기후·기류 등의 영향을 받는다. 사실상 정시성을 확보하는 것이 다른 교통수단에 비해 많은 노력과 비용, 기술이 요구된다.
쾌적성	승객이 쾌적성을 느낄 수 있도록 객실 내의 시설이나 기내서비스, 비행상태 등을 완벽하게 구비하는 것은 매우 중요하다.
경제성	항공운임의 경쟁력이 곧 항공운송에 있어 중요한 경제성이다. 일반적으로 항공운임은 고가(高價)로 고객에게는 부담이 된다.
국제성	국제선의 경우 국가 간 항공협정과 그 협정에 지정된 항공사 간의 상무 협정이 필요하며, 취항도시·운항횟수·공급좌석 등에 대한 규제를 받는다.
간이성	항공운송업은 도로나 궤도건설을 필요로 하지 않는 간이성의 특성을 가진다.
공공성	사전에 항공운송조건을 공시하고, 고객의 차별금지와 영업지속의 의무가 부여된다는 측면에서 공공성의 특성을 가진다.
자본집약성	항공운송업은 사업 초기에 여러 대의 항공기를 구입해야 하므로 막대한 자본력이 필요하다.

3. 항공운송사업의 종류

1) 사업형태

항공운송사업의 종류는 운항형태의 정시성 관점에 의하여 ① 정기항공운송사업, ② 부정기항공운송사업의 2종류로 분류된다.

첫째, 정기항공운송사업은 미리 정해진 지점 간을 일정한 일시를 정하여 항공기를 운항하는 운송사업을 말한다. 즉 노선과 일정한 운항일시를 사전에 공표하고, 그에 따른 공표된 시간표에 의해 여객 · 화물 · 우편물을 운송하는 업이다.

둘째, 부정기항공운송사업은 정기항공운송과는 달리 원치적으로 노선이나 스케줄을 제한하지 않고 운송수요에 응하며, 어디에나 운항하는 운송사업을 말한다.

2) 운송객체

운송객체는 ① 여객항공운송업, ② 항공화물운송업, ③ 항공우편운송업의 3종류로 분류한다.

첫째, 여객항공운송업은 출발공항에서 목적지 공항까지의 운송을 원칙으로 하며, 탑승 제한자를 제외한 불특정 다수를 대상으로 하여 유상으로 운송하는 사업을 말한다.

둘째, 항공화물운송업은 편도수송 · 반복수송 · 지상조업 등 시설이 필요한 사업으로 일반적으로 일방교통이며, 산업중심지에서부터 화물이 발생하여 수송의 흐름이 불균형하다.

셋째, 항공우편운송업의 주목적은 신속성을 비롯해서 안전성 · 정확성에 있다. 특성으로는 통신비밀 준수, 우편물의 최우선적 운송, 정시성의 확보, 우편이용자와 항공사 간 운송계약상의 의무관계 등이 중요하다.

3) 운송지역

운송지역은 ① 국내항공운송과 ② 국제항공운송으로 구분할 수 있다. 첫째, 국내항공운송은 대한항공 · 아시아나항공 · 제주항공 · 부산항공 등이 경쟁 중이며, 둘째, 국제항공운송은 한국을 출발, 도착 또는 경유하는 국제선 취항 항공사 간에 치열한 경쟁을 하고 있다.

항공운송업은 ① 사업운송, ② 운송객체, ③ 운송지역으로 대별할 수 있다. 항공운송업을 분류하면 〈표 14-2〉와 같다.

표 14-2 항공운송업의 분류

분류	세분류	내용
사업형태	정기항공운송	노선과 일정한 운항일시를 사전에 공표하고, 그에 따라 공표된 시간표에 의해 여객 · 화물 · 우편물을 운송하는 업이다.
	부정기항공운송	일정한 노선 없이 일시를 정해 운송수요에 응하여 어디에나 운항하는 운송업이다.
운송객체	여객항공운송업	출발공항에서 목적지 공항까지 운송을 원칙으로 하며, 탑승 제한자를 제외한 불특정 다수를 대상으로 하여 유상으로 운송한다.
	항공화물운송업	편도수송 · 반복수송 · 지상조업 등 시설이 필요하며, 수송의 흐름이 불균형적이다.
	항공우편운송업	우편이용자와 항공사 간 운송계약상의 의무관계 등이 중요하다.
운송지역	국내항공운송	대한항공 · 아시아나항공 · 제주항공 · 부산항공 등이 있다.
	국제항공운송	우리나라를 출발 · 도착 · 경유하는 항공사 간에 경쟁을 하고 있다.

4. 항공운송사업의 역할

1) 교통수단의 제공

항공운송사업은 선박 · 자동차 · 철도 등 다른 교통수단과 마찬가지로 인간에게 지리적 한계를 극복하도록 도와주고 있다. 특히 항공운송사업은 다른 교통기관에 비해 뒤늦게 출발한 산업임에도 불구하고, 교통기술혁신에 크게 이바지하고 있으며, 그 내용을 살펴보면 다음과 같다.

첫째, 항공운송은 초고속과 장거리 교통능력을 획기적으로 개발해 실용화시켰다. 종래에는 생각지도 못했던 산악지대, 사막지대, 남 · 북극 등에 대한 수송과 장시간을 필요로 하는 해상운송을 대신하게 되어 능률이 극대화되었다.

둘째, 항공운송으로 인하여 우편물 · 속달화물 · 통신분야의 획기적인 발전을 이룩하였고, 이로 인한 부수적 산물로 화폐 · 수표 · 주식 등 자본의 회전을 용이하게 하였다.

셋째, 모든 교통수단을 연결하여 복합 일괄수송 및 종합물류의 방향으로 운송업이 발전할 수 있는 기초를 제공하여 운송의 신속화와 효율화를 촉진하였다.

넷째, 항공기술산업의 발전은 다른 교통기관의 발달과 서비스의 개선을 촉진하게 되었다. 또한 항공산업은 모든 교통산업과의 경쟁적 · 보완적 역할을 수행하여 철도 · 버스 · 해운산업의 근대화를 촉진하였다.

2) 관광촉진의 수단

관광이란 '사람이 일상생활을 떠나 다시 돌아올 예정으로 타국이나 타 지역의 문물 · 제도를 시찰하고 풍경 등을 감상 · 유람할 목적으로 여행하는 것'이라고 정의할 수 있다.

이러한 관광의 정의에서 첫째 요건은 이동(transportation)이라고 할 수 있다. 이동의 편리성이 매우 중요한 요소가 된다. 즉 이동에 필요한 경비 · 시간 · 편의성 등에 따라 관광의 양과 질이 달라질 수 있다.

우리나라의 경우 국제선 관광객의 96~98%가 항공편을 이용하는 실정이다. 세계적으로도 최소 50%를 상회하고 있어 항공수송에 의존하는 비율이 증가하는 추세이다. 현재는 다양한 항공노선에 외국의 항공기가 참여하여 보다 편리한 공항시설을 이용할 수 있게 되었다.

향후 관광객이 지속적으로 증가할 것으로 예측하고 있으며, 세계 각국의 항공기가 한국을 취항할 수 있도록 항공개방정책을 실시하고 있다. 또한 인천국제공항을 중심으로 기존의 공항도 꾸준히 정비하고 있다.

3) 항공운송사업과 경제

항공운송사업은 그 자체로는 단순한 인간 · 재화 · 용역 등의 이동을 주목적으로 하고 있지만, 기본적인 목적 달성과 연관해서 고용증대, 국민소득 향상, 무역 확대, 통신 및 공업기술의 발전에 크게 기여하고 있다. 그 내용을 살펴보면 다음과 같다.

첫째, 항공운송사업의 발달로 인간의 손이 미치지 못했던 곳에 항공운송을 함으로써 미개발지역 및 낙후지역에 대한 개발을 촉진하여, 자원개발 및 생산수단의 이용 합리화 등 인적 · 물적 교류를 증대시키고 있다.

둘째, 항공운송사업은 노동력과 기술을 용이하게 이전할 수 있도록 돕고 이에 따른 자본의 이동을 촉진시킴으로써 세계 단일경제권의 형성을 가속화시키고, 다국적 기업의 발달을 주도하게 되었다.

셋째, 해상교통수단에 의해 비로소 가능해진 국제적 분업과 국제적 산업의 기초가 이제 항공운송사업에 의해 지역적 거리를 최단축화함으로써 국제분업과 교류를 촉진시켰다. 또한 국제적 생산물의 결합과 분배를 더욱 확대시킴으로써 시장 확대 및 창출의 역할을 수행하게 되었다.

넷째, 항공운송사업의 발달로 항공기는 수송목적 이외에 다양한 용도로 사용하게 되었다. 즉 씨앗 · 소독약 살포 · 산림조사 · 산불예방 및 진화 · 어군탐지 · 광맥조사 · 교통안내 · 지도제작 등이 대표적인 사례이다.

다섯째, 항공기의 제작기술은 항공기공업 · 부품공업 · 합금공업 · 전자 및 통신공업 등의 개발을 통해 이루어졌고, 이 공업기술은 각각 관련산업의 발달에 크게 기여하였다.

4) 사회 · 문화적 역할

항공운송의 준비단계에서 우리는 항공운송을 통한 거리와 시간, 즉 공간의 단축이라는 편익만을 생각했으나, 항공운송산업이 발전을 거듭하면서 당초의 수송수단 역할에서 경제수단의 역할과 함께 사회 · 문화 · 정치 · 종교에 이르기까지 인간의 생활에 큰 영향을 주었다.

한 나라의 문화는 통신수단뿐만 아니라 항공운송 수단에 의해서 여러 나라에 빠르게 직접 전파할 수 있게 되었다. 이에 세계 모든 국가가 머리를 맞대고 문제를 논의할 수 있게 된 것이다. 이러한 국제화 · 정보화의 진전은 앞으로도 더욱 강화될 것이며, 특히 통신과 함께 항공운송사업의 역할도 더욱 증대될 것으로 보인다.

5) 국방과 항공운송산업

한 나라의 항공운송산업은 결국 항공관련 공업기술의 발달에 따른 항공기 제작이나 정비능력과 이를 운용하는 숙련된 조종사 · 항법사 등의 기술인력의 양성을 가져오게 되었다. 이는 곧 유사 시 국가의 여객기와 화물기의 군용전용, 조종사와 정비사 등의 군사목적 투입이 용이해진다는 의미에서 일국의 국토방위에도 중요한 자원이 된다.

모든 국가는 이러한 항공운송산업과 관련된 장비와 인력을 평소 민간항공의 용도에서 비상시의 군사목적 용도로 즉각 대체할 수 있도록 치밀한 계획을 수

립하고 있다.

또한 평상시에도 공항사용료 및 영공통과료의 차별적 부과, 자국 항공사에 대한 지상조업의 우선적 제공, 자국 항공사에 대한 각종 세금면제, 외국 항공사에 대한 판매활동이나 부정기운항의 제한 등 여러 가지 정책을 시행하여 자국 항공사의 생존능력 및 경쟁력 강화와 외국 항공사의 국내시장 잠식 방지를 도모하고 있다.

제2절 항공운항 승무원

1. 항공사직원

항공사직원은 크게 ① 운항승무원(flight crew), ② 지상직원(ground staff)으로 분류한다. 운항승무원은 다시 항공기를 조종하는 ① 조종실승무원(cockpit crew)과 기내에서 서비스를 제공하는 ② 객실승무원(cabin crew)으로 나눈다.

1) 조종실승무원

조종실승무원으로는기장(captain), 부조종사(co-pilot), 항공기관사(flight engineer), 항법사(navigator) 등이 있는데, 최근에는 항공기의 발달로 조종사 2명이 운항하는 경우도 많다.

2) 객실승무원

객실승무원은 승객탑승 시 좌석안내 및 짐 정리를 도와주고, 클래스별로 서비스를 제공하면서, 도착국가의 입국서류 배포 및 작성에 도움을 주고, 기타 기내 안전업무를 담당하는 역할을 한다.

또한 '승객을 목적지까지 안전하고 쾌적하게 여행하도록 기내 보안을 책임지며, 각종 서비스를 제공하는 사람'을 말한다. 여성은 ① 스튜어디스, 남성은 ② 스튜어드라고 하며, 통칭하여 ③ 캐빈어탠던트(CA : Cabin Attandent)라고 한다.

3) 지상직원

지상직원(ground staff)은 공항에서 승객서비스를 담당하는 ① 공항여객 서비스직원, 도심의 사무실에서 영업, 마케팅, 예약, 관리, 인사업무 등을 담당하는 ② 다운타운 사무실 직원으로 나눌 수 있다.

(1) 공항여객 서비스직원

❶ 체크인 카운터의 주요 업무

체크인 카운터(check-in counter)는 승객에게 탑승권을 발행해 주고, 여행 목적지까지 수하물을 탁송해 주는 등 승객의 항공여행에 필요한 서비스를 제공해 준다.

▶ 주요 업무

주요 업무	- 항공티켓(air ticket) 확인 후 탑승권(boarding pass) 발행 - 승객의 여권(passport) 확인 - 여행국가의 비자(visa) 확인 - 승객의 수하물 개수 체크 - 장애인, 거동불편승객, 노약자 등 특별서비스승객 지원 등

❷ 공항라운지의 주요 업무

항공사는 공항에 편의서비스시설을 완비해 1등석(first class), 2등석(business class) 승객을 위하여 공항라운지(air lounge)를 운영하고 있다.

▶ 주요 업무

주요 업무	- 라운지 내의 각종 편의서비스시설 관리 - 음료 및 스낵 등 준비 - 1등석, 2등석 승객의 용무지원 - 출발시간 확인 후 승객에게 탑승안내 등

❸ 탑승게이트의 주요 업무

탑승게이트(boarding gate)에 근무하는 직원은 승객의 탑승권(boarding pass)을 확인하고, 기내 탑승에 필요한 서비스를 제공한다.

▶ 주요 업무

주요 업무	- 탑승안내방송 - 특별서비스 승객을 위한 탑승서비스(boarding service) 제공 - 탑승권(boarding pass) 확인 - 항공기가 정시에 출발할 수 있도록 관계기관 및 기내 승무원과 업무협조 등

❹ 승무원 담당의 주요 업무

승무원 담당(crew coordinator)은 승무원의 스케줄을 조절하는 역할과 승무원의 객실서비스에 필요한 서비스를 제공한다.

주요 업무

주요 업무	- 승무원의 스케줄(schedule) 조절 - 국외체류(lay over) 승무원을 위한 호텔체크 - 공항에서 시내까지 필요한 교통편(transportation) 체크 - 승무원 출입국 시 필요한 서류 확인, 문제발생 시 지원 등

❺ 수하물 담당의 주요 업무

수하물 담당(lost and found)은 승객의 수하물 연착, 분실, 도난, 파손 등의 문제가 발생했을 경우 신속한 서비스를 제공한다.

주요 업무

주요 업무	- 수하물의 연착 시 필요한 서비스 제공 - 수하물의 파손 및 분실 시 필요한 서비스 제공 - 입국장(immigration and customs)에서 필요한 통역서비스 제공 - 세관(custom) 직원과 승객의 원활한 입국을 위한 업무협조 등

❻ 정비부서의 주요 업무

정비부서는 항공기의 안전운항을 위한 기본정비, 기내편의시설 정비 및 보수 등을 담당한다.

주요 업무

주요 업무	- 항공기의 엔진 점검 및 보수 - 기내 편의시설물 점검 및 보수 - 항공운항에 필요한 모든 기계 점검 및 보수 - 안전운항을 위한 조종사와의 긴밀한 협조 등

⑦ 카고직원의 주요 업무

카고(cargo) 직원은 항공화물을 담당하는 자로서, 화물을 빠르고 안전하게 수송하기 위한 제반서비스를 제공한다.

주요 업무

주요 업무	- 일반항공화물 서비스 제공 - 특수화물(위험물, 동물, 부패성 화물 등) 서비스 제공 - 화물운송 문제발생 시 부대서비스(tracking) 제공 등

⑧ 관제관의 주요 업무

관제관은 IATA 규칙과 규정에 따라 사고를 예방하고, 최소화시키기 위해 항공기의 비행을 통제 · 조정한다. 특히 관제관은 조종사에게 이착륙 허가를 내린다.

⑨ 기타 주요 업무

이외에도 공항에는 항공기 기내식을 담당하는 케이터링서비스(catering service), 항공기 내부를 정리 · 정돈하는 그루밍서비스(grooming service), 안전서비스(securty service), 램프서비스(ramp service) 등의 많은 서비스 부서가 있다.

2. 항공예약직원의 주요 업무

예약직원(reservation staff)은 승객이 원하는 날짜, 시간에 항공여행 일정을 예약서비스해 준다.

주요 업무

주요 업무	- 항공여정 예약 - 목적지의 기후, 시간, 비행시간 등의 항공여행 정보제공 - 채식주의자(vegetarian) 등을 위한 특별기내식 예약 등 - 항공사직원의 도움이 필요한 장애인승객 등의 특별승객에 대한 서비스 예약

3. 항공발권직원의 주요 업무

발권직원(ticketing staff)은 항공예약을 마친 승객이 원하는 시점에 티켓을 발권하는 업무를 담당한다.

주요 업무

주요 업무	- 항공티켓의 발권 - 승객의 항공여행일정에 대한 항공요금 산출 - 마일리지 프로그램(mileage program)에 의한 무료항공권(free ticket) 발권 - 환불(refund), PTA(Prepaid Ticket Advice) 서비스, 승객이 희망하는 최종목적지 정보제공 등

4. 영업 · 마케팅부서의 주요 업무

영업 및 마케팅(sales and marketing)에는 ① 여행사대상 영업(travel agency sales), ② 기업대상 영업(corporate sales), ③ 정부대상 영업(government sales)이 있다.

주요 업무

주요 업무	- 항공좌석 판매, 대리점 및 여행사 관리 - 경쟁 항공사의 영업전략 분석 및 대응 - 항공요금 분석 및 대응, 계절별 특별요금 관리 등

5. 인사부서의 주요 업무

인사부서(human resource)는 직원의 업무능력 평가, 인력충원 등을 담당한다.

주요 업무

주요 업무	- 신입 · 경력직원 충원, 직원의 업무능력 평가 - 회사의 대 · 소행사 준비 및 진행 - 대외공문서 작성 및 전송, 직원의 무료항공권 접수 등

6. 관리부서의 주요 업무

관리부서(ticket administration)는 항공티켓을 관리한다.

▶ 주요 업무

주요 업무	- 항공 및 시내 카운터에서 발권되는 자사의 항공권 관리 - 여행사에서 발권되는 항공티켓 관리 - BSP(Bank Settlement Plan) 항공티켓 관리 - IATA(International Air Transport Association) 관련업무 처리 등

7. 기타 부서의 주요 업무

기타 ① 운항관리자(dispatcher)는 항공로의 운항스케줄을 작성하고, FAA의 규정이 집행되는지를 확인한다. ② 보안요원은 수화물을 점검하고, 승객을 전자검사 장치로 체크한다. ③ 보안요원은 개인보안회사의 직원으로서 공항 당국에 고용된 사람을 말한다.

제3절 항공예약서비스업무

1. 항공예약의 기본

항공운송상품은 생산과 소비가 동시에 일어나는 동시성과 재고가 불가능한 소멸성, 그리고 계절에 따라 수급이 달라지는 계절성의 특성을 갖고 있기 때문에 신속한 요금결과와 예약환경을 위한 항공예약 시스템 구축은 항공운항의 준비 · 생산규모의 계획 · 판매촉진 · 안정된 수익창출 등을 가능하게 한다.

항공예약은 항공사의 상품인 좌석을 규모 있게 효율적으로 판매함으로써 항공사의 이익과 여행자의 편의를 도모하는 목적이 있다. 특히 항공좌석 예약은 사전예약 형태로 이루어져 있으며, 이는 항공사에서 생산될 상품의 판매촉진과 생산규모를 계획하는 데 도움을 준다.

항공예약은 전 세계 어느 곳이든지 고객이 원하는 대로 편리하게 여행할 수 있도록 전 세계 항공사의 시간표를 참조하여 항공좌석을 예약해야 한다. 특히 특별식(종교 · 건강 · 취향 등)을 원하는 경우는 출발 2시간 전에 예약을 받아 제공한다.

예약기능은 〈표 14-3〉과 같이 단순한 좌석 확보뿐만 아니라 고객의 욕구와 편익에 따른 호텔 · 렌터카 · 여행정보 · 항공요금 · 도착통지 등의 다양한 서비스를 제공한다.

표 14-3 항공예약의 기본내용

구분	내용
좌석예약	여객의 항공 스케줄을 확인하여 가장 적합한 예약을 해준다. 이때 예약작성(PNR : Passenger Name Record)의 필수사항인 승객의 이름 · 여정 · 전화번호 등이 필요하다.
부가서비스 예약	항공여정 외에도 호텔 · 렌터카 · 특별식 · 좌석요청 · 특수고객 운송 등의 서비스를 신청할 수 있으며, 각국의 비자(visa) · 여권(passport)에 관련된 사항과 항공권(ticket) 관련 정보도 입력한다.
기타 여행정보	기타 항공요금과 각국의 통화 · 환율 · 여행지 안내 등의 여행정보를 제공한다.

2. 비행편 스케줄 확인방법

고객이 목적지까지 가장 편리하게 여행할 수 있도록 조건에 맞는 스케줄을 확인해서 안내해 준다. 비행편 스케줄 확인방법은 〈표 14-4〉와 같이 ① Time Table 이용, ② OAG(Official Airlines Guide) 이용, ③ 항공예약 시스템(CRS : Computer Reservation System, 컴퓨터 예약시스템) 등이 있다.

표 14-4 비행편 스케줄 확인방법

구분	내용
time table 이용	- 시간표(time table)는 항공사별로 계절이나 증편 또는 신규취항 등의 요인에 따라 1~3개월 단위로 수정되어 발행된다. - 시간표에는 비행편의 스케줄을 비롯해서 항공사 고유의 서비스 상품에 대한 개요, 여행 시 필요한 각종 정보, 고객이 탑승 시 알아두어야 할 제반 규정, 항공사 각 지점의 전화번호 등이 수록되어 있다.
OAG 이용	OAG란 미국의 Read Travel Group에서 승객의 항공예약을 위해 전 세계 항공사의 운항스케줄을 포함한 많은 정보를 월 1회, 북미판과 세계판 2종으로 발간하는 항공예약 책자이다.
CRS 이용	- 항공예약 시스템(CRS)은 급증하는 항공사의 수요에 대처하기 위해 개발한 시스템으로서 항공운송업계의 경쟁력을 높이고, 보다 효율적인 예약업무를 수행하기 위한 목적으로 전산화한 제도이다. - 항공예약 시스템을 통해 일일 운항 스케줄, 한 달 운항 스케줄, 예약가능 좌석에 대한 조회가 가능하다.

OAG에 수록된 내용

공항별 최소 연결시간 · 주요 공항의 구조 및 시설물 · 항공업무 용어 · 공항세 및 체크인 시 유의사항 · 수하물 규정 및 무료수하물 허용량 · 항공사 스케줄 · 각국의 통화 및 규정 · 항공사 주소 · 예약 및 발권 사무소 안내 · 기종에 대한 성능 및 좌석도표 안내 · 호텔 및 렌터카 안내 · 상용고객 규정에 대한 안내 · 시차 안내 등이다.

3. 항공예약 절차

항공예약 절차는 〈표 14-5〉와 같이 ① 항공예약의 경로, ② 간접예약, ③ 사전예약 없는 탑승승객 등으로 이루어진다.

표 14-5 항공예약 절차

구분	내용
항공예약의 경로	- 관광객은 여행일정을 작성할 때 여행사나 항공사의 정보를 제공받아 여행계획을 수립하고, 항공좌석을 확보하기 위하여 예약을 하게 된다. - 관광객이 이용하는 항공예약은 해당 항공사 또는 지점을 방문하거나 전화·FAX·인터넷 등을 통한 직접예약과 여행사나 다른 항공사를 통한 간접예약 경로가 있다.
간접예약	항공사의 예약전산 시스템은 여행대리점에 단말기를 직접 설치 운영하고 있으며, 다른 항공사와도 시스템 간 상호 전문교환이 실시간으로 이루어지고 있다. 또한 스케줄 및 좌석재고, 데이터도 PC통신을 통해 확인 가능하다.
사전예약 없는 탑승승객	항공권을 가지고 있다면 사전예약 없이도 출발 전에 공석(空席)이 있을 경우 탑승이 가능하지만, 예약하지 않은 승객은 탑승 가능 여부가 불확실하고, 항공사의 여러 가지 서비스를 제공받기가 어렵다.

4. 항공예약 시 필요사항

항공예약 시 필요사항은 〈표 14-6〉과 같이 ① 항공사 측에서 필요한 사항과 ② 승객 측에서 요구하는 사항 등이 있다.

표 14-6 항공예약 시 필요사항

구분	내용
항공사 측	항공사에서 필요한 사항은 성명(여권에 표기된 이름), 여정(여행구간 · 날짜 · 비행편 · 서비스 등급), 전화번호 등이다.
승객 측	승객 측에서 요구하는 사항은 특별음식(일반 기내식이 아닌 유아 및 소아 · 당뇨환자 · 채식주의 · 종교식 등), 선호좌석(창가석 · 통로석 · 아기바구니 등), 기타 사항(공항에서의 안내요청 · 도착통지 등) 등이다.

5. 항공예약 등급

항공예약 등급은 〈표 14-7〉과 같이 ① 탑승등급, ② 예약등급이 있다.

표 14-7 항공예약 등급

구분	내용
탑승등급	실제 항공편에서 설치 운영되는 좌석등급에는 일등석(first class) · 비즈니스석(business class)이 있고, 대한항공의 경우는 프레스티지석(prestige class) · 일반석(economy class) 등이 있다.
예약등급	기내에서 동일한 등급(class)을 이용하는 승객이라 할지라도 상대적으로 높은 운임을 지급한 승객에게 수요발생 시점에 관계없이 예약 시에 우선권을 부여함으로써 항공사의 수입을 극대화하고, 높은 운임의 승객을 보호하려는 취지에서 예약등급을 세분화하여 운영하고 있다.

6. 항공예약 시 유의사항

항공예약 시 유의사항은 〈표 14-8〉과 같이 ① 관광일정의 연속성 유지, ② 매표구입 시한 준수, ③ 예약 재확인, ④ 최소 연결시간 확인 등을 들 수 있다.

표 14-8 항공예약 시 유의사항

구분	내용
관광일정의 연속성 유지	항공기 도착지점과 다음 관광일정의 항공기 출발지점은 일치해야 하며, 관광일정의 연속성을 유지해야 한다.
매표구입 시한 준수	항공권을 구입하기로 약속된 시점까지 구입하지 않는 경우 예약이 취소될 수 있으므로 매표구입 시한을 반드시 준수해야 한다.
예약 재확인	여행 도중 어느 지점에서 72시간 이상 체류할 경우, 항공편 출발 72시간 전까지 계속편, 또는 복편 예약을 탑승 예정 항공사에 재확인해야 한다. 만약, 재확인을 하지 않을 경우는 예약이 취소될 수도 있다.
최소 연결시간 확인	승객의 여행일정에 항공연결편이 있을 때 연결지점에 도착하여 다음 연결편으로 갈아타는 데 소요되는 최소 연결시간을 확인해야 한다.

7. 항공권의 종류

항공권(airline ticket)은 '여객 및 수하물의 운송을 위하여 운송인이 발행하는 여객표(ticket) 및 수하물표'를 말한다. 즉 항공사와 여행자 간에 이루어진 계약 내용을 표시한 증서로서 여행자의 여정과 운임, 항공사의 운송약관과 기타 약정에 의해 여행자 운송이 이루어짐을 표시하고 있다.

항공권의 종류로는 ① 수기항공권, ② 전산항공권, ③ ATB 항공권, ④ BSP

항공권, ⑤ e-Ticket 등이 있었으나, 현재는 ⑤의 e-Ticket만 사용하고 있다.

1) e-Ticket

e-Ticket은 항공사 컴퓨터 시스템 내에 저장되는 항공권을 말한다. 실물항공권(paper ticket)을 대신하여 ITR(Itinerary & Receipt, 여정/운임 안내서)이란 것이 교부되며, 교부방법은 e-mail 발송 · FAX 송부 · 웹 다운로드 · 직접전달(인쇄) 등 다양한 방법이 있다.

ITR(여정/운임 안내서)은 여행을 종료할 때까지 소지하게 되어 있다. 분실 시에도 프린트하여 사용할 수 있으므로 분실처리가 용이하다. e-Ticket을 발급받은 승객에게는 e-Ticket과 함께 법적 고지문(legal notice)을 반드시 교부해야 한다.

8. 항공예약 기본지식

항공서비스의 일환으로 항공에 대한 정보검색과 예약을 담당하는 컴퓨터 예약시스템의 도입으로 고객에게 더 빠르게 편리한 여행을 제공하고 있다. 고객의 욕구가 다양해지고 강화될수록 컴퓨터 예약시스템의 성능도 향상되어 그 역할을 극대화하는 데 전력을 다해왔다.

CRS(Computer Reservation System, 컴퓨터 예약시스템)는 미국 아메리칸항공에서 1964년에 개발한 세이버(SABRE)가 그 시초이다. 당시에는 항공업무 자동화를 위해 개발한 전산예약 시스템이었다.

특히 CRS는 단순히 좌석확보 차원뿐만 아니라 좌석의 등급 · 위치 · 요금 · 식사 · 수화물 · 어린이 · 장애인 · 환자 등 고객에게 편익을 제공하는 서비스 수단으로, 주요 기능은 항공권 예약 및 발권이며, 부가기능은 호텔 · 크루즈 ·

렌터카 등의 예약과 관광지에 대한 정보를 제공한다. 대표적인 항공예약 시스템에는 ① TOPAS(TOPAS SellConnect), ② ABACUS(ABACUS SABRE), ③ GALILEO 등이 있다.

1) TOPAS(TOPAS SellConnect)

토파스(TOPAS)는 대한항공에서 개발한 국내 최초의 항공예약 시스템으로 국내 CRS 시장의 70%를 점유하고 있다. 1975년 KALCOS라는 이름으로 한국시장에 최초의 CRS 시스템을 적용한 이래 여행사 Back office 시스템 Web 기반의 여행사용 예약발권 프로그램(TOPASRO), 온라인 항공예약 시스템(CYBERPLUS)을 국내 최초로 선보이며, 한국 여행시장의 선진화에 기여했다.

특히 TOPAS는 대한항공과 세계 최대의 항공, 여행관련 IT기업인 Amadeus가 공동 출자하여 설립한 종합여행정보 시스템이고, 591개사의 여행사와 66개사의 항공사에 가입되어 있다. 주요 기능은 항공좌석의 예약 및 발권, 호텔과 렌터카 예약, 한글 여행정보 등 다양한 서비스를 제공한다.

한편, 2014년도에 새롭게 개발된 토파스 셀커넥트(TOPAS SellConnect)는 기존의 TOPASRO2에 다양한 부가기능 아이템들이 추가되었다. TOPAS와 Global GDS인 Amadeus가 공동 개발하여 항공, 호텔, 크루즈, 렌터카, 철도, 여행보험 등 모든 여행 콘텐츠가 플러스되어 제공된다.

TOPAS는 선진 GDS의 솔루션(Solution)과 기능이 한국시장에 최적화된 새로운 버전(Version)의 TOPASRO Plus를 개발하여 상품화하였으며, 기존의 TOPASRO2에 새로운 예약발권 기능 및 부가적인 정보를 제공한다.

2) ABACUS(ABACUS SABRE)

애바카스(ABACUS)는 500여 개 항공사 예약 및 70여 개 항공사가 ET 가능 220여 개 호텔체인과 77,000여 개 호텔가입 항공사 · 호텔 · 크루즈 · 렌터카 정보조회 및 실시간 예약과 사전좌석 예약이 가능하고, BSP 국제선 자동발권 및 아시아나 국내선 E-Ticket 발권기능을 제공하는 프로그램이다.

특히 애바카스는 세계 최초의 CRS인 세이버를 데이터베이스로 하고 있기 때문에 국내외 항공사뿐만 아니라 다수의 여행사 · 호텔 · 렌터카 · 크루즈회사에서 사용되고 있다.

최근에 개발된 애바카스 세이버(ABACUS SABRE)는 항공예약 및 발권 시스템 · 호텔 · 렌터카 예약 등 여행사의 전자업무를 처리하는 프로그램을 운영하고 있다.

3) GALILEO

갈릴레오(GALILEO)는 전 세계 116개국 47,000개 여행사 91,000개 이상의 터미널(terminal)에 항공예약 발권업무 및 호텔 · 렌터카 · 크루즈 등 각종 여행 부대 서비스를 제공하고 있으며, 전체 CRS 시장의 30%를 차지하고 있는 대표적인 GDS(Global Distribution System)이다.

특히 갈릴레오는 683개의 항공사와 52,000개의 호텔, 27개의 렌터카 회사, 431개의 크루즈 라인과 Tour Operator들이 참여하고 있는 방대한 예약 시스템이다.

제4절 항공예약 · 탑승서비스

1. 예약응대서비스

1) 전화예약 응대

❶ "감사합니다. ABC항공 예약과 ○○○입니다."
❷ "고객님, 언제, 어디로 가십니까?"
❸ "최종 목적지는 어디입니까?"
❹ "좌석은 어떤 등급을 원하십니까?"
❺ "모두 몇 분이십니까?"
❻ "항공권은 가지고 계십니까?"
❼ "성함과 전화번호를 알려주십시오."
❽ "성명은 여권 · 항공권과 동일해야 합니다."
❾ "특별히 요청하실 사항은 없으십니까?"
❿ "○○○ 고객님, 예약이 됐습니다."
⓫ "감사합니다. 즐거운 여행되시기 바랍니다."

2) 예약재확인 응대

❶ "안녕하십니까? ABC항공 예약과 ○○○입니다."
❷ "고객님의 성함과 편명(Flight No)을 말씀해 주십시오."
❸ "출발일자는 언제이십니까?"
❹ "지금 확인해 보겠으니, 잠시만 기다려주십시오."
❺ "오래 기다리셨습니다. ○○행은 재확인되었습니다."
❻ "고객님 연락처와 묵고 계시는 호텔명을 알려주십시오."

3) 발권서비스

❶ "어서 오십시오. 무엇을 도와드릴까요?"
❷ "항공권 구매를 원하십니까?"
❸ "고객님, 예약은 하셨습니까?"
❹ "여권을 보여주시겠습니까?"
❺ "항공권은 편도(왕복)로 하시겠습니까?"
❻ "지불은 어떤 식으로 하시겠습니까?"
❼ "예약자 리스트에 나와 있지 않습니다."

2. 탑승수속서비스

1) 탑승수속

❶ "어서 오십시오. 여권과 항공권을 주시겠습니까?"
❷ "감사합니다. 잠시만 기다려주십시오."
❸ "탁송하실 수하물은 모두 몇 개입니까?"
❹ "귀중품이나 깨지기 쉬운 물건은 없으십니까?"
❺ "수하물을 이쪽으로 올려주십시오."
❻ "오래 기다리셨습니다. 탑승권과 수하물표입니다."
❼ "고객님, ○○시에 ○○ 게이트로 탑승해 주십시오."

2) 좌석지정

❶ "좌석은 창가 쪽과 통로 쪽 어느 쪽이 좋으십니까?"

3) 대기(stand-by)

❶ "죄송합니다만, ○○ 행은 공교롭게도 좌석이 꽉 찼습니다."

❷ "ABC항공 스탠바이 카운터에서 대기자 수속을 해주십시오."

3. 탑승안내서비스

1) 일반적인 탑승안내

❶ "ABC항공에서 안내말씀 드리겠습니다. ABC항공 604편으로 나리타로 출발하시는 손님께서는 1번 탑승구로 탑승해 주시기 바랍니다. 감사합니다."

❷ "ABC항공에서 마지막 탑승안내를 말씀 드리겠습니다. ABC항공 604편, 나리타행을 이용하시는 손님께서는 항공기가 잠시 후에 출발할 예정이오니, 속히 1번 탑승구로 탑승하여 주시기 바랍니다."

❸ "ABC항공에서 손님을 찾습니다. ABC항공 604편으로 나리타로 출발하시는 ○○○님, 속히 1번 탑승구로 탑승하여 주시기 바랍니다."

2) 탑승지연 안내

❶ "ABC항공에서 안내말씀 드리겠습니다. 9시 출발예정이던 604편 나리타행은 태풍 때문에 출발이 지연되고 있습니다. 새로운 탑승시간은 결정되는 대로 즉시 알려드리겠습니다. 불편을 끼쳐드려서 대단히 죄송합니다."

3) 탑승구변경 안내

❶ "ABC항공에서 안내말씀 드리겠습니다. ABC항공 604편 나리타행은 탑승구가 1번에서 4번으로 변경되었습니다. 죄송합니다만, 4번 탑승구로 탑승하여 주시기 바랍니다. 감사합니다."

4) 탑승안내

❶ "ABC항공 604편, 나리타행은 지금부터 탑승을 개시합니다. 좌석번호 1번

부터 20번까지 손님, 탑승구로 나가시기 바랍니다. 감사합니다."

제5절 기내서비스

1. 객실승무원의 기본업무

1) 기본업무

객실승무원은 비행시작 전부터 착륙하는 순간까지 승객의 안전과 편의를 최우선으로 하여 근무를 한다. 비행 전 객실 브리핑에 참석하여 각종 업무지시와 공지사항을 숙지하고, 자신의 용모상태와 필수 휴대품을 점검받는다.

이때 승객에 대한 정보, 도착공항에 대한 사전정보도 팀원들과 공유한다. 그리고 승객보다 먼저 비행기에 탑승하여 ① 비상장비 및 기내시설에 이상은 없는지, ② 의료장비는 갖추었는지, ③ 기내의 청결상태는 양호한지 등을 살핀다. 항공기 객실승무원의 기본업무는 다음과 같다.

❶ 승객이 탑승하기 시작하면, 항공권을 확인한 후 좌석으로 안내한다.

❷ 어린이나 노약자 승객의 짐을 선반에 넣어준다.

❸ 탑승 후에는 승객에게 만일의 사태에 대비한 안전교육을 실시한다.

❹ 구명복, 산소마스크 사용법의 시범을 보이거나 비상구의 위치를 알려준다.

⑤ 모든 승객에게 안전벨트 착용을 알린 후, 착용 여부도 일일이 확인한다.
⑥ 항공기 이륙 후에는 식사와 음료, 헤드폰 등을 제공한다.
⑦ 환자나 기타 도움이 필요한 승객을 보살피고, 다양한 서비스를 제공한다.
⑧ 목적지에 도착하면 승객이 내리는 것을 돕는다.
⑨ 객실상태, 승객이 분실한 물품은 없는지 등을 점검한 후 일지를 작성한다.
⑩ 비상사태가 발생했을 경우, 안내방송을 통해 승객을 안전하게 탈출 시킨다.

2) 기본자세

객실승무원이 기본적으로 갖추어야 할 기본자세는 하루아침에 습득되는 것이 아니다. 평소에 많은 훈련을 통해서 몸에 익혀야 실전업무에서 자연스럽게 활용할 수 있다. 항공기 객실승무원이 갖추어야 할 기본자세는 다음과 같다.

❶ 평소 수준 높은 서비스를 제공하는 데 필요한 업무지식을 충분히 익힌다.
❷ 평소 체력관리에 힘쓰며, 항상 용모를 단정히 하고 업무에 임한다.
❸ 친절한 미소와 따뜻한 마음으로 승객을 대하고 항상 성심껏 응대한다.
❹ 승객의 이야기를 많이 경청하고, 승객의 감정상태를 마음으로 공감한다.
❺ 비행 중에는 동료와 잡담하거나 승객에 대해 이야기하지 않는다.
❻ 승객의 요구나 문의 등에 관심을 보이며, 승객의 영역에 개입하지 않는다.

3) 승객응대 기본요령

기내에는 문화와 언어, 다양한 성격과 연령층의 승객이 탑승을 한다. 이러한 모든 승객의 마음을 헤아려서 응대하는 것은 불가능하지만, 보편적인 승객의 심리를 파악해서 적절하게 서비스를 제공해야 한다. 승객을 응대할 때의 기본요령은 다음과 같다.

❶ 승객의 높은 음성이나 무례한 태도에 대해 차분하게 응대한다.
❷ 불필요한 대화를 줄이고, 승객의 요구를 신속히 처리한다.
❸ 자신의 언행에 주의하며, 승객을 자극하지 않도록 주의한다.
❹ 가급적이면 승객의 감정을 인지하고, 안심시킨다.
❺ 어린이나 노년층, 장애우 승객은 각별하게 배려해 준다.
❻ 음식이나 실내온도 등 예민한 승객에 대해 친절하게 응대한다.
❼ 승객의 요구에 초점을 맞추고, 공정한 태도와 자세를 유지한다.

2. 승객탑승서비스

고객이 탑승하면, 객실승무원은 입구에 서서 친절하게 응대하고, 노약자나 항공기를 처음 이용하는 손님에게는 좌석을 안내해 준다. 승객이 탑승할 때의 응대요령은 다음과 같다.

1) 좌석안내

❶ "어서 오십시오." "15-A 좌석은 이쪽입니다."
❷ "가벼운 짐은 선반 위에 넣어주십시오."
❸ "이 수하물은 의자 밑에 놓아주십시오."
❹ "이 수하물은 제가 따로 보관해 드리겠습니다."

2) 신문 · 잡지 서비스

❶ "특별히 원하시는 신문(잡지)을 말씀해 주십시오."
❷ "○○잡지(신문)는 비치하고 있지 않습니다."
❸ "네, 있습니다." "잠시 후에 갖다 드리겠습니다."

3. 기내방송서비스

항공기가 이륙하기 전에 모든 승객이 안전벨트를 착용했는지를 꼼꼼하게 확인한다. 이륙 전 승객안전업무와 기내방송 서비스는 다음과 같다.

1) 이륙안내

❶ "승객 여러분, 안녕하십니까? 오늘도 ABC항공 604편, 나리타행을 이용해 주셔서 감사합니다."

❷ "곧 항공기가 이륙하오니, 좌석벨트를 착용해 주시기 바랍니다. 감사합니다."

2) 이륙 후

❶ "승객 여러분, 안녕하십니까? 이 비행기는 방금 인천국제공항을 떠나, 나리타 국제공항으로 향합니다."

❷ "기장은 ○○○, 저는 수석 사무장(chief purser) ○○○입니다."

❸ "비행 중 고도는 10,000m, 시속은 1,000km로 비행합니다. 나리타 국제공항까지는 약 2시간 정도 소요됩니다. 즐거운 여행 되시기 바랍니다. 감사합니다."

❹ "항로상의 날씨는 구름이 많아 항공기 요동이 예상됩니다. 현재 일본의 날씨는 맑으며, 기온은 영상 20도입니다. 비행 중 용건이 있으시면, 사양하지 마시고 언제든지 말씀해 주시기 바랍니다. 감사합니다."

4. 기내서비스

일반적으로 기내서비스 순서는 승객탑승 ⇨ 독서물 서비스 ⇨ welcome announcement ⇨ 구명복 및 산소마스크 사용법 시범 ⇨ 이륙준비 이륙 ⇨ earphone service ⇨ 물수건 서비스 ⇨ 음료 서비스 ⇨ 식사 서비스 ⇨ 면세품 판매 ⇨ 영화상영 ⇨ 승객취침 ⇨ 아침식사 서비스 ⇨ 입국서류(E/D card) 배포 ⇨ 착륙준비 ⇨ 착륙 ⇨ 승객 하기 ⇨ 기타 등이다.

1) 기내서비스 방송

❶ "승객 여러분, 나리타까지의 기내서비스에 대하여 안내해 드리겠습니다."
❷ "곧, 음료를 서비스하겠습니다. 그 다음에 식사를 즐겨주십시오."

2) 음료 · 식사서비스

❶ "음료는 오렌지주스, 토마토주스 등이 있습니다만…"
❷ "음료는 무엇으로 하시겠습니까?"
❸ "커피와 홍차, 어느 것으로 하시겠습니까?"
❹ "식사는 소고기와 생선, 어느 것으로 하시겠습니까?"
❺ "알코올음료는 맥주와 와인, 어느 것으로 하시겠습니까?"

3) 각종 서비스

❶ "영화(드라마 등)를 보시겠습니까?"
❷ "이어폰이 필요하십니까?"
❸ "입국카드(세관신고서 등) 양식입니다."

5. 착륙안내서비스

항공기가 착륙하기 전에 모든 승객이 안전벨트를 착용했는지를 꼼꼼하게 확인하고, 사용했던 테이블은 원위치시키고, 등받이는 바로 세우도록 안내한다. 착륙 전 승객안전업무와 기내방송 서비스는 다음과 같다.

❶ "승객 여러분, 15분 뒤에 나리타 국제공항에 착륙합니다. 지금 일본의 시각은 오전 11시입니다. 일본의 날씨는 대체로 맑으며, 기온은 영상 20도입니다."

❷ "승객 여러분, 곧 나리타 국제공항에 착륙합니다. 좌석벨트를 꽉 매어주십시오. 그리고 사용하셨던 테이블과 좌석 등받이를 원위치시켜 주시기 바랍니다."

❸ "오늘도 ABC항공을 이용해 주셔서 감사합니다. 다음에 또, ABC항공을 이용해 주시기 바랍니다. 감사합니다."

참고문헌

• 국내문헌

가나이 히데유키 저. 홍영의 역(2008). 『10초 만에 사로잡는 대화기술』. 마음향기.
가브리엘 돌란 · 야미니 나이두 저. 박미연 역(2018). 『스토리텔링의 힘』. 트로이목마.
고구레 다이치 저. 박선경 역(2018). 『횡설수설하지 않고 정확하게 설명하는 법』. 갈매나무.
고상동 외(2016). 『호텔서비스매너와 실무』. 백산출판사.
기주(2017). 『언어의 온도』. 말글터.
김상일(1990). 『생활서간문』. 금성출판사.
김석준(2002). 『재미있게 말하는 사람이 성공한다』. 책이있는마을.
김성용(2015). 『글로벌서비스경영』. 백산출판사.
김은영(1992). 『이미지 메이킹』. 김영사.
김지웅(2008). 『중국요리입문』. 백산출판사.
다카나시 게이이치로 저. 강성웅 역(2015). 『자신감을 주는 완벽한 대화기술』. 경성라인.
다카히라 아이 저. 박진배 역(2013). 『여성고객의 마음을 움직여라』. 경성라인.
뤄리에원 저. 고예지 역(2006). 『맹자, 처세를 말하다』. 에버리치홀딩스.
문소윤(2016). 『서비스파워』. 백산출판사.
미래서비스아카데미(2006). 『서비스 매너』. 새로미.
박명호 외(2016). 『마케팅원론』. 경문사.
배상복(2017). 『단어가 인격이다』. 위즈덤하우스.
배찬수(2018). 『마케팅원리』. 법문사.
안미현(2003). 『고객의 영혼을 사로잡는 50가지 서비스기법』. 거름.
안은표(2017). 『나의 가치를 높여주는 대화법』. 아시아.
오성숙(2018). 『강의 잘하는 기술』. 위닝북스.
오혁수(2007). 『일본요리』. 백산출판사.
왕사오눙 저. 김형오 역(2007). 『장자, 우화를 말하다』. 에버리치홀딩스.
유홍근(2017). 『문화마케팅 트렌드와 사례분석』. 청담.

이선희(2018). 『스토리텔링의 이해』. 사람들.
이유재(2004). 『서비스마케팅』. 학현사.
이정학(2014). 『서비스마케팅』. 대왕사.
이지은(2018). 『서비스경영론』. 백산출판사.
정비석(2012). 『소설 손자병법③』. 은행나무.
조인환(2011). 『항공사실무론』. 백산출판사.
주우진 외(2017). 『마케팅관리』. 홍문사.
지그 지글러 저. 박상혁 역(2013). 『포기하지 마라 한 번뿐인 인생이다』. 큰나무.
진성희(2018). 『나는 왜 사람들 앞에 서면 말을 못할까?』. 라온아시아.
최기종(2004). 『호텔식음료일본어회화』. 백산출판사.
최기종(2006). 『Tour Conductor』. 형설출판사.
최기종(2006). 『항공공항실무일본어회화』. 백산출판사.
최기종(2006). 『호텔실무일본어회화』. 백산출판사.
최기종(2014). 『매너와 이미지메이킹』. 백산출판사.
최기종(2018). 『관광자원해설』. 백산출판사.
최기종(2019). 『관광학개론』. 백산출판사.
최정규(2018). 『마케팅경영 I 』. 지식과감성.
하종명(2015). 『서비스산업론』. 백산출판사.
한정혜 · 오경화(2003). 『생활매너』. 백산출판사.
호텔신라 서비스 교육센터(1994). 『현대인을 위한 국제매너』. 김영사.
홍연희(2008). 『10초만에 사로잡는 대화기술』. 마음향기.
KB(2003). 『Platinum Life』. vol. 43. June.

• 국외문헌

タミダス別冊付録(1988). 『國際化新時代の外來語 · 略語辭典』. 集英社.
トラベルコンサルダンツ(1987). 『旅行業入門』.
トラベルジャーナル(1982). 『Travel Agent Manual』.
ホテルニューオータニ研修課(1994). 『レストランの実務英会話』. プラザ出版.

井町飛行機研究會編(2004).『飛行機の本』. 日刊工業新聞社.
今井登茂子(2004).『ちょっとした接客サービスのコツ』. オーエス出版社.
佐藤喜子光(1997).『旅行ビジネスの未來』. 東洋經濟新報社.
佐藤喜子光 監修(1998).『旅行業入門』. トラベルコンサルダンツ.
全國旅行業協會(1983).『旅行業務マニュアル』.
前田男(1990).「觀光とイメージ」.『月刊觀光』. 4月号. 日本觀光協會.
原勉 外(1988).『ホテル産業界』. 教育社新書.
土井厚(1982).『旅行業界』. 教育社新書.
外出晴彦・榎島景子(2002).『ポイントからわかるマナー手帳』. 西東社.
實業之日本社編(2000).『深層心理なるほど事典』. (株)實業之日本社.
小林宏(1983).『サービス學』. 産能大.
小池洋一 外(1988).『觀光學概論』. ミネルヴァ書房.
小澤建市(1983).『觀光の經濟學』. 學文社.
小谷達男(1998).『觀光事業論』. 學文社.
山野義方(1988).『航空業界』. 教育社新書.
德久球雄(1999). キーワードで讀む『觀光』. 學文社.
日本イベント協會編(1993).『イベント・イノベンション』. イノベント白書.
日本ホテル研究會編(1985).『ホテル事業の組織と運營』. シタ書店
日本交通公社編(1984).『現代觀光用語事典』. 日本交通公社.
日本交通公社編(1990).『觀光ビズネスの手引キ』. 東洋經濟新報社.
日本觀光協會編(1985).『これからの觀光産業Ⅰ』. 日本觀光協會.
日本觀光協會編(1996).『觀光魅力の創造』. 日本觀光協會.
暮らしの達人研究班(2004).『そんなマナーでは恥をかく』. 河出書房新社.
末武直義(1974).『觀光學入門』. 法律文化社.
末武直義(1984).『觀光事業論』. 法律文化社.
杉岡碩夫 外(1983).『旅行業』. 東洋經濟新報社.
森谷トラベルエンタプライズ編(1974).『旅行經營業戰略』. 森谷トラベルエンタプライズ.

池田誠(1986).『ホテルマンの基礎實務』. シタ書店.
淡野民雄(1991).『ホテルマーケティング讀本』. シタ書店.
清水滋(1990).『サービスの話』. 日本經濟新聞社
渡邊圭太郎(1981).『旅行業マンの世界』. ダイヤモンド社.
現代マナー・フォーラム(1999).『絵でわかるマナー事典』. 西東社.
皆川愼吾(1988).『旅行業界』. 教育社新書.
知的生活研究所(2002).『大人のマナー仕事できる人の便利帳』. 青春文庫.
稻垣勉(1985).『觀光産業の智識』. 日本經濟新聞社.
稻垣勉(1990).『ホテル用語事典』. トラベルジャーナル.
紅山雪夫(1977).『添乘業務』. トラベルエンタープライス.
航空政策硏究會(1995).『現代の航空輸送』. 草書房.
鈴木博(1989).『近代ホテル經營論』. シタ書店.
鈴木忠義(1984).『現代觀光論』. 有裴閣雙書.
長谷川嚴(1989).『最新旅行業通論』. 東京觀光專門學校出版局.
長谷政弘(1997).『觀光學辭典』. 同文館.
長谷政弘(1999).『觀光ビジネス論』. 同文館.
長谷政弘(1999).『觀光マーケティング』. 同文館.
高井薰(1991).『觀光の構造』. 行路社.
高橋書店編集部(1999).『マナーBook』. 高橋書店.
高橋秀雄(1998).『サービス業の戰略的 マーケティング』. 中央經濟社.
鹽田正志(1974).『觀光學硏究』. 日本學術叢書.
鹿取廣人(1999).『心理學』. 東京大學出版會.

Cowell, D.(1984). The marketing of Services. Butterwort-Heinemann Ltd.
Dither(1985). "What is in an Image?" Journal of Consumer Marketing. 2 : 39-52.
Gronroos, C.(1990). Service Management and Marketing : Managing the Moment of Truth in Service Competition. Lexington Books.

Hunt(1975). "Image as a Factor in Tourism Development". Journal of Travel Research. 13(3) : 1–7.

Jane and Etgar(1976). "Measuring Store Image through Multidimensional Scaling of Free Response Data". Journal of Retailing. 52 : 61–70.

Johnson, E. M., E. E. Sheuing, and K. A. Gaida(1986). Profitable Service Marketing. Dow Jones–Liwin, Inc.

Journal of Consumer Research. 11 : 694–696.

Kolter(1988). Marketing Management. 6th ed. N. J. law M: Prentice–Hall.

Lawson and Baud–Body(1977). "Tourism and Recreation Development". Journal of Travel Research. 13(3) : 1–4.

Linquist(1974). "Meaning of Image". Journal of Retailing. 50(Winter).

Stanton, Q. J., M. J. Etzel, and B. J. Waiker(1991). Fundamentals of Marketing, 9th ed. McGraw–Hill Book Company.

저자 소개

錦堂 최 기 종

최종학력

- 세종대학교 일반대학원 관광경영학과 졸업 / 경영학 박사

전문분야

- 국가·지방행정 평가 및 컨설팅 / 국가문화관광정책 심의·의결

문단데뷔

- 월간 문학세계 '시' 등단, 월간 스토리문학 '수필' 등단

주요 경력

- 1992-2011 경복대학교 관광학부 정교수 / 관광교육원 원장
- 2008-2010 대통령직속 지방분권촉진위원회 실무위원
- 2010-2011 국무총리실 정부업무평가위원회 평가위원
- 2010-2013 행정안전부 합동평가위원회 평가위원
- 2011 – (현) 한국산업인력공단 국가자격시험 출제위원
- 2013-2015 안전행정부 합동평가위원회 평가위원
- 2013-2017 행정자치부 지방규제개혁추진단 위원
- 2014-2016 숭실대학교 경영대학원 의료관광학과 겸임교수
- 2015 – (현) 행정안전부 합동평가위원회 지표개발위원
- 2015 – (현) 인사혁신처 국가인재 DB 등록
- 2016-2018 국가보훈처 자체평가위원회 위원
- 2016 – (현) 대구보건대학교 호텔외식산업학부 교수
- 2016 – (현) 한국축제관광연구원 원장
- 2018 – (현) 행정안전부 광역자치단체 행정컨설팅 전문위원
- 2018 – (현) E뉴스코리아 전속모델 겸 칼럼위원
- 2018-2018 포천명성산억새꽃축제 추진위원회 위원장
- 2018-2018 포천농축산물축제 추진위원회 공동위원장
- 2019 – (현) 춘천막국수닭갈비축제 기획위원회 총감독
- 2019 – (현) 춘천시 명예홍보대사

표창장 · 문학상

대통령표창, 국무총리표창, 부총리 겸 교육인적자원부장관표창, 대통령직속 지방분권촉진위원회 위원장 감사패, 국제문화예술상, 매월당문학상, 국제PEN 대한민국문화예술 '詩' 부문 명인대상 外 다수

저서 · 시집

관광매너서비스실무, 관광자원해설, 문화관광, 관광학개론, 관광정보론, 포천문화탐방, 갯배, 어머니와 인절미 外 다수

서비스실무

2019년 4월 25일 초판 1쇄 인쇄
2019년 4월 30일 초판 1쇄 발행

지은이 최기종
펴낸이 진욱상
펴낸곳 백산출판사
교　정 편집부
본문디자인 신화정
표지디자인 오정은

등　록 1974년 1월 9일 제406-1974-000001호
주　소 경기도 파주시 회동길 370(백산빌딩 3층)
전　화 02-914-1621(代)
팩　스 031-955-9911
이메일 edit@ibaeksan.kr
홈페이지 www.ibaeksan.kr

ISBN 979-11-5763-834-5　93980
값 25,000원